Aniela Improta França
Lilian Ferrari
Marcus Maia

A Linguística no século XXI

Convergências e divergências
no estudo da linguagem

Copyright © 2016 dos Autores

Todos os direitos desta edição reservados à
Editora Contexto (Editora Pinsky Ltda.)

Montagem de capa e diagramação
Gustavo S. Vilas Boas

Preparação de textos
Lilian Aquino

Revisão
Karina Oliveira

Dados Internacionais de Catalogação na Publicação (CIP)
Angélica Ilacqua CRB-8/7057

França, Aniela Improta
A linguística no século XXI : convergências e divergências
no estudo da linguagem / Aniela Improta França, Lilian Ferrari
e Marcus Maia. – 1.ed., 1ª reimpressão. –
São Paulo : Contexto, 2025.
224 p.

Bibliografia
ISBN: 978-85-7244-957-1

1. Linguística 2. Linguagem
I. Título II. Ferrari, Lilian III. Maia, Marcus

16-0230   CDD 410

Índice para catálogo sistemático:
1. Linguística

2025

EDITORA CONTEXTO
Diretor editorial: *Jaime Pinsky*

Rua Dr. José Elias, 520 – Alto da Lapa
05083-030 – São Paulo – SP
PABX: (11) 3832 5838
contato@editoracontexto.com.br
www.editoracontexto.com.br

A Linguística no século XXI

Convergências e divergências
no estudo da linguagem

Conselho Acadêmico
Ataliba Teixeira de Castilho
Carlos Eduardo Lins da Silva
Carlos Fico
Jaime Cordeiro
José Luiz Fiorin
Tania Regina de Luca

Proibida a reprodução total ou parcial em qualquer mídia
sem a autorização escrita da editora.
Os infratores estão sujeitos às penas da lei.

A Editora não é responsável pelo conteúdo deste livro.
Os Autores conhecem os fatos narrados, pelos quais são responsáveis,
assim como se responsabilizam pelos juízos emitidos.

Consulte nosso catálogo completo e últimos lançamentos em **www.editoracontexto.com.br**.

Sumário

APRESENTAÇÃO...9

PARTE 1
CONVERGÊNCIAS

O QUE É LINGUÍSTICA?..15

Texto principal...15

Texto de apoio 1 – Exemplos das principais
propriedades das línguas humanas...19

Todas as línguas humanas são completamente diferentes
dos sistemas de comunicação que os animais usam......................19

Não há línguas primitivas: todas as línguas são altamente
complexas em cada um de seus níveis estruturais.........................24

Todas as línguas são articuladas, recursivas e apresentam
estruturas formais bem formadas, lógicas e governadas
por regras similares que geram fonemas, morfemas,
palavras, sintagmas e sentenças..29

Todas as línguas variam, apresentando dialetos associados
a grupos geográficos, sociais e etários diferentes.........................32

A mudança linguística é inevitável: não se tem notícia
de qualquer língua natural que tenha permanecido imutável........36

Texto de apoio 2 – A revolução cognitivista...............................38

Projetos de pesquisa...48

MÉTODOS DE INVESTIGAÇÃO LINGUÍSTICA...53

Texto principal...53

O método etnográfico...55

O método de julgamento de gramaticalidade..60

O método experimental..65
    Uma questão para pesquisa experimental..66
    Princípio C – Um nome é livre, não pode ser vinculado.........................67

Texto de apoio 1 – Rastreamento ocular e eletroencefalografia...................76
    Rastreamento ocular (*eyetracking*)..76
    A técnica da eletroencefalografia (EEG/ERP)...78

Texto de apoio 2 – Os túneis da mente...85
    Kit de detecção de mentiras...85

Projetos de pesquisa...88

PONTOS EM COMUM E VARIAÇÃO..91

Texto principal...91

Variação fonológica...93
    Variação fonológica intralinguística...93
    Variação fonológica interlinguística...94

Variação morfológica..95
    Variação morfológica intralinguística...95
    Variação morfológica interlinguística...96

Variação sintática..97
    Variação sintática intralinguística...97
    Variação sintática interlinguística...100

Variação semântica...103
    Variação semântica intralinguística..103
    Variação semântica interlinguística..104

Variação pragmática..106
    Variação pragmática intralinguística...106
    Variação pragmática interlinguística...106

Texto de apoio 1 – Algumas considerações
sobre o tempo na variação e mudança............................107
Variação e mudança: do latim ao português............................ 111

Texto de apoio 2 – O curso temporal do acesso
às informações linguísticas na compreensão da linguagem....................113

Projetos de pesquisa............................120

PARTE 2
DIVERGÊNCIAS

O DEBATE *NATURE* X *NURTURE*............................125

Texto principal: *Nature* e *Nurture*............................125

Texto de apoio 1 – De um lado: *Nature*............................129

Texto de apoio 2 – De outro lado: *Nurture*............................139
Leitura de intenções............................142
Cenas de atenção conjunta............................142
Compreensão do outro como agente intencional............................142
Imitação baseada em inversão de papéis............................143
Busca de padrões............................144

Projetos de pesquisa............................146

FORMA X FUNÇÃO............................151

Texto principal............................151

Texto de apoio 1 – De um lado: forma............................159

Texto de apoio 2 – De outro lado: função............................168
Estrutura informacional............................170
Referências pronominais............................173

Projetos de pesquisa............................174

SERIALIDADE X REDES............................177

Texto principal............................177

DTC – A teoria da complexidade derivacional............................181

A TGP – Teoria do *Garden Path*..183

O modelo *Construal*...189

O Processamento Minimalista...191

A Teoria Interativo-Incrementacional..192

Teorias paramétricas...194

As teorias de *satisfação de condições*...195

Os modelos conexionistas..196

Texto de apoio 1 – De um lado: serialidade................................197

Texto de apoio 2 – De outro lado: redes....................................201

    Experiência, representações mentais e conexionismo 202

    Esquema referencial..207

Projetos de pesquisa...209

BIBLIOGRAFIA...213

OS AUTORES 221

Apresentação

O livro *A Linguística no século XXI: convergências e divergências no estudo da linguagem* busca resgatar um conjunto de conhecimentos disponíveis na área, com o objetivo de situar o leitor quanto às questões mais relevantes do debate interdisciplinar sobre a cognição de linguagem no homem, ressaltando os pontos consensuais entre as abordagens teóricas disponíveis e também corajosamente apontando as divergências entre elas, de forma clara e didática. Nesse sentido, foram selecionados três temas mais formadores de convergência para compor a Parte 1. Em seguida, na Parte 2, três dicotomias que ressaltam as divergências são expostas em detalhes. Cada um dos seis capítulos tem um texto principal, nos quais ideias fundamentais são expostas de modo panorâmico. Em seguida, dois textos de apoio aprofundam as ideias do texto principal. Ao final de cada capítulo, alguns projetos oferecem temas práticos a serem desenvolvidos pelos leitores.

Os temas não foram escolhidos por um critério puramente tradicional, mas sim por sua centralidade, coerência e organicidade. Assim, este livro não se propõe a ser apenas mais um Manual de Linguística. Ele perpassa marcos históricos, colocando-se na efervescência que o campo hoje experiencia, com os novos recortes que assume na atualidade, instigando no leitor o espírito de inquietude e investigação que são próprios da ciência que estuda a mais humana e essencial de todas as cognições: a linguagem.

Esta obra é fruto do encontro de três professores de Linguística que, apesar de não comungarem exatamente dos mesmos recortes teóricos, notas a necessidade de explicitação das convergências e das divergências teóricas, não só em prol de uma melhor formação dos alunos e leitores, mas também em prol do avanço da pesquisa linguística.

Os pontos de convergência, tratados na Parte 1, explicitam achados científicos já amadurecidos e consagrados no meio linguístico, mas que nem por isso são simples de serem abordados, pois quase sempre os temas da Linguística estão longe do senso comum. O livro trata esses pontos com coragem, entrando por descrições interdisciplinares minuciosas e exemplos comparativos entre um grande número de línguas. Por outro lado, são esses mesmos pontos de convergência que se inscrevem como caminhos divergentes na pesquisa, por lançarem questões que requerem investigações multifacetadas. Assim, o consenso dá lugar a importantes debates que mobilizam a área atualmente, como *Nature* x *Nurture*; forma x função; serialidade x redes neurais. Essas divergências são examinadas na Parte 2, que trata, de forma concatenada, essas questões, evidentemente interligadas, e responsáveis na atualidade pela crescente vocação interdisciplinar da Linguística, que se vê diante do desafio de compatibilizar uma fortuna descritiva bastante profícua com o surgimento das Ciências Cognitivas (Neurociências, Ciências da Computação etc.). Nesse sentido, este livro pode interessar não apenas àqueles que se iniciam nos estudos linguísticos, mas a todos aqueles profissionais que necessitam de um entendimento mais profundo da linguagem em suas práticas cotidianas: professores, pedagogos, fonoaudiólogos, psicólogos e psicanalistas, profissionais de computação, da comunicação, entre outros.

O objetivo principal desta obra é levar ao estudante de letras e ao interessado por neurocognição a Linguística do século XXI, introduzindo os conceitos mais importantes, para educar o pensamento sobre a linguagem, incitando o leitor a seguir adiante, utilizando também os temas dos projetos que são propostos ao fim de cada capítulo.

Sumário comentado

PARTE 1: CONVERGÊNCIAS

Capítulo 1. O que é Linguística?

Este capítulo discute a configuração do campo da Linguística, em contraste com outros estudos sobre a linguagem, esclarecendo que o objeto da Linguística é a *faculdade da linguagem*, entendida como propriedade cognitiva comum a todos os seres humanos, capaz, inclusive, de distinguir a espécie humana de outras espécies animais. Descreve a configuração atual da área como um conjunto de perspectivas teóricas mais ou menos distintas, que representam, na verdade, diferentes hipóteses a respeito de objeto tão complexo e abstrato quanto a faculdade da linguagem. Para além da diversidade teórica, o capítulo enfatiza o importante *patrimônio teórico-analítico* que a Linguística disponibiliza atualmente, como resultado de descrições detalhadas de uma grande quantidade de línguas pertencentes a diferentes famílias linguísticas e de comparação das características estruturais observadas em cada uma delas. Na convergência dessas características, encontram-se algoritmos computacionais típicos e exclusivos da nossa espécie, que nos distinguem de outras. Entre os pontos de convergência teórica, destacam-se a demonstração da similaridade estrutural das línguas, a constatação de que todas as línguas variam em relação a grupos geográficos, sociais e etários diferentes e a descoberta de que a mudança linguística é regra e inerente ao fenômeno linguístico.

Capítulo 2. Métodos de investigação linguística

Em consonância com a perspectiva adotada no livro – de procurar convergências e divergências entre as teorias e métodos praticados em Linguística –, o capítulo sobre métodos revisa, de forma integrada, alguns dos principais *modi operandi* dessa ciência, avaliando os limites e alcances de cada um, com o objetivo de contribuir para superar o chamado *paradoxo do observador*, situação na qual o viés do observador acaba por alterar a naturalidade da situação observada. Discutem-se, de modo comparativo e baseado em ampla exemplificação, o método etnográfico, o método de julgamento de gramaticalidade/aceitabilidade, o método experimental. Finalmente, apresenta-se o conceito de *túnel da mente* ou ilusão cognitiva, resenhando-se um conjunto amplo de falácias argumentativas, com o objetivo de fornecer ferramentas epistemológicas que possam contribuir para a superação, de fato, do paradoxo do observador.

Capítulo 3. Pontos em comum e variação

O capítulo detalha pontos comuns referentes aos níveis estruturais existentes nas línguas, demonstrando que todas as línguas apresentam sistemas fonológico, morfológico, sintático, semântico e pragmático altamente complexos e governados por regras. Por outro lado, são explicitados fenômenos de variação intralinguística que podem ocorrer em cada um desses níveis em línguas específicas, além de apresentar casos de variação interlinguística, trazendo exemplos de variação tipológica através da comparação entre duas (ou mais) línguas do mundo.

PARTE 2: DIVERGÊNCIAS

Capítulo 4. O Debate *Nature* x *Nurture*

Resenha-se o debate desde suas tradições filosóficas, focalizando-se nos dois polos em que ele se manifesta na Linguística no século XX: o behaviorismo e o gerativismo. O capítulo revê, em seguida, as investigações sobre a genética da cognição, que remontam ao trabalho de Lorenz sobre a noção de *imprinting* e culminam com as ideias de Takao Hensch sobre os períodos críticos, discutindo, em seguida, tendências que reescrevem a polarização estéril em propostas integrativas, como a de Charles Yang, que procura discriminar agudamente as partes necessariamente inatas das que advêm de aprendizagem.

Capítulo 5. Forma x Função

Esta é uma divergência fundamental, que separa os linguistas em duas orientações contraditórias: formalista e funcionalista. Este livro procura apresentar as duas perspectivas de modo integrado, reportando-se, em última análise, às origens do debate em Biologia Evolucionária, revisando o conceito funcionalista de adaptação em contraposição ao conceito formalista de exaptação, buscando evidenciar a complementariedade entre as duas perspectivas. A partir desta base teórica, apresenta-se o conceito formalista de *c-comando*, contrapondo-o à sua análise no âmbito da abordagem funcionalista. Exercita-se, em seguida, uma proposta de transcender a polaridade, a partir da revisão da gradiência de seis dimensões: o papel da estrutura na teoria gramatical, o papel da arbitrariedade na gramática, a autonomia da sintaxe, a distinção sincronia/diacronia, a distinção competência/desempenho e as diferenças metodológicas.

Capítulo 6. Serialidade x Redes

Como apreciado no primeiro capítulo, a chamada Revolução Cognitivista, da metade do século XX, trouxe em seu bojo uma profunda transformação nos estudos linguísticos, que passaram a privilegiar a investigação da linguagem humana enquanto processo cognitivo, superando os estreitos postulados behavioristas, que limitavam a pesquisa aos seus aspectos externos – os produtos dos processos. Esse novo paradigma provocou uma reconceituação ampla das áreas do conhecimento, motivando forte transversalidade e interdisciplinaridade, fazendo emergir um programa de pesquisa científica em que Linguística, Psicologia, Antropologia, Ciência da Informação, Neurociência e Filosofia tensionam-se e experimentam novos processos e métodos, formando o campo das chamadas Neurociências Cognitivas. Pode-se conceber que o processamento no cérebro se dá de forma serial ou em rede. A serialidade diz respeito a sistemas em que o *output* de uma computação é imediatamente o *input* para a computação que ocorrerá tão logo o *output* da anterior seja gerado. Portanto, nesse sistema postula-se uma arquitetura com hierarquia em que as computações cognitivas se dispõem no tempo.

PARTE 1
CONVERGÊNCIAS

O que é linguística?

No Texto principal discutem-se o escopo da disciplina Linguística e as propriedades fundamentais das línguas humanas. Argumenta-se que há convergência entre pesquisadores de diferentes orientações teóricas sobre essas propriedades fundamentais. No Texto de apoio 1, enfocam-se as propriedades linguísticas através de exemplos oriundos da diversidade linguística com suas propriedades em comum. O Texto de apoio 2 apresenta o cenário histórico da Revolução Cognitivista, dentro do qual a linguagem começou a ser tratada como uma ciência cognitiva. Apresenta-se também uma reflexão sobre as cognições da visão e audição para motivar a ideia de que há computações cerebrais mais gerais e outras mais específicas de cada cognição.

Texto principal

A tarefa de apresentar o vasto território da Linguística àqueles que se iniciam no assunto requer cautela e detalhe para se conseguir dialogar produtivamente com as diferentes angulações sobre a natureza cognitiva e social da linguagem. Ao mesmo tempo, é preciso delimitar as especificidades do tipo de investigação a que a área se propõe. O principiante pode intuir, em função do próprio rótulo *Linguística*, que se trata de matéria vinculada somente ao estudo de línguas. Porém, de fato, não estará totalmente certo ao fazê-lo.

O problema é que a natureza desse estudo não se mostrará clara logo de início. A experiência que as pessoas têm cotidianamente com relação ao tema costuma estar ligada à aprendizagem de línguas estrangeiras, a situações de tradução de livros, filmes ou programas de TV e ao ensino de língua materna nas escolas.

Com relação a esse último aspecto de ensino do português nas escolas, privilegiam-se abordagens que capacitem o aluno a falar e escrever a língua oficial de acordo com regras predeterminadas, conhecidas como norma padrão. Também nesse contexto, entra a questão da língua em sua modalidade escrita que costuma receber maior atenção por se tratar de atividade que exige instrução formal. Assim, é comum a associação, e até mesmo a identificação equivocada, entre língua e escrita, desconsiderando-se o fato de que há um grande número de línguas ágrafas no mundo, ou seja, línguas que não estão submetidas a regras de escrita formal. Mais uma vez, quando falamos em regras, esbarramos em nosso uso cotidiano da palavra. Sabemos que o convívio social requer a observância de determinadas regras, sob pena de sermos submetidos a algum tipo de sanção ou, pelo menos, a algum tipo de desconforto social. Estão nesse caso desde as normas de trânsito até as regras de etiqueta à mesa, por exemplo. Quando se trata dos aspectos sociais do uso da língua, a situação não é diferente. Buscamos seguir as regras que nos auxiliam a falar e escrever corretamente a variedade padrão de uma língua. Entre outras coisas, queremos tirar boas notas na escola, arranjar bons empregos e demonstrar (ou evitar demonstrar) nosso nível de escolaridade. Tais regras de uso da língua são de natureza prescritiva ou normativa. São motivadas pela constatação do que se deve fazer para atingir uma produção linguística compatível com um determinado modelo de fala ou de escrita. Entretanto, se a Linguística levasse em consideração apenas esse tipo de regra, abriria mão de um universo inestimável de dados e, consequentemente, tenderia a se desviar de seus objetivos mais básicos.

Diante desse cenário diversificado de que as línguas fazem parte, é natural que aquele que toma conhecimento da existência de um campo de estudos denominado Linguística se sinta tentado a associar os estudos desenvolvidos nessa área a um dos fenômenos mencionados anteriormente. Ocorre, entretanto, que o tipo de fenômeno sobre o qual a Linguística se propõe a pensar é de outra natureza. Antes de mais nada, a Linguística estuda a questão da capacidade da linguagem no ser humano. Como é possível que os bebês humanos aos dois, três anos de vida falem fluentemente a língua da comunidade que os cerca? Em torno dessa pergunta fundamental, já abordada desde a Grécia Clássica de Platão (século IV a.C.), é que a Linguística se delimita e se especifica em outros questionamentos não menos importantes: (i) quais as características da linguagem humana?; (ii) em que essa linguagem se diferencia dos sistemas de comunicação de outras espécies?

Para respondermos a essas e a outras indagações semelhantes, de nada adiantaria nos limitarmos a variedades de prestígio de línguas específicas. Precisamos, ao contrário, de linguistas que se dediquem a comparar o maior número possível de línguas e variedades de uma mesma língua, outros que empreendam a tarefa de estudar em profundidade uma dada língua, para que, então, possamos entender a unidade essencial da linguagem humana, o que os diferentes sistemas linguísticos têm em comum e em que aspectos se diferenciam. Embora seja óbvio que línguas específicas sejam diferentes entre si na superfície, se olharmos com atenção, veremos que as línguas humanas são surpreendentemente similares. Por exemplo, todas as línguas exibem graus semelhantes de complexidade e detalhamento – não existem línguas humanas primitivas. Todas as mais de 6.000 línguas naturais do mundo têm sentenças compostas a partir de unidades sintagmáticas (expressões nominais, verbais, adjetivais etc.) que, por sua vez, são constituídas de palavras, que são elas próprias formadas por segmentos menores e, em última análise, por sequências de fonemas (unidades de sons das línguas).

Sintagmas e fonemas e todos os primitivos que formam as línguas humanas são recursos finitos. Mas todas as línguas permitem fazer uso infinito desses meios finitos. Ou seja, com base em um conjunto limitado de itens, é possível construir um número ilimitado de expressões. Por exemplo, com um conjunto de poucas dezenas de fonemas, pode-se formar um número incontável de vocábulos, que são combinados em frases, que, por sua vez, podem ser encaixadas em construções maiores. Essa propriedade de extensão ilimitada das línguas naturais é possível porque a linguagem humana dispõe da capacidade computacional conhecida como recursividade, que é justamente a capacidade exclusivamente humana de produzir uma variedade ilimitada de expressões linguísticas de extensão indeterminada, através de encaixes sucessivos de unidades finitas, como é o caso das orações relativas encaixadas na sentença: *Aqui está o cão que mordeu o gato que comeu o rato que furou o saco que estava na casa que o João fez.*

É também surpreendente que, apesar da aparência contrastante entre as línguas, não haja nada que possa ser expresso em uma língua e que não possa ser expresso em qualquer outra. No nível sintático, há uma série de estruturas que, por meios diferentes, chegam a conteúdos semelhantes. No nível lexical, se há falta de algum termo, diante da necessidade, um termo sempre surge da criatividade linguística. No nível semântico, há em todas as línguas uma dependência entre os significados produzidos e a estrutura sintática. Do ponto de vista pragmático, ou seja, do uso da língua em contexto, podemos dizer que, em todas as línguas, temos meios para a realização de atos de fala específicos, como fazer perguntas, dar ordens diretas e indiretas, fazer pedidos, ironias e assim por diante.

Portanto, a Linguística, antes de ser o estudo de línguas específicas, é o estudo da Faculdade de Linguagem, que permite de forma exclusiva à espécie humana, e só a ela, adquirir uma língua nativa. Nesse sentido, a Linguística é um estudo integrado das diferentes línguas como processos cognitivos da capacidade de linguagem no homem.

O maior desafio da Linguística como ciência é exatamente lidar cotidianamente com uma tensão entre os critérios de adequação descritiva, que fazem ressaltar as diferenças entre línguas, e os critérios de adequação explicativa, que se sustentam nas semelhanças cognitivas da espécie humana e de sua capacidade linguística.

Como, à primeira vista, as línguas parecem muito diferentes umas das outras, a tarefa de descrevê-las exaustivamente em suas propriedades individuais pode levantar problemas para se explicar como, apesar dessas diferenças, qualquer criança pode adquirir qualquer língua de modo bastante semelhante. Assim, se, de um lado, a descoberta de princípios explicativos profundos permite capturar as similaridades universais entre as línguas, de outro lado, a descrição detalhada das regras específicas das línguas particulares coloca desafios para os universais.

Para tratarmos das possibilidades mencionadas, precisamos lançar mão de regras descritivas e explicativas com o objetivo de caracterizar e explicar as motivações que estruturam os diferentes sistemas linguísticos. Vários estudos já comprovaram que todas as línguas mudam com o tempo em função da heterogeneidade sistemática que lhes caracteriza. Essa heterogeneidade constitui-se a partir de casos regulares de variação, que já foram amplamente atestados nas línguas do mundo.

No português brasileiro, por exemplo, os estudos demonstram que o uso das variáveis *nós* e *a gente* é sistematicamente influenciado por fatores sociais, como faixa etária e nível de formalidade. Além disso, a mudança linguística, que necessariamente decorre de uma variação, também pode influenciar o estabelecimento de novas regras. Por exemplo, se a regra para permitir a identificação das diferentes funções sintáticas em latim previa a atribuição de caso morfológico aos nomes (nominativo, acusativo etc.), uma nova regra precisou ser estabelecida, em português, para que essa identificação pudesse ser preservada no momento em que as marcas de caso deixaram de existir. Essa nova regra foi a fixação da ordem vocabular Sujeito-Verbo-Objeto (SVO).

Para finalizar o capítulo, apresentamos uma lista das principais características das línguas humanas estudadas pela linguística, sobre as quais há convergência entre pesquisadores de diferentes orientações teóricas. São elas:

1. Todas as línguas humanas são completamente diferentes dos sistemas de comunicação que os animais usam.
2. Não há línguas primitivas: todas as línguas são altamente complexas em cada um de seus níveis estruturais.
3. Todas as línguas são articuladas, recursivas e apresentam estruturas formais bem formadas, lógicas e governadas por regras similares que geram fonemas, morfemas, palavras, sintagmas e sentenças.

4. Todas as línguas variam, apresentando dialetos associados a grupos geográficos, sociais e etários diferentes.
5. A mudança linguística é inevitável: não se tem notícia de nenhuma língua natural que tenha permanecido imutável.

Partindo desse solo comum, em que convergem as diferentes orientações teóricas, o desafio da Linguística nos dias atuais é continuar enfocando as questões mais amplas delineadas no início deste capítulo e, ao mesmo tempo, tentar atingir um refinamento cada vez maior na postulação de indagações específicas. É claro que, por vezes, a miríade de tentativas de compreensão de objeto tão multifacetado quanto a linguagem humana poderá acarretar, como de fato acarreta, hipóteses de trabalho divergentes e antagônicas, que serão explicitadas na segunda parte deste livro. Se considerarmos a magnitude dos conhecimentos que a área já produziu, há que se reconhecer que a efervescência do campo é bastante produtiva e, na verdade, inevitável, face à imensa complexidade do fenômeno da linguagem e da cognição humana.

O Texto de apoio 1 oferece exemplos de línguas naturais para cada uma das cinco convergências que foram aqui resumidas. O Texto de apoio 2 discute a importância histórica e estratégica da Linguística na Revolução Cognitivista, da metade do século XX, e a posiciona entre outras ciências cognitivas.

Texto de apoio 1: Exemplos das principais propriedades das línguas humanas

Todas as línguas humanas são completamente diferentes dos sistemas de comunicação que os animais usam

Quem já teve contato com animais domésticos – gatos, cachorros, papagaios – sabe que eles se fazem entender quanto às necessidades básicas, de formas muito variadas, dependendo da espécie. Os cachorros respondem ao chamado de seus nomes, entendem a prosódia humana típica da bronca, que geralmente modula tons graves, e a do carinho, que modula tons agudos. Sabem o nome de objetos, de pessoas e de atividades. Pensamos, às vezes, que a eles só falta falar.

Mas o olhar descompromissado com que observamos os animais na vida doméstica talvez nos deixe escapar algumas características importantes que ficam aparentes para o pesquisador que usa o método científico para identificar, quantificar e comparar objetos de estudo, na tentativa de explicar o fenômeno em questão. Sabemos, por exemplo, que os cachorros conhecem algumas palavras, mas quantas? Em 2004, Kaminski, Call e Fischer, do Instituto Max Planck de Antropologia Evolucionária, em Leipzig, na Alemanha, publicaram na revista *Science* os resultados de alguns experimentos sobre a compreensão de cachorros. Segundo os autores, os cachorros conseguem associar uma dada forma fonológica a uma representação de conteúdo para cerca de 200 itens. Ainda mais impressionante é o fato de que, em meio a vários objetos já conhecidos e somente um objeto novo, se eles são apresentados a uma sequência fônica nova, conseguem deduzir que a sequência nova corresponde ao objeto novo. Ou seja, os cachorros possuem um mecanismo que permite a incrementação de um tipo de léxico. É interessante perceber que, enquanto os cachorros desenvolvem essa capacidade de entender a nomeação de objetos nas línguas humanas, os seus próprios sons – latidos, uivos e ganidos – não parecem ser organizados de forma a codificar tantas correspondências com conteúdos no mundo, transmitidos com exatidão para outros indivíduos da espécie. A comunicação entre eles se efetiva nas situações críticas, ligadas à sobrevivência, e certamente em número inferior a 200 itens: excitação, sofrimento, enfrentamento, procura para acasalamento etc.

Mas há animais que usam efetivamente seus próprios sons para se comunicar com outros indivíduos da sua espécie. Em 1991, Jared Diamond, da Escola de Medicina da Universidade da Califórnia, em Los Angeles, nos Estados Unidos, estudou os *Cercopithecus aethiops*, conhecidos como macacos verdes. Esses são macacos do velho mundo, encontrados no continente africano, do Senegal ao Sudão, que vivem em pequenas colônias de 20 a 30 indivíduos. O autor reportou um amplo repertório de vocalizações, gritos ou chamados de avisos que se propagam em um raio de três quilômetros e cumprem um papel de forte engajamento social. Com a aplicação de técnicas especiais de gravação e de análise espectrográfica, os pesquisadores mostraram que há características de traços sonoros nos chamados dos macacos que não poderiam ser discriminados pelo ouvido humano, mas que são usados de forma consistente como um *vocabulário* comum entre esses indivíduos.

A pesquisa identificou características específicas da produção sonora desses macacos que codificam informações sobre o tipo de inimigo no entorno do animal. Se o perigo vem do ar, como em um ataque iminente de uma águia sobrevoando, o macaco verde avisa o seu bando usando uma dada sequência de gritos que formam um chamado. O chamado também codifica se o inimigo vem rastejando como uma cascavel ou uma cobra constritora ou vem andando como uma hiena ou um leão.

Cada aviso tem suas próprias características sonoras. Outros chamados informam ao bando sobre a disponibilidade e o tipo de comida no entorno da fonte do som. Ou seja, algum membro do bando que está longe pode ser acessado remotamente para que se beneficie de comida. Sobretudo, os chamados podem se combinar com outras cognições produzindo comportamentos altamente complexos.

Por exemplo, entre as diferentes colônias de macacos verdes, há relações sociais com grande rivalidade territorial e brigas. Para se defender, eles podem fazer uso de expedientes de dissimulação, que são estruturados a partir dos chamados. O forte reconhecimento dos membros da colônia como unidade social leva macacos de uma colônia, por vezes, a anunciar falsamente a proximidade de um predador para que os indivíduos de outras colônias se afastem deixando livre uma fonte de alimento.

Outro exemplo interessante é o dos golfinhos, animais cuja proporção cérebro-corpo é a que mais se assemelha a dos humanos, o que seria, em tese, um índice de complexidade cognitiva. De fato, eles são uma das poucas espécies que desenvolvem uma noção de *self*. Diante de um espelho, se reconhecem. Também são um dos poucos animais que se organizam em grupo para vencer desafios. Quando ameaçados pela proximidade de um inimigo, sincronizam seus movimentos e assobios para dar a impressão de que são um único animal de grande porte. Assim, chegam a assustar predadores, como baleias e tubarões. Os golfinhos também usam um sonar que funciona a partir da emissão de cliques de ecolocação, usados quando estão caçando presas, procurando fêmeas e também como ferramenta social para chamar a atenção de outros membros do grupo, já que os cliques produzem ondas que podem ser sentidas no corpo de outros golfinhos à distância.

Um grupo de pesquisadores do Wild Dolphin Project, um projeto apoiado pela National Geographic e liderado por Denise Herzing, há algumas décadas estudam os assobios dos golfinhos pintados. Estudar golfinhos implica um enorme esforço para que se possam observar os animais por muitas horas embaixo d'água, e, no caso desse grupo de pesquisa, eles preferem não tirar os animais de seu *habitat* natural, as Bahamas. Assim, os pesquisadores montam *in loco* um posto de observação submerso durante cerca de cinco meses ao ano.

Entre os achados mais importantes do grupo, está a descoberta que os golfinhos *batizam* cada indivíduo que nasce com um assobio distinto, e o bando todo passa a usar esse *nome* para evocar aquele indivíduo ou para indicar aos outros que ele está sendo procurado.

Herzing e colegas também estudaram profundamente o comportamento social dos golfinhos. Há uma grande ligação entre os membros de uma comunidade e também há muita disputa entre eles em forma de brigas e também de brincadeiras.

22 A Línguística no século XXI

Por exemplo, os golfinhos frequentemente brincam uns com os outros de pegar um objeto e partir em fuga para incitar uma perseguição, que só tem fim quando se consegue resgatar o objeto de quem o pegou. Geralmente, um golfinho adulto inicia a brincadeira prendendo uma alga ou concha nas nadadeiras ou bico, chamando os mais novos para a ação. Os pesquisadores reportam que também foram *chamados* para brincar várias vezes durante as sessões de observação.

Vendo aí uma oportunidade de entender melhor a interação entre os animais, os pesquisadores começaram a levar objetos para serem disputados na brincadeira: um lenço, uma corda, sargaço (alga) e um laço. O próximo passo vislumbrado pelos pesquisadores foi gravar os assobios dos golfinhos e, a partir da identificação das unidades mínimas que os compõem, criar artificialmente outras sequências para corresponder aos objetos levados pelos pesquisadores para a água. A ideia é que os golfinhos aprendessem os novos assobios e começassem a usá-los para pedir os objetos para os pesquisadores.

O experimento passou por muitas reformulações, mas na fase reportada aqui os pesquisadores colocam um bracelete que carrega um aparelho chamado CHAT (Telemetria e Audição de Cetáceos), capaz de sintetizar o padrão de assobios dos golfinhos e controlar a gravação das respostas deles para os assobios que ouviram. Os pesquisadores mergulham com o CHAT e levam na mão um periférico desse sistema submerso: um painel com quatro botões quadrados de 20 cm de largura e 20 cm de comprimento cada. Em cima de cada botão há, respectivamente, um desenho de lua, cruz, sargaço e laço.

Quando os pesquisadores apertam cada botão, soa, nas caixas acústicas submersas, o assobio correspondente, criado artificialmente. Assim, os golfinhos vão relacionando cada assobio ao seu símbolo. Por sua vez, cada símbolo é imediatamente associado ao objeto que eles representam no mundo. Os pesquisadores mostram que o botão da lua se relaciona com o objeto lenço, o botão da estrela com a corda, o botão da cruz com o sargaço e o botão do oito com o laço. A intenção foi estabelecer uma relação não icônica entre o símbolo e o objeto, semelhante a que acontece entre a escrita e o que ela codifica.

O CHAT monitora com exatidão a interação sonora entre os participantes da brincadeira, de forma que som e imagem sejam gravados através dos dois hidrofones e das câmeras do sistema. Depois, no laboratório, analisando os dados recolhidos dessa brincadeira em tempo real, é possível determinar se os golfinhos estão decodificando os novos assobios e, principalmente, se eles os estão produzindo. O grande objetivo de fomentar a produção espontânea desses sons por parte dos golfinhos, de forma a estabelecer uma troca comunicativa baseada nos assobios entre animais e pesquisadores, ainda não foi plenamente alcançado, mas os pesquisadores apostam que estão no caminho certo.

É realmente incrível que os golfinhos passem a entender os novos assobios que foram transmitidos a eles pelos pesquisadores, e que possam estabelecer comunicação espontânea com esses pesquisadores usando os novos assobios sintetizados. Mas mesmo quando isso acontecer plenamente, se acontecer, será difícil que o sistema de assobios evolua da nomeação solta de coisas para, por exemplo, a combinação articulada e hierárquica de primitivos na codificação de um evento, que é o que fazemos nós, os humanos, desde os primeiros anos de nossas vidas.

Se ficamos impressionados também com o fato de cachorros reconhecerem cerca de 200 palavras, não devemos nos esquecer que os bebês humanos aos 2 ou 3 anos já têm vocabulário passivo e ativo de mais de 200 palavras. Aos 4, já conhecem e usam 1.600 palavras, e o mais importante é que não se limitam a listar essas palavras, mas já podem articulá-las hierarquicamente em frases.

Até hoje os muitos exemplos de comunicação animal da literatura são sempre material de leitura instigante, mas, em comparação à linguagem humana, os sistemas de comunicação dos animais parecem ser severamente limitados. Para os golfinhos, por exemplo, o assobio de identidade é usado como uma evocação muito evasiva a respeito daquele indivíduo. Serve polivalentemente para chamar um indivíduo presente ou para fazer qualquer tipo de referência a ele. Não é possível codificar nuances dos diferentes papéis semânticos, que facilmente extraímos das línguas naturais humanas. Vejam que *João* assume respectivamente valor de paciente, agente, instrumento e experienciador nas sentenças seguintes: *João levou um soco / João deu um soco / Fiquei sabendo pelo João. / João morreu.* etc.

Em um trabalho seminal, o linguista Charles Hockett (1967: 574-580) apresentou um conjunto de características que todas as 6.000 línguas humanas possuem. As sete principais propriedades são: (i) a *dualidade de padrão*, ou seja, as línguas humanas combinam fonemas que isoladamente nada significam. Mas a partir do nível dos morfemas passam a combinar coisas que já têm significado através de um sistema gramatical que opera dentro das palavras e também entre as palavras; (ii) a *produtividade*, isto é, a capacidade de criar e entender novos enunciados e também a *recursividade* que é parte da produtividade e será explicada em profundidade mais adiante neste Texto de apoio; (iii), a *arbitrariedade*, ou seja, os sons das palavras não se parecem com as coisas que eles representam; (iv) a *permutabilidade*, que significa a capacidade de transmitir e também de receber mensagens, (v) a *especialização*, pois apesar de os gestos físicos e pragmáticos ajudarem bastante no entendimento das situações complexas de fala, a língua em si pode ser completamente entendida pelos falantes nativos, mesmo que sem os gestos; (vi) *o deslocamento*, que é a capacidade de se referir ao passado e a coisas não presentes e (vii) o *aspecto cultural*, que é a capacidade de ensinar e aprender com outras pessoas.

Cada sistema de comunicação animal pode ter algumas dessas características, mas não todas. Assim, fica patente que as línguas humanas são muito mais complexas, específicas e eficientes do que os sistemas de comunicação que os animais usam.

Não há línguas primitivas: todas as línguas são altamente complexas em cada um de seus níveis estruturais

Figura 1 – Africanos reunidos em um curral em Zwarkop, África do Sul

O que vemos na foto?[1] Se partíssemos apenas da simples inspeção visual, sem mesmo entender o que as pessoas estão fazendo, será que poderíamos pensar que se trata de um povo, uma prática ou uma sociedade primitiva? O que é primitivo? Defumar-se é mais ou menos primitivo do que acender velas no altar, ou fazer sabão do sebo de animais, ou colocar comida para espíritos em uma encruzilhada, ou acender um incenso antes de meditar ou ainda comer feijoada no calor de 40 graus?

Há mais de um século, a tradição antropológica estabelecida por grandes nomes como Malinowsky (1884-1942), Evans-Pritchard (1902-1973), Geertz (1926-2006) e Lévi-Strauss (1908-2009), se colocou ao encalço de desmistificar o conceito de que haja culturas primitivas, conseguindo muitas vezes desconstruir uma visão etnocêntrica que potencialmente gera muito preconceito.

Assim, a Antropologia revelou a complexidade do pensamento racional que embasa, por exemplo, muitas práticas religiosas e culturais, por vezes rotuladas de primitivas, e mostrou que elas são imbuídas por um raciocínio complexo com a mesma finalidade e eficiência de resolver problemas humanos com os quais todos nós nos deparamos no dia a dia, em qualquer sociedade.

O grande antropólogo francês, Claude Lévi-Strauss, que viveu no Brasil em pesquisa de campo entre 1935 e 1939, em um dos seus livros mais importantes – *O pensamento selvagem* (1970) –, mostra que o dito pensamento mágico tem pouco de *selvagem* ou *primitivo* e é uma forma bastante eficaz de exercer controle sobre o ambiente. Ele defende que, na verdade, a nossa noção de causalidade é tão estranha para as sociedades tribais, quanto as delas são para nós. A Antropologia em seu principal objetivo se pauta "pelo ponto de vista do indivíduo em sua cultura nativa, na relação dele com a vida, para que possa entender a visão dele do seu próprio mundo" (Malinowski, 1932: 25).

O preconceito correlato na Linguística de que existiriam línguas primitivas deriva dessa mesma distorção etnocêntrica. Mas, para a Linguística argumentar que *não há línguas primitivas e que todas as línguas são altamente complexas,* é necessário que se investiguem e se comparem as línguas em seus *níveis estruturais.* Isso não é tarefa fácil.

Um primeiro nível poderia ser o lexical. Será que o número de palavras em uma língua pode definir maior ou menor complexidade linguística? Mas para que pudéssemos comparar o número de palavras dicionarizadas e o número de palavras usadas ativamente por um falante nativo adulto dessa língua, teríamos que idealizar uma uniformidade entre as unidades lexicais. Contudo, há enorme diversidade entre os léxicos das línguas.

Um adulto falante de inglês tem em média um vocabulário ativo de 30.000 palavras e um vocabulário passivo de mais de 40.000. Se ele tiver escolarização acima da média pode chegar a ter um vocabulário ativo de cerca de 60.000 ou até 70.000 palavras. Mas em inglês as palavras mais frequentes têm poucas camadas morfológicas e são muitas vezes monossilábicas. Nesse aspecto, o inglês e o chinês são bem parecidos, com muitas palavras curtas, monomorfêmicas, ou seja, quase não há processos morfológicos, como se pode observar nos exemplos de (1) a (4).

(1) Chinês: Nǐ   mǎi   ròu
     Glosa:[2]   2ps   comprar carne
     Tradução: Você compra carne.

(2) Chinês: Wǒ   chī   ròu
    Glosa: 1ps   comprar carne
    Tradução: Eu compro carne

(3) Inglês: You   buy   meat
    Glosa: 2ps   comprar carne
    Tradução: Você compra carne.

(4) Inglês: I   buy   meat
    Glosa: 1ps   comprar carne
    Tradução: Eu compro carne

Essas são línguas isolantes, cuja proporção de morfemas por palavra é muito baixa, igual a ou próxima de um morfema por cada palavra. O chinês é bastante isolante. Já o inglês é um pouco menos isolante do que o chinês porque, embora grande parte do seu léxico também seja monossilábico, as palavras têm morfologia um pouco mais complexa do que as do chinês. Além disso, o inglês por vezes trata seus poucos morfemas de forma fusional: ao mesmo tempo em que há muitas palavras cujas camadas morfológicas são simplesmente justapostas, como na formação do nome *goodness* (bondade) a partir do adjetivo *good* (bom) justaposto ao nominalizador *ness*, há também outras em que as camadas se fundem, como na formação do nome *depth* (profundidade), a partir do adjetivo *deep* (profundo), que se desconfigura ao se juntar ao nominalizador.

Então, de um lado, temos línguas isolantes como o inglês e o chinês, e de outro temos línguas como o finlandês e o mohawk, uma língua indígena falada em regiões do Canadá, hoje com cerca de 4.000 falantes, cujas palavras combinam muitos morfemas. Essas são línguas, respectivamente, sintética e polissintética, que formam suas palavras agrupando muitas informações em camadas que se estruturam em palavras grandes, como vemos nos exemplos:

(5) Finlandês: En opiskellut vuottakaan (Kiparsky, 2000)
    Segmentação morfológica: e-n   opiskel-lut   vout-ta-kaan
    Glosa: neg-1ps   estud_-pass   ano_sing-part-enfático neg
    Tradução: Eu não estudei por nem mesmo um ano.

(6) Mohawk: sahʌtsahserunyána (Baker, 1996)
    Segmentação morfológica:
                s   -a   -hʌ   -tsa   -hseruny   -á   -hna
    Glosa: -iterativo -factual -3ps   -peixe   -prepar_   -propósito -ir_
    Tradução: Ele voltou para preparar o peixe

Nas línguas sintéticas e polissintéticas, o número de palavras tende a ser menor do que os das línguas isolantes, porque as palavras nas línguas sintéticas são unidades que carregam muito mais informações do que as das línguas isolantes. Será que poderíamos dizer que o finlandês e o mohawk são mais simples ou primitivos porque tem menos palavras? Mohawk, simples?!

Além do aspecto da formação morfológica das palavras, as línguas também podem variar na maneira como organizam seus sons, ou seja, como estruturam os sistemas fonológico e fonético. Para continuarmos com o exemplo do chinês, vale comentar um aspecto fundamental desse sistema lexical: o chinês é uma língua de léxico tonal. Há quatro tons no chinês, organizados, como mostra a Figura 2.

Figura 2 – Tons no chinês

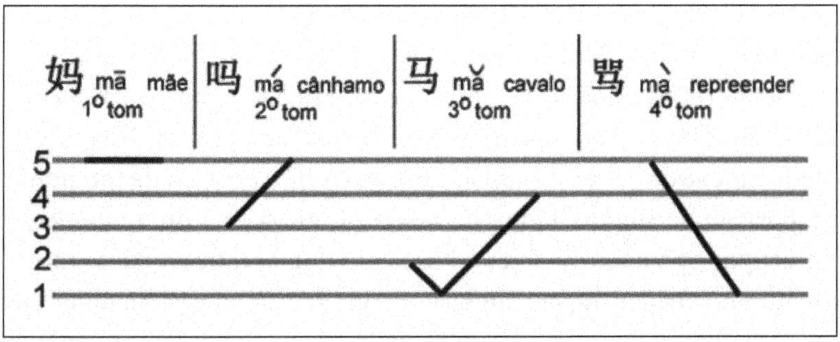

A palavra *ma* pode significar quatro coisas diferentes dependendo do tom usado, ou seja, da musicalidade com que se pronunciam as palavras. Por exemplo, no primeiro tom, alto e contínuo, *ma* significa *mãe*; no segundo tom, ascendente, significa *cânhamo*; no terceiro tom, que primeiro desce ligeiramente, a começar de um tom já bem grave, e depois sobe bastante, significa *cavalo*; no quarto tom, descendente em profundidade, significa *repreender*.[3] Para quem não é falante nativo, o sistema pode parecer complexo. Mas os bebês chineses, ainda quando estão no estágio de falar só palavras soltas, por volta dos 12 meses, já exibem os contornos tonais em suas falas.

O inglês não tem um sistema tonal, mas usa um outro sistema de acento que tende a alocar grande parte da força de acentuação em uma única sílaba da palavra. Assim, uma mesma vogal pode ser pronunciada de forma muito diferente dependendo de onde, na palavra, ela se encontra. Por exemplo, na palavra *consulate* (consulado), a vogal acentuada que recebe o maior aporte de ar é a correspondente ao grafema *o* da primeira sílaba *con*. Com isso, as outras vogais do trecho *sulate* funcionam só como uma curta passagem vocálica entre a consoante líquida /l/ e a oclusiva /t/. Porém, no adjetivo *late* (tarde), que por sinal é pronunciado como um monossílabo em inglês, o som correspondente ao grafema *a* agora está em posição de destaque e por isso é pronunciado como um longo ditongo /ei/, que recebe todo o aporte de ar.

Note-se que para os falantes do português esse sistema do inglês também é bastante contrastante. A palavra correspondente à terceira pessoa do singular do verbo *latir* no presente do indicativo – *late* – tem duas sílabas. Mas em português elas têm duração bem similares. Isso porque utilizamos um terceiro sistema de acento, que difere tanto do sistema tonal chinês, como do sistema do inglês, que realça a sílaba tônica. No português usamos um sistema que tende a alocar um tempo semelhante a cada sílaba pronunciada nas palavras.

Além do léxico, um segundo nível de complexidade é o estrutural. Haveria sistemas sintáticos sofisticados e outros primitivos? Será que analisando o tipo de organização sintática das línguas seríamos capazes de estabelecer comparações entre níveis de complexidade? De qualquer forma há um grande número de sistemas dentro da sintaxe. Vamos olhar comparativamente alguns poucos.

Há muitas línguas que empregam uma quantidade de processos morfológicos que fazem com que as palavras assumam formas flexionadas diferentes, dependendo do lugar estrutural que ocupam. Por exemplo, no caso de um nome, se ele ocupar a posição de sujeito, ele pode assumir uma forma diferente daquela que possui se ocupar a posição de objeto. Essas são línguas que têm caso morfológico transparente. As orações nessas línguas geralmente não possuem uma ordem fixa de palavras. Vejam a comparação entre as formas que a palavra *cachorro* pode assumir de um lado no tcheco e de outro, no chinês e no inglês. As palavras no chinês e no inglês, como já vimos, praticamente não sofrem processos morfológicos.

(7)   Tcheco: pes, psa, psovi, pse, psem

(8)   Chinês: gǒu

(9)   Inglês: dog

A consequência disso é que a sentença *O cachorro está perseguindo o gato* em chinês e em inglês tem uma ordem fixa de palavras:

(10) Chinês: Gǒu zhuī māo
      Tradução: O cachorro está perseguindo o gato

(11) Inglês: The dog is chasing the cat
      Tradução: O cachorro está perseguindo o gato

Sendo o chinês e o inglês línguas cuja ordem canônica é sujeito-verbo-objeto (SVO), *gǒu* e *the dog* em (10) e (11) iniciam a sentença e ocupam o lugar de sujeito. Mas se as palavras tomassem uma ordem diferente, como em (12) e (13), o significado também seria diferente:

(12) Chinês: Māo zhuī gǒu
Tradução: O gato está perseguindo o cachorro

(13) Inglês: The cat is chasing the dog
Tradução: O gato está perseguindo o cachorro

Já em tcheco, com uma morfologia tão sofisticada que marca a função sintática das palavras, a ordem no nível da sentença pode ser mais livre, como mostram os exemplos. Note-se que a palavra que se refere a *cachorro* está começando as duas frases, mas em (14) ela é o sujeito, e em (15) o objeto, marcados morfologicamente pelos casos nominativo e acusativo.

(14) Tcheco: Pes honí kočku
Tradução: O cachorro está perseguindo o gato

(15) Tcheco: Psa honí kočka
Tradução: O gato está perseguindo o cachorro

Ainda que de modo superficial, vimos que alguns aspectos do chinês e o do inglês podem perder em complexidade para aqueles de outras línguas que exemplificamos. Mas é claro que isso não deve nos fazer chegar à conclusão pouco cuidadosa de que seriam línguas primitivas. Os termos *primitivo* ou *simples* são inadequados para se referir a qualquer uma das 6.000 línguas naturais do mundo. Todas elas têm complexidades diferentes em seus subsistemas: prosódia, sintaxe, fonologia, fonética, morfologia e semântica. Isso inclui, é claro, as línguas isolantes como o chinês e o inglês, que são altamente complexas, cada uma a seu modo. Certamente, essas duas línguas, faladas por cerca de um quarto dos habitantes do mundo, isto é, por volta de 1.5 bilhões de pessoas, não poderiam jamais ser consideradas *primitivas*.

Todas as línguas são articuladas, recursivas e apresentam estruturas formais bem formadas, lógicas e governadas por regras similares que geram fonemas, morfemas, palavras, sintagmas e sentenças

A linguagem tem o poder de expressar, com relativamente poucos meios, uma tal profusão de pensamentos que ninguém poderia possivelmente comandar uma visão de todos eles. O que torna isso possível é que todos os pensamentos têm partes a partir das quais se constroem unidades maiores e que essas partes correspondem a partes de sentenças, pelas quais os pensamentos são expressos. (Frege, 1914:72)

30 A Línguística no século XXI

Todas as línguas humanas são formadas por unidades menores que se articulam em unidades maiores hierarquicamente, permitindo, por exemplo, a construção de um número ilimitado de sentenças a partir de um número limitado de palavras, que se combinam e se recombinam, compondo frases bem formadas cuja extensão só é limitada pela memória. As línguas são, portanto, universalmente, composicionais, hierárquicas e recursivas.

As propriedades das línguas humanas são atemporais e geograficamente pervasivas. Aparecem através dos tempos em todas as culturas do mundo e podem ser flagradas nos mais diferentes registros, nas letras das canções, poesias, rimas, brincadeiras de criança e nos livros infantis de todo o mundo: *Cadê a água que apagou o fogo que queimou o mato que escondeu o rato que o gato comeu?* Esse é um exemplo lúdico de construções que poderiam nunca ter fim, formadas, por exemplo, por orações adjetivas encaixadas e reencaixadas, recursivamente.

Vejamos como, mesmo em duas línguas bem distantes historicamente, o português e a língua indígena brasileira karajá, existem unidades menores que se articulam, compondo unidades maiores. Costuma-se dizer que a palavra *anticonstitucionalissimamente*, formada por 29 letras e 13 sílabas é a maior palavra não técnica da língua portuguesa.[4] Quantos morfemas se articulam para compor essa palavra tridecassílaba?

(16)

anti+	con+	st+	itu+	cion+	al+	issim+	a+	mente
contra+	junto+	estar+	iterativo+	nominalizador+	adjetivador+	superlativo+	vogal +	adverbializador
							temática	

Em sua composição, articulam-se o prefixo de negação *anti-*, o prefixo *co/con-*, que indica proximidade, contiguidade, a raiz *st*, a mesma do verbo estar, o sufixo iterativo *-ito/itu*, o sufixo formador de substantivo *-cion/ção*, o sufixo formador de adjetivo *-al*, o sufixo superlativo *-issim*, a vogal temática *-a* e o sufixo formador de advérbio *-mente*. O significado que resulta dessa composição articulada por nove morfemas é o de procedimento fortemente contrário à Constituição, que é o principal conjunto de leis de um país, no qual estão instituídos os seus princípios legais fundamentais.

Na língua karajá, morfemas aglutinam-se para formar palavras e frases. Analisemos, por exemplo, a forma verbal *rarybèmyhyrenyõreri,* constituída por 19 letras, 10 sílabas e 8 morfemas:

(17) r+a+ry+bè+myhy+reny+õ+reri
   3pp+VT+boca+água+Cont+PL+Neg+Pres prog.
   "Eles não estão falando"

Compõem esta palavra, no exemplo (17), o prefixo de terceira pessoa *r*-, a vogal temática -*a*-, a raiz reduzida de *ryy* "boca", a raiz reduzida de *bèe* "água" – que formam o radical -*rybè*- "fala" –, o sufixo indicador de aspecto continuativo -*myhy*-, o sufixo pluralizador -*reny*-, o sufixo negativizador -*õ*- e o sufixo de tempo presente progressivo -*reri*. O significado resultante desse processo composicional em que se articulam morfemas para constituir o vocábulo é "Eles não estão falando". Observe-se que seria possível continuar a composição, no nível sentencial, adicionando-se à forma o morfema -u, indicador de tempo e que opera uma subordinação temporal, como no exemplo (18):

(18) Habu mahadu rarybèmyhyrenyõreri-u, uladu rõrõmyhyre.
homem grupo não fica falando – subordinador temporal criança dorme
"Quando o grupo de homens não fica falando, a criança dorme"

Assim, a possibilidade de realizar encaixes recursivos parece, de fato, constituir uma propriedade da faculdade da linguagem e, portanto, está disponível universalmente, para todas as línguas. Hauser, Chomsky e Fitch (2002) propõem mesmo que a recursividade constitua a única parte da linguagem que seria especificamente humana.

Entretanto, na última década, tanto a afirmação de que a recursividade é o componente central da faculdade da linguagem[5] quanto a de que deveria estar, portanto, presente em todas as línguas têm sido objeto de debate intenso. Everett (2005) alegou que uma língua indígena brasileira, o pirahã, falada por cerca de 300 pessoas na região do rio Maici, estado do Amazonas, não admitiria estruturas recursivas. Questionando um postulado fundamental da linguística, o debate ultrapassou as fronteiras da academia, atingindo a mídia e gerando controvérsias.

Vários autores têm feito objeções fundamentadas à afirmação de Everett de que não haveria recursividade em pirahã (Nevins et al., 2009a, 2009b). Encerramos esta seção apresentando dados de uma outra língua indígena brasileira, o kaingang, sobre a qual não há dúvidas a respeito da existência de construções recursivas. Em seguida, apresentamos dados da língua pirahã, para que o leitor tenha a oportunidade de exercitar sua própria avaliação, podendo vir a posicionar-se em relação a esse debate linguístico. O kaingang, uma língua jê do sul do Brasil apresenta construções como (19).[6]

(19)
Kaingang: Kãkénh tá runja kãki lata ki krẽkufár vyn kỹ pó ki krẽkufár rẽ fi
Glosa: canoa em balde dentro lata em peixe pegue então pedra em peixe perto coloque
Tradução: Pegue o peixe na lata dentro do balde na canoa e então coloque perto do peixe na pedra.

32 A Linguística no século XXI

Observe que o kaingang é uma língua de núcleo final, apresentando a ordem vocabular Sujeito-Objeto-Verbo (SOV). Como é típico das línguas de núcleo final, há posposições e não preposições. Focalize-se aqui a sequência de sintagmas posposicionais recursivamente encaixados *Kãkénh tá* "canoa em", *runja kãki* "balde dentro" e *lata k* "lata em", formando a construção *Kãkénh tá runja kãki lata ki*, com sintagmas posposicionais encaixados. Essa construção seria equivalente à construção com sintagmas preposicionais em português *na lata dentro do balde na canoa*. Observe que a interpretação correta dessa construção não é a de que haveria peixe na lata e dentro do balde e na canoa, mas a de que há peixe na lata dentro do balde na canoa, isto é, na lata que está dentro do balde que está na canoa. Assim, tanto em kaingang, quanto em português temos aí construções nitidamente recursivas. Agora, observe-se o dado (20), da língua pirahã:[7]

(20)

Pirahã: Kapiiga ko   kapiiga itoi   xihiaipaáti kapiiga ko   kapiiga hoáopaá
Glosa: papel dentro caneta colocar papel   dentro papel Auxiliar Imperfectivo
Tradução: (Você) está colocando a caneta dentro do barco de papel dentro do barco de papel.

A linguista Filomena Sândalo obteve esse dado em resposta a um teste simples: pediu ao consultor pirahã que descrevesse a sua ação, que consistia em fazer dois barquinhos de papel, um maior do que o outro, e, em seguida, colocar uma caneta dentro do menor, para, então, colocá-lo dentro do barco de papel maior. Deixa-se ao leitor o exercício de comparar kaingang e pirahã, analisando as duas construções e avaliando a pertinência da constatação de Sândalo de que há, sim, construções recursivas em pirahã.

Todas as línguas variam, apresentando dialetos associados a grupos geográficos, sociais e etários diferentes

Como vimos no item anterior, a despeito das controvérsias inerentes ao fazer científico, há um vasto conjunto de dados referentes a pesquisas desenvolvidas em um número significativo de línguas, inclusive aquelas não relacionadas historicamente, que autoriza a generalização de que todas as línguas são recursivas, complexas e governadas por regras. Entretanto, apesar da estrutura abstrata compartilhada, as línguas variam internamente, em decorrência de fatores históricos, geográficos, etários e socioculturais.

William Labov, eminente linguista americano, da Universidade da Pensilvânia, considerado o fundador da disciplina de Sociolinguística Variacionista, desenvolveu uma metodologia de pesquisa linguística muito influente na área a partir dos anos 1960. Seus estudos enfocaram, de modo pioneiro, a questão da variação.[8] Por que falantes nativos da mesma língua podem ter formas diferentes de falar?

O marco inicial desse tipo de pesquisa foi a dissertação de mestrado de Labov, defendida em 1962, que investigava a história da mudança fonológica na ilha de Martha's Vineyard, em Massachusetts. A ilha foi escolhida por ser relativamente isolada, já que está situada no oceano Atlântico, a cerca de 5 km do continente, e também por ser suficientemente complexa do ponto de vista geográfico e cultural. A base dessa complexidade está no fato de que o local acha-se dividido informalmente em duas regiões: alta (*up-island*) e baixa (*down-island*). A região alta é estritamente rural, composta por vilas, fazendas, casas de veraneio e uma área central desabitada; já a parte baixa consiste de três pequenas cidades, onde vive a maior parte da população.

Labov percebeu que alguns moradores da ilha começaram a pronunciar palavras como *mice* (que significa *ratos*) e *sound* (*som*) normalmente pronunciadas [mays] e [sawnd] como [məys] e [səwnd], ou seja, começaram a produzir vogais mais centrais, usando uma pronúncia que poderia ser descrita "pronúncia com a boca mais fechada". O mais interessante é que essa mudança acontecia no sentido oposto às mudanças históricas que abandonaram as vogais mais fechadas pelas mais abertas. Labov ficou intrigado: por que os habitantes mais jovens estavam adquirindo uma forma de falar mais arcaica?

Com essa motivação, Labov montou um estudo em que a variável enfocada foi a centralização dos ditongos [ay] e [aw] nas mesmas palavras na fala de 69 falantes, nativos da ilha. As correlações entre centralização e fatores sociais encontradas podem ser assim resumidas na Tabela 1:

Tabela 1 – Centralização por distribuição geográfica,
grupos ocupacionais e faixa etária – adaptado de Labov (1972: 25-6)

Distribuição geográfica	[ay]	[aw]
Parte baixa	140	131
Parte alta	369	391

Grupos ocupacionais	[ay]	[aw]
Pescadores	100	79
Fazendeiros	32	22
Outros	41	57

Faixa etária	[ay]	[aw]
Acima de 60	36	34
46-60	85	63
31-45	108	109
Abaixo de 30	35	31

Os resultados expostos na tabela com relação à centralização dos ditongos em Martha's Vineyard demonstram que: (i) a distribuição geográfica favorece a região alta (rural) em detrimento da região baixa (cidades pequenas); (ii) a ocupação profissional influencia o fenômeno, com a liderança dos pescadores em oposição a fazendeiros; (iii) a faixa etária também é relevante, com maior incidência de centralização entre indivíduos de 31 a 45 anos.

Esses fatores, por sua vez, podem ser relacionados a um fator mais amplo, que diz respeito à estrutura social da ilha. Levando em conta o fato de que a estrutura econômica de Martha's Vineyard era basicamente voltada para o turismo, com claro declínio das atividades pesqueiras e agropecuárias em função de pressões econômicas, Labov identificou dois tipos principais de falantes nativos: pescadores, e principalmente alguns de seus filhos, que haviam crescido na ilha e decidido permanecer no local, apesar do declínio econômico, e outros jovens cursando o ensino médio, que pretendiam sair da ilha. O primeiro grupo apresentou índices médios de centralização para [ay] e [aw] bem acima de qualquer outro grupo social, enquanto o segundo grupo apresentou índices bem mais baixos de centralização. Assim, Labov pôde correlacionar a centralização das vogais ao orgulho da resistência e da permanência na ilha.

A pesquisa em Martha's Vineyard funcionou como um laboratório, lançando as bases para o desenvolvimento de pesquisas posteriores sobre estratificação social e variação fonológica em Nova York. As novas pesquisas enfocaram o inglês vernacular, bem como outras variedades, tais como o inglês falado pelos negros (*Black English Vernacular*) e o inglês falado por imigrantes porto-riquenhos. Após a realização bem-sucedida desses estudos, Labov chegou a fazer a seguinte afirmação: "Resisti ao termo sociolinguística durante muitos anos, já que o termo implica que é possível haver uma teoria ou prática linguística bem sucedida que não seja social" (1972: xiii).

Apesar das restrições iniciais do autor, o termo se mantém até os dias atuais, tendo delimitado um campo que prosperou e disponibilizou um conjunto de conhecimentos essenciais para a análise linguística de um modo geral. Pode-se dizer que uma das principais contribuições dos estudos variacionistas foi colocar, de forma pioneira e definitiva, a linguagem cotidiana usada por falantes de grupos sociais específicos na pauta das análises linguísticas.

Com relação ao português brasileiro, Bortoni-Ricardo (1985) identificou algumas variáveis, que ocorrem na fala de diferentes grupos sociais, de forma gradiente, independentemente da origem rural ou urbana dos falantes, como a variação entre /l/ e /r/ em encontros consonantais (ex.:: **bl**usa:**br**usa) e a assimilação de /d/ em sequências /ndo/ (ex.:: fala**ndo**:fala**nu**). A pesquisadora identificou, ainda, variáveis discretas, que marcam uma distinção nítida entre a fala rural e urbana, como a redução de ditongos decrescentes (ex.:: **au**mento:**o**mentu; pr**eo**cupa:pr**o**cupa) e a variação entre /l/ e /r/ em sílabas finais (ex.:: a**l**moço:a**r**moço).

Retomando sete variáveis fonológicas gradientes e seis variáveis discretas propostas por Bortoni-Ricardo (1985), Ferrari (1994) analisou a fala de uma comunidade relativamente isolada no Morro dos Caboclos, na cidade do Rio de Janeiro, integrando a noção de rede social, que havia entrado na pauta das pesquisas sociolinguísticas na década de 80 (Milroy, 1980; Milroy e Milroy, 1985), à perspectiva variacionista.

A análise agrupou os habitantes desse morro de acordo com perfis linguísticos similares e avaliou como esses grupos se organizavam em termos do grau de coesão de suas redes sociais, classificadas em termos de densidade e multiplexidade. Esse último conceito refere-se ao fato de um indivíduo relacionar-se a outro através de vários laços (por exemplo, um informante pode estar relacionado a outro como vizinho, e também como sócio e parente); já a densidade diz respeito ao fato de o indivíduo se ligar a outros indivíduos que também estejam ligados entre si. Esses dois conceitos são excelentes indicadores das pressões que o falante sofre para adotar normas e valores linguísticos da comunidade, e foram utilizados na referida pesquisa para determinar os graus de coesão da rede social dos informantes. Os resultados indicaram que indivíduos com grau de coesão mais fraco (em geral, representados por aqueles que trabalhavam na cidade diariamente, e prefeririam não morar no morro), também se caracterizam linguisticamente pelo baixo índice de uso dos traços analisados. Já os indivíduos com grau de coesão mais forte (representados por donas de casa que raramente saíam do morro e viviam cuidando dos afazeres domésticos e dos filhos) apresentam alto índice de preservação dos traços identificados. Como se vê, a variação é um fenômeno que não se pode coibir, pois é inerente à linguagem humana. Seria, portanto, impossível estabelecer um único padrão para toda essa gama de possíveis variações no uso linguístico. Os diferentes graus de coesão associados à variabilidade parecem estar relacionados, de formas também distintas, à mudança linguística, fenômeno que será discutido no próximo tópico.

A mudança linguística é inevitável: não se tem notícia de nenhuma língua natural que tenha permanecido imutável

Ao mesmo tempo em que incluíram a variação na agenda da pesquisa linguística, os estudos sociolinguísticos identificaram a estreita correlação entre variação e mudança. Em artigo escrito por Labov, em parceria com Uriel Weinreich e Marvin Herzog, os autores propuseram que a identificação tácita entre estrutura linguística e homogeneidade, que permeara tanto o Estruturalismo quanto o Gerativismo, deveria ser repensada: "Afinal, se uma língua deve ser estruturada para funcionar eficientemente, como as pessoas continuam a falar enquanto as línguas mudam, ou seja, enquanto passa por períodos de menor sistematicidade?" (Weinreich, Labov e Herzog, 1968: 100-1).

Ao postularem a questão, os autores defendem que a variação social (traços linguísticos que caracterizam subgrupos em uma sociedade heterogênea) e a variação estilística (mudanças pelas quais o falante adapta sua linguagem ao contexto imediato do evento de fala) desempenham papel importante na mudança linguística.

A propagação da mudança, por sua vez, parece depender de um grupo de falantes que usa um padrão diferente para se comunicar entre si. De acordo com Labov (1972), se uma determinada palavra (ou pronúncia) for introduzida por um indivíduo, essa palavra só passará a fazer parte da língua no momento em que for adotada e, consequentemente, aceita pelos demais membros do grupo social, que darão continuidade ao mesmo padrão. Vale notar que não se descarta a possibilidade de que ocorram inovações simultâneas independentemente introduzidas por vários falantes, mas a ideia de que uma comunidade inteira poderia realizar uma determinada mudança ao mesmo tempo é completamente rejeitada pelas pesquisas empíricas; há sempre uma transferência gradual de padrão de um falante para o outro.

Com relação à velocidade da mudança, Trudgill (1988) estabeleceu um contraste entre dialetos de alto contato e dialetos de baixo contato, argumentando que áreas geograficamente periféricas tendem a ser menos inovadoras do que áreas mais centrais. Além disso, apontou que o contato entre dialetos pode afetar também o tipo de mudança, de modo que situações de alto contato entre variedades mutuamente inteligíveis podem levar à *koineização*,[9] em que atuam os processos de nivelamento (perda de variantes minoritárias, marcadas e complexas, em favor de variantes majoritárias) e simplificação (desenvolvimento de formas novas ou interdialetais que não estavam presentes inicialmente, mas se apresentam mais regulares que suas predecessoras). Com base nesses dois processos, o autor defende que a *koineização* parece estar aumentando em várias partes do mundo, com a crescente urbanização, levando a um aumento do número de dialetos novos, mistos e simplificados.

Como o próprio Labov reconhece, "a compreensão plena da mudança linguística irá requerer muitas investigações não diretamente ligadas ao contexto social, e outros estudos se lançarão na rede dos fatos sociais" (1972: 283). Assim, mudanças na língua podem estar associadas às relações entre falantes, ouvintes, habitantes do domínio social em que o evento de fala ocorre etc., e podem refletir mudanças nas relações entre esses participantes. Para ilustrar o fenômeno, podemos citar o uso do pronome de segunda pessoa (*tu*) na fala carioca, que passou a ser utilizado recentemente por falantes mais jovens em contextos nos quais se esperaria o pronome informal *você* ou mesmo a expressão pronominalizada mais formal *o senhor/a senhora*. Para uma investigação mais detalhada do fenômeno, será necessário não apenas calcular os índices de uso das diferentes formas, levando-se em conta fatores sociolinguísticos tradicionalmente mensurados, como faixa etária, classe social, etc., mas também aspectos relacionados ao grau de coesão da rede social dos indivíduos e, até mesmo, aspectos referentes à mudança de perspectiva dos falantes em relação à noção de *respeito*. O desafio, nesse último caso, é utilizar medidas independentes para avaliar o comportamento respeitoso, já que não dispomos de métodos tão sofisticados para medir esse tipo de comportamento, quanto os que temos para analisar o comportamento linguístico.

Outro ponto a ser destacado é que, no curso da evolução das línguas, quando a mudança se completa e as regras variáveis se tornam invariantes, há inevitavelmente outra mudança estrutural para compensar a perda da informação envolvida. Labov (1972) destaca que em várias línguas crioulas[10] de base inglesa, a simplificação fonológica e gramatical efetivamente eliminou flexões finais. Assim, o inglês da ilha de Trinidad e o crioulo jamaicano usam formas invariantes simples, tais como *roll*, *give*, *keep*, para indicar passado. Por exemplo, para diferenciar o passado do presente, o auxiliar *do* é usado em Trinidad, de modo que o presente se torna a forma marcada (ex.:: *He does give*), em oposição ao passado (ex.:: *He give*). Esse assunto será retomado, de forma mais detalhada, no capítulo "Pontos em comum e variação", no texto de apoio intitulado "Algumas considerações sobre o tempo na variação e mudança".

Nesse ponto da leitura, a faculdade da linguagem já começa a ser mais bem dimensionada. Os exemplos oferecidos nesse Texto de apoio 1 tiveram o objetivo de ilustrar as principais contribuições da Linguística ao estudo da linguagem e das línguas humanas, sobre as quais há convergência entre pesquisadores de diferentes orientações teóricas. Esse nível de complexidade linguística que aqui foi ilustrado corresponde a computações da faculdade da linguagem processadas no cérebro humano. Mas como relacionar linguagem e funções cerebrais?

No Texto de apoio 2, será possível entender como a Linguística pôde tomar lugar na revolução cognitivista para estudar os fenômenos da linguagem no cérebro, estabelecendo interdisciplinaridade com as outras ciências cognitivas.

Texto de apoio 2 – A revolução cognitivista

Hoje em dia se perguntarmos a alguma pessoa a que parte do corpo se relaciona o conhecimento perceptual, a memória e a inteligência do homem, provavelmente o cérebro virá como resposta. E o desejo de conhecer mais sobre o cérebro é provavelmente tão antigo quanto a própria existência da nossa espécie. Temos indício disso porque existem ossadas de homens datadas de mais de 5.000 anos, cujos crânios foram abertos cirurgicamente enquanto os sujeitos ainda estavam vivos.

Apesar do interesse primordial do homem sobre o conteúdo da caixa craniana, progressos efetivos sobre a sua relação com a cognição humana só começaram mesmo a acontecer a partir da segunda metade do século XX. Antes disso, entre o fim do século XIX e a primeira metade do século XX, sob a influência de cientistas como Ivan Petrovich Pavlov (1849-1936) e Burrhus Frederic Skinner (1904-1990), o mundo científico adotava uma visão externalista do homem, compreendendo-o somente através da análise de seu comportamento.

Pavlov, na Rússia, desenvolveu o *condicionamento clássico*, que lhe rendeu o Nobel de Fisiologia em 1904. Esse condicionamento tinha por objetivo associar dois estímulos, anteriormente não relacionados, por exemplo, um toque de um sino e um pote de carne. A coisa acontece por fases. Na primeira fase, um cachorro, privado de comida por algum tempo, era exposto ao cheiro de carne fresca e salivava involuntariamente. Nesse cenário, a carne é um estímulo não condicionado e a salivação é uma resposta involuntária não condicionada àquele estímulo. Na segunda fase,

Pavlov adicionava um estímulo neutro à cena: o toque de um sino. Esse estímulo é chamado de neutro porque a princípio ele não é relacionado à resposta não condicionada. Após algumas repetições desse quadro, o cachorro começava a associar o toque do sino com o cheiro de carne fresca, porque um não aparecia sem o outro. Esse era o momento crucial em que Pavlov chegava à terceira fase e ao desfecho do experimento. Pavlov retirava o estímulo não condicionado, ou seja, o cheiro da carne, e apenas tocava o sino. A resposta obtida do cachorro não se alterava: ele continuava a salivar. Conclusão: o toque do sino não era mais neutro e passava a ser um estímulo condicionado, adquirido por meio da associação.

Nos primeiros 15 anos do século XX, surgem dois nomes relevantes na Psicologia dos Estados Unidos, também muito interessados no comportamento de animais e humanos: Edward Thorndike (1874-1949) e John Broadus Watson (1878-1958). Thorndike estudou a Lei do Efeito, um princípio de aprendizagem que postula que as ações que tem efeito agradável para o homem ou animal têm a tendência de se repetir, enquanto as desprazerosas tendem a ser suprimidas. Watson tomava uma postura bem mais radical do que a de Thorndike, que ele criticava por tentar interpretar coisas subjetivas como *efeito agradável* e *ações desprazerosas*. Watson rechaçava qualquer menção a uma vida subjetiva mental. A ele só interessavam os comportamentos que descreveu em uma espécie de manifesto behaviorista ou comportamentalista de 1913. "O Behaviorismo é uma perspectiva psicológica, cujas explicações sobre a aprendizagem se baseiam na relação entre comportamentos observáveis e eventos ambientais, em vez de processos internos." (Watson, 1913: 159).

Skinner, o nome mais importante do behaviorismo, surgiu cerca de 70 anos após Watson e Thorndike. Ele começou a trabalhar como professor e pesquisador na Universidade de Harvard nos anos 1930, elaborando trabalhos mais próximos daqueles desenvolvidos por Thorndike do que por Watson. Diferentemente do condicionamento clássico de Pavlov, que manipulava reações involuntárias, o condicionamento operante de Skinner objetivava alterar as reações voluntárias, diretamente observáveis através das consequências das ações. Ele queria entender exatamente o efeito do ambiente, da resposta do meio ao comportamento do homem.

Com Skinner, o behaviorismo se popularizou especialmente pelas apresentações de divulgação científica de grande efeito. Em algumas dessas apresentações, Skinner levava um pombo em uma gaiola para o centro do palco e convidava o público a observar o comportamento do animal que havia sido privado de comida.

O objetivo delineado por Skinner era, por exemplo, condicionar o pombo a bicar uma certa região da gaiola ou a andar em uma determinada direção que ele deliberasse: digamos, para a direita. O pombo, no começo, andava para todos os lados. Mas em um dado momento que a ave se virava para a direita, imediatamente Skinner o premiava, liberando momentaneamente o acesso à ração. Assim começava o programa de condicionamento operante. O pombo se movimenta para a esquerda algumas vezes e não era recompensado, mas logo que se virava de novo para a direita, mais um pouco de ração lhe era oferecido. Este expediente continuava, até que em poucos segundos o pombo já começava a se virar muito mais vezes para a direita do que para esquerda. A partir daquele ponto, a recompensa só viria com mobilizações mais amplas para a direita. O pombo ainda empreendia viradas ligeiras que anteriormente haviam sido premiadas, mas, a partir daquele ponto, essas não mais recebiam premiação.

Nessa fase, para obter o prêmio, o animal precisava virar mais amplamente para a direita do que fizera na vez anterior. Por fim, em um dado momento, Skinner chegava ao seu objetivo que era condicionar o pombo a dar uma volta para a direita de 360 graus. O cronômetro geralmente marcava em torno de dois minutos, o que comprovava o êxito do condicionamento.[11]

Tarefas simples como essa de construção de um dado comportamento não necessitavam de punição, só de premiação. Mas Skinner se dedicou muito aos condicionamentos mais complexos, que exigiam desconstrução de um comportamento, a substituição por outro e principalmente a combinação de condições. Trabalhando com roedores, construiu para esses fins mais complexos a "caixa de Skinner", local com alavancas, luzes e um chão que poderia transmitir choque elétrico.

O roedor privado de alimento era colocado na caixa e era logo condicionado a apertar uma dada alavanca para conseguir um grão de ração. Porém, quando uma luz se acendia, de nada adiantava acionar a alavanca, e ainda pior, se a alavanca fosse apertada durante o evento da luz acesa, o animal era punido: recebia um choque elétrico nos pés. Assim, Skinner especializou a Lei de Efeito de Thorndike, postulando que com esse expediente de punição, o aprendizado seria mais rápido e também lembrado por mais tempo, mesmo depois que a punição era extinta.

Dos anos 1930 aos anos 1950, o pensamento behaviorista dominava, então, toda a Europa e os Estados Unidos, com a promessa de moldar e transformar qualquer comportamento observável. O efetivo resultado dos experimentos de Skinner o levou a querer estender a teoria do condicionamento operante para além do comportamento simples dos ratos e pombos. Para Skinner, até mesmo a linguagem humana seria um comportamento, como se verifica em seu livro, *Verbal Behavior* (O comportamento verbal) de 1957. Porém, a despeito do grande impacto que o behaviorismo causava no público além do serviço que prestava, e ainda presta, a áreas como *marketing*, que visam mudança de comportamento, a visão behaviorista não se mostrava adequada para entender e explicar a sutileza, especificidade, limites e alcances da cognição dos seres vivos.

Na metade do século xx, então, nasce no meio científico, uma revolta silenciosa contra a metodologia reducionista de estímulo e resposta do behaviorismo. No interior de pequenos laboratórios que estudavam a fisiologia cerebral, surgiam evidências científicas da inigualável complexidade da cognição humana, como a visão, audição, memória, linguagem e todos os outros produtos sutis da computação cerebral. A maior concentração desses laboratórios se situava nos Estados Unidos, em uma região da costa leste denominada Nova Inglaterra, onde se encontram grandes universidades como Cornell, Harvard e MIT.

Provavelmente, naquela época, o advento de maior importância para a mudança da agenda científica vigente foi a prática consistente da neurocartografia, que é a tentativa localizacionista de mapear os circuitos e tecidos cerebrais relacionando-os diretamente às cognições. A intuição por trás desses modelos é a de que haveria, diretamente representado no tecido cerebral, mapas ordenados de sinais do mundo exterior com os quais lidamos cognitivamente.

Dois desses modelos – o modelo de audição de Georg von Békésy (1899-1972), testado em cadáveres, e o modelo da visão de David Hunter Hubel (1926-2013) e Torsten Nils Wiesel (1924), testado em gatos – começaram a ser implementados ainda nos anos 1950 e resultaram em pesquisas que fundamentam os estudos da audição e da visão até hoje. Békésy e a dupla Hubel e Wiesel foram premiados com o Nobel de Medicina, respectivamente em 1961 e 1981.

Entre 1946 e 1953, Norbert Wiener (1894-1964) começou a desenvolver a cibernética, ou seja, o estudo dos sistemas mecânicos e eletrônicos que se destinam a substituir as funções humanas. Surge também a inteligência artificial com Herb Simon (1916-2001), Marvin Minsky (1927) e John MacCarthy (1927-2011), sendo que o primeiro deles também foi laureado com o prêmio Nobel em 1978. A cibernética e a inteligência artificial abriram espaço para outras incursões utilizando a computação para modelar processos cognitivos.

Em meio a esse ambiente cientificamente fervilhante, a mais importante fonte dessa revolução cognitivista que aos poucos se armava vinha da Linguística com Noam Chomsky, hoje o oitavo autor mais citado do século. Chomsky, um jovem cientista com formação de matemático, inaugurava uma nova era, anunciando que os processos cognitivos envolvidos na faculdade de linguagem não poderiam ser fruto simplesmente de estímulos e respostas e de modelagens como reforço e punição, como queriam os behavioristas. As regras gramaticais que estruturavam sentenças bem formadas não eram imediatamente observáveis, mas sim um substrato inscrito na genética humana. A faculdade de linguagem passa a ser vista como uma característica exclusiva da espécie humana.

Na sua tese de doutoramento em 1953, Chomsky fez uma comparação entre duas sentenças (20) e (21) que se tornaram célebres.

(20) Ideias verdes sem cor dormem furiosamente.

(21) *Verdes sem cor furiosamente dormem ideias.[12]

Chomsky quis mostrar que são muitos e modulares os componentes da linguagem. Em (20) temos uma sentença sem sentido, mas perfeitamente gramatical[13] composta por ele. Já a sentença (21) também é sem sentido, mas, além disso, é agramatical. Observe que o verbo *dormir,* que é intransitivo, não poderia selecionar um argumento como *ideias.* Por sua agramaticalidade (21), aparece marcada com um asterisco no seu início. Chomsky faz uma distinção clara sobre a possibilidade de só uma dessas duas sentenças poder ser formada por um falante nativo: a (20). De fato, Pereira (2000), em uma pesquisa feita 43 anos mais tarde, usando modelagem computacional, obteve resultados de que (21) tem 200.000 vezes menos chance de ser formada por um falante de inglês do que (20), embora ambas sejam igualmente sem sentido.

Essas ideias de Chomsky eram tão inovadoras e tão bem estruturadas que logo estimularam outros colegas. O experiente psicólogo George Armitage Miller (1920-2012) foi um deles. Miller era a maior autoridade em memória e estava descontente com o rumo da psicologia sob a influência behaviorista.

Outros nomes essenciais, o eminente filósofo da linguagem Jerry Fodor (1935-), e os neurocientistas David Courtnay Marr (1945-1980), especializado em visão, e Eric Lenneberg (1921-1975), em aquisição de linguagem, ambos muito influentes na sociedade científica, apoiavam as ideias de Chomsky e a ruptura radical com o behaviorismo. A contribuição desses autores revela a complexidade das cognições e a necessidade de explicações que contemplassem os processos cognitivos muito além da relação entre estímulo-resposta:

> Tentar entender a percepção somente através do estudo dos neurônios é como tentar entender o voo dos pássaros através do estudo das penas. Simplesmente, isto não pode ser feito assim. Para entender o voo dos pássaros temos que entender a aerodinâmica. Só então a estrutura das penas e as diferentes formas de asa começam a fazer sentido. (Marr, 1982: 27)

O marco da revolução cognitivista se deu em 11 de setembro de 1956, em um Simpósio sobre Teoria da Informação que aconteceu no Massachusetts Institute of Technology (MIT). Nesse evento, Chomsky, Miller, Minsky, Newel e Simon apresentaram trabalhos e surpreenderam a todos pelo íntimo diálogo interdisciplinar que seus objetos de estudo ensejavam. A reunião prenunciava um momento de forte desenvolvimento para os estudos da mente e do cérebro.

Um segundo marco fundamental aconteceu em 1959, quando Chomsky formaliza sua crítica ao behaviorismo, *Verbal Behavior*, publicando uma resenha do livro de Skinner. Chomsky focalizou especialmente o fato de Skinner ignorar os aspectos biológicos e criativos da linguagem. Em uma análise muito minuciosa e, até mesmo, feroz, Chomsky salienta o potencial expressivo da linguagem, que, usando um sistema simbólico composto por elementos funcionais limitados, pode representar no cérebro estruturas com capacidade recursiva ilimitada.

A noção de Skinner de que a aquisição de linguagem passava por uma tarefa de aprendizagem baseada na criação de respostas condicionadas por estímulos externos foi completamente derrubada por Chomsky, que a partir desse embate conseguiu motivar a implementação de novos recortes de pesquisas no seio da revolução cognitivista, incluindo o estudo da linguagem em uma agenda interdisciplinar.

Esse início a muitas mãos resultou em pequenos centros de Ciência Cognitiva, Neuropsicologia, Neurocognição; todos, nomes muito novos para época, desenvolvidos para acompanhar uma nova metalinguagem que podia transitar mais facilmente entre disciplinas. A primeira geração de cientistas cognitivos foi formada nesses centros. O compromisso era chegar aos primitivos cognitivos para focar nos processos internos e não nos produtos da cognição. Esses processos, antes desconsiderados pelo behaviorismo, passam a ser justamente os objetos de estudos interdisciplinares que pretendem entender a mente e o cérebro do homem e de outros seres vivos.

Assim, a partir dessa revolução científica, a pesquisa em Neurocognição reformatou os horizontes das pesquisas com todos os seres vivos. O interesse passou a ser definido por cognição. Por exemplo, como se dá a visão nos seres vivos? Se pensarmos que percepção de luz é uma forma de visão, até mesmo os seres mais simples, como os protozoários foram testados em suas capacidades cognitivas. Por exemplo, quando há uma mudança brusca de penumbra para claridade, a ameba se imobiliza, pois a luminosidade repentina impede a formação de pseudópodos, isto é, invaginações citoplasmáticas, que permitem o movimento desse ser unicelular.

Essa mesma sensibilidade para luminosidade também afeta, de diferentes formas, quase todos os seres vivos, incluindo os muito mais complexos como nós, os seres humanos. Em ambientes claros, o olho humano se adapta para receber e interpretar mais claridade. A luz é interiorizada através da pupila, um orifício no olho que se abre mais quanto menor for a claridade. A pupila se aprofunda e leva a informação sobre a luz até a superfície interna do olho, conhecida como retina. É lá que a radiação de luz é interpretada. A retina é revestida por bastonetes, células sensíveis à intensidade de luz, e por cones, células que detectam a cor. Quando a luz de um determinado comprimento de onda entra no olho e bate nas células da retina, uma reação química é ativada e resulta em um impulso elétrico que é enviado ao longo dos nervos para o cérebro.

Além de à luz, o ser humano reage a um infindável leque de estímulos externos, como a umidade, som, calor, pressão, tensão, gosto, cheiro, e também ao contato com outros seres humanos através de reações afetivas positivas e negativas. Enfim, ao receber informações sobre o estado do mundo circundante, o ser humano pode rapidamente responder a elas.

Porém, é certo que não recebemos e processamos toda e qualquer informação que está no mundo. O mundo abarca contínuos infinitos de informações de toda sorte. Esses contínuos existem no mundo em forma de sinais analógicos. Isso quer dizer que entre zero e o valor máximo, o sinal analógico passa por infinitos valores intermediários.

Cada organismo vivo depende de um sistema nervoso sensorial específico para extrair, representar, guardar e processar algumas destas informações de forma rápida e confiável. Esse processo de extração de informações transforma sinais analógicos em digitais e é conhecido como discretização do estímulo.

Para entendermos melhor esse processo, analisemos o fluxo contínuo de radiações, chamado de espectro eletromagnético. As diferentes frequências de onda no espectro interagem com a matéria de diferentes formas. A visão dos seres vivos, por exemplo, não é capaz de captar todos os infinitos valores de radiação contidos neste espectro. O olho humano é adaptado a perceber exclusivamente as ondas eletromagnéticas, cujos comprimentos estão compreendidos entre 700 e 400 nanômetros. A faixa do espectro visível ao homem corresponde às cores do arco-íris, e se situa nesse contínuo entre as radiações infravermelha e ultravioleta, ambas não visíveis para nós.

Existe um teste caseiro para verificar experimentalmente o limite esquerdo da faixa de percepção visual humana. Os materiais básicos para implementar esse teste são uma câmera fotográfica digital e um controle remoto de televisão. Sabemos que, ao acionar o controle remoto, ele emite raios infravermelhos, mas os nossos olhos não enxergam essas ondas direcionadas para a televisão ou caixa controladora do canal a cabo. Percebemos o efeito do apertar dos botões, mas não enxergamos a onda que leva a informação. No nosso teste, ao apertar o botão do controle remoto, vamos enquadrar a cena através do visor da câmera. A câmera vai digitalizar todas as informações de luz para mostrar no visor. Ao fazer isso, torna possível enxergar a onda infravermelha disparada pelo controle, pois as lentes das câmeras são sensíveis a esse comprimento de onda e tratam esta imagem digitalmente para exibir no visor.

Diferentemente de nós, as cobras não precisariam da câmera digital, porque os seus limites de visão captam informações justamente dentro da faixa das radiações infravermelhas. Por outro lado, vários insetos, incluindo as abelhas e as formigas, captam informações exclusivamente dentro da faixa ultravioleta. Como os raios solares emitem ondas ultravioletas, é possível para esses insetos se orientarem no meio ambiente usando a efeméride solar, ou seja, o padrão diário do movimento do sol em relação à paisagem. Esse conhecimento é essencial para a sobrevivência dos insetos, pois demarca o caminho entre os ninhos e as fontes de alimentos e permite o transporte e distribuição de recursos nutricionais, sem perda de tempo e energia.

Voltando à percepção visual humana, mesmo dentro dos nossos limites de faixa de visibilidade, o olho humano não discrimina como diferentes todas as informações que consegue captar. Enxergamos contraste somente em alguns pontos no contínuo, culturalmente arbitrados como sendo pontos de discriminação. Se não transformássemos valores analógicos em discretos, não teríamos como conservar toda a informação no cérebro, pois temos uma capacidade finita de armazenamento. Como sabemos, por experiência diária, a nossa memória tem limites bastante restritivos. Por isso, segmentamos os sinais contínuos para darmos conta de gravá-los e processá-los no cérebro através de um sistema digital discreto.

Um outro teste simples pode trazer evidências da discretização dos estímulos com os quais lidamos. Considerando-se o espectro com as cores do arco-íris, que é a faixa de luz visível ao ser humano, indo da esquerda para direita, a primeira cor é o violeta. Depois vem o índigo, o azul, o verde, o amarelo, o laranja, e o vermelho. O violeta tem o menor comprimento de onda e, na extremidade direita, está o vermelho com o maior comprimento de onda. Observe-se, porém, que a nomeação nas sete cores não passa por todas as possíveis distinções de cor do espectro. Na verdade, entre o violeta e o índigo, por exemplo, há um infinito de cores que interpretamos como violeta ou índigo. Uma questão interessante é como lidamos com a fronteira entre uma e outra cor. Começamos reconhecendo a cor violeta no contínuo e depois milímetro a milímetro indo para a direita, podemos ir avaliando, "Esse ponto é violeta ou não?" A medida em que se move ponto a ponto para a direita, em um dado momento, chega-se a um ponto em que a resposta será "Não é mais violeta." Este é o ponto em que foi arbitrado que começa o índigo. Ou seja, em um contínuo com infinitas tonalidades a nossa percepção discrimina apenas um ponto de descontinuidade. Note que podemos diferir uns dos outros em relação ao ponto exato em que há a transição entre violeta e índigo. Porém, sempre escolhemos um dado trecho do contínuo em que todas as variações ganham sempre o mesmo rótulo.

46 A Línguística no século XXI

Um caso análogo ao do sistema visual pode ser aplicado ao sistema auditivo quando percebemos fonemas e alofones em uma dada língua. Fonemas são os sons arbitrados por uma comunidade linguística como sendo distintivos para os falantes nativos daquela língua. Entre as muitas variáveis relevantes para a emissão dos fonemas, aqui tomaremos só duas: o ponto e o modo de articulação. O *ponto de articulação* se refere às duas partes do aparelho fonador que se tocam para moldar os espaços que serão preenchidos pelo fluxo de ar que vem dos pulmões ao pronunciarmos um fonema. O *modo de articulação* se refere à maneira como o fluxo de ar sai da boca. Ao ouvir *bala* conseguimos distinguir de *vala* porque, para falantes do português, /b/ e /v/ são fonemas com pontos e também com modos de articulação distintos. O fonema /b/ é bilabial (o lábio inferior toca o lábio superior) e /v/ é labiodental (o lábio inferior toca na arcada dentária superior).

Mas, além de pontos de articulação diferentes, /v/ e /b/ também diferem no modo de articulação, ou seja, na forma como o ar trafega dentro da boca e é impelido para fora. O fonema /b/ é oclusivo e /v/ é fricativo. No modo oclusivo, o ar encontra uma barreira para sair da boca. Esse é o caso da articulação bilabial em que o lábio inferior se fecha tocando no superior, obstruindo a saída do ar. No modo fricativo, o ar encontra uma abertura por onde sai se friccionando. No caso do /v/, a fricção se dá entre a arcada superior e o lábio inferior. Apesar de os outros fonemas nas duas palavras serem idênticos, os sons iniciais contrastam e já oferecem informações suficientes aos falantes do português para que se distingam as duas palavras, *bala* e *vala*.

Quando uma palavra difere de outra somente por um fonema, dizemos que elas formam um *par mínimo*. Assim, *bala* e *vala* formam um par mínimo. De fato, essa configuração de uma consoante inicial contrastante, seguida de _ala, é muito produtiva no português e pode produzir muitos pares mínimos: *bala, cala, fala, gala, mala, pala, rala, sala, tala, vala*.

Enquanto os fonemas operam contrastando, os alofones são variações de sons em relação a um fonema, arbitradas por uma comunidade linguística como sendo não distintivas, ou seja, não afetam a identidade funcional daquela unidade na língua.

Por exemplo, vamos considerar no português a consoante oclusiva alveolar /t/. Para pronunciá-la, articula-se a ponta da língua à região imediatamente atrás dos dentes, chamada crista alveolar. Para pronunciar /t/, o ar sai dos pulmões, e quando se atinge o respectivo ponto de articulação na boca, é estancado bruscamente (modo oclusivo) pela língua levantada e apoiada atrás dos dentes, bloqueando a abertura da boca.

Para falantes do português do Brasil, este *ponto de articulação* não é bem um *ponto*, mas uma região bastante elástica que se estende desde a parte de trás dos dentes incisivos e crista alveolar até o palato. Todos os sons que resultam dessas articulações diferentes são percebidos por falantes do português como o mesmo fonema /t/, embora, rigorosamente, os sons pronunciados não sejam os mesmos. Há pequenas variações, chamadas de alofones que não têm distinção funcional.

Um caso extremo de bastante distinção alofônica se dá no português carioca. Quando o fonema /t/ está no contexto diante de /i/, pode-se chegar até a alterar também o modo de articulação de *estanque* (oclusivo) para *estanque + contínuo* (africado). Assim, chegamos à pronuncia de *tia* típica, por exemplo, no Rio de Janeiro: /tʃia/. O fonema africado /tʃ/ é composto pela pronúncia do /t/ seguido por uma configuração arredondada de lábios, com a língua espalhada no palato. Um falante nativo do português entende todas as possíveis pronúncias de *tia*, desde o /t/ de certas regiões, como Pernambuco, até o /tʃ/do carioca citado sem perda semântica. Portanto, /tʃ/ e /t/ são alofones de /t/, pois não são distintivos em português.

Veja que essa especificação de alofonia é estabelecida língua a língua. Em inglês, /tʃ/ é um fonema e não um alofone de /t/. Em inglês é possível distinguir /tin/ *lata* de /tʃin/ *queixo*, portanto /tʃ/ e /t/ são fonemas e *tin* e *chin* são pares mínimos.

Concluindo, nem todas as informações que tiramos do mundo são distintivas e funcionais. Nossa percepção seleciona do contínuo informacional alguns pontos para tomar como dado (informação distintiva que deve ser guardada em grupo diferente), e quais atribuir a um mesmo grupo não distinto.

Os exemplos aqui discutidos sobre acuidade visual e auditiva e sobre todos os processos de retirada de informação do mundo, introjeção e processamento dessas informações por um ser vivo são chamados de cognições. Os sistemas cognitivos de cada espécie definem como um determinado indivíduo percebe e se relaciona com o mundo, quais sinais do mundo serão informações para esse indivíduo e quais sinais, apesar de existirem no mundo, serão ignorados por ele.

Decorre dessas informações sobre cognição uma conclusão filosófica que pode ser estarrecedora: o mundo real não é igual a nossa percepção dele. O tempo todo, o que percebemos como mundo é um certo recorte ativo da realidade, filtrado e processado pelos sistemas cognitivos da nossa espécie. Outros seres vivos têm sistemas sensoriais diferentes e experienciam, portanto, outra realidade, outro mundo.

Dentro do recorte da realidade que coube aos humanos, a linguagem tem um papel de destaque e a Linguística é a disciplina que vai estudá-la com propriedade, através de uma metodologia própria, diferente da de outras neurociências. Apresentaremos essa metodologia no próximo capítulo: "Métodos de investigação linguística". Mas antes de passar para outras convergências sobre o pensamento da Linguística, convidamos o leitor a se engajar em alguns projetos de pesquisa sobre os assuntos apresentados.

Projetos de pesquisa

- Em 2011, o livro *Por uma vida melhor*, da coleção *Viver, aprender,* propunha que expressões como *nós pega o peixe* fossem uma forma de comunicação válida e com regras próprias em sua comunidade linguística. O livro era distribuído pelo Programa Nacional do Livro Didático do MEC e foi recolhido porque, segundo os críticos, 'ensina os alunos a falar errado'. Uma polêmica animada surgiu na imprensa. Devemos ou não apresentar em um livro os diferentes falares da nossa comunidade linguística? No meio da polêmica, a Linguística, representada pelas duas autoras do livro, foi até taxada de vilã, passando a ser conhecida como *a disciplina que emperra o trabalho dos gramáticos que buscam ensinar português aos brasileiros.* Na internet, há uma ampla cobertura desse caso. Pesquise e identifique os vários atores, os lados e as políticas envolvidas nessa querela, e explicite de que lado você está nesse assunto.

- É comum pegarmos empréstimos de palavras de outras línguas, especialmente do inglês. Por exemplo, o nome *personal* entrou com força no português para significar *professor de ginástica.* Na verdade, a expressão completa do inglês é *personal trainer,* sendo que a primeira palavra é um adjetivo e a segunda um nome. Como no português geralmente o nome vem antes do adjetivo, interpretamos *personal* como se fosse o nome *treinador* e esquecemos da segunda parte da expressão (*trainer*) que realmente quer dizer *treinador. Personal* é um adjetivo que não poderia ser interpretado como nome em inglês, mas quando entra no português chega aqui como um nome. Além dessa adaptação gramatical, também fazemos adaptações fonéticas, já que classificamos a palavra *personal* como oxítona, assim como outros vocábulos terminados em -*al* no português: jornal, curral, *personal*. Em inglês, a sílaba tônica é a do início (*per*). Também adaptamos o /r/ retroflexo e ajustamos a abertura das três vogais. Algumas pessoas resistem muito em usar empréstimos como esse que descrevemos. Elas receiam que o português possa perder sua força quando usa coisas como *Facebook, ticket, folder, pen drive, download* etc. Você concorda com elas?

  Para dar maior embasamento a sua resposta, faça uma lista de empréstimos e veja como eles são usados, pronunciados e grafados no português. Como eles estão inseridos em nossa língua? Veja se você consegue classificar os empréstimos em tipos diferentes. Identifique quais as regras de reconfiguração que implementamos para inserir essas palavras no português. Verifique se eles são passageiros ou se têm vida longa em nossa língua. Perceba se eles são termos aceitos e usados pelos mais jovens e pelos mais velhos. Há termos similares, em português, em competição? Qual é exatamente a diferença entre eles? Qual seria a motivação para cada empréstimo que você listou? Pesquise se as pessoas se dão conta de que estão usando empréstimos. Também investigue como essas palavras são usadas nas suas línguas de origem.

Sugerimos que você monte uma tabela que facilite sistematizar, visualizar e manipular os dados que você vai recolher e as informações relacionadas a eles. Depois, forme a sua opinião sobre os empréstimos. Se pergunte se eles realmente são um perigo para a integridade do português.

- Há atualmente, nos meios de comunicação, um grande interesse pelo ensino e divulgação da norma culta da língua portuguesa. Além de livros de autoria de professores de português, há uma série de programas de TV e rádio que tratam do assunto. Entre os livros, encontramos os seguintes títulos:

  O português do dia a dia: como falar e escrever melhor, de Sérgio Nogueira Duarte.
  Para falar e escrever melhor o português, Adriano da Gama Kury.
  Coleção Português passo a passo, Pasquale Cipro Neto.

  No rádio e na televisão, também podemos citar os seguintes programas:
  Nossa Língua Portuguesa, transmitido pela Rádio Cultura AM e pela TV Cultura.
  Soletrando, programa do Luciano Huck, transmitido pela TV Globo.

  Pesquise outros exemplos como esses, procurando identificar e avaliar os pressupostos desses livros e programas, com base nos fundamentos da Linguística estudados nesse capítulo. Após essa avaliação, sugira novos títulos de livros e novos formatos de programas de televisão, *sites* e *blogs* que levem em consideração os fundamentos da Linguística.

- Nos anos 1970, ainda sob a forte influência das ideias do behaviorismo norte-americano, havia muitos projetos científicos que queriam entender se as cognições, como a linguagem, poderiam ser adquiridas através de esquema de estímulo-resposta. Se a linguagem realmente advém de constituição biológica especificamente humana, então não deveria ser possível ensinar linguagem para outros animais, até mesmo para os animais biologicamente próximos a nós, como o chimpanzé. Por outro lado, se a linguagem fosse um sistema de comunicação geral, ela seria compartilhável, ou seja, poderia ser ensinada aos chimpanzés. As hipóteses desse raciocínio poderiam ser testadas pelo que foi conhecido como o *Teste Crítico,* que muitos grupos de pesquisa se propuseram fazer. Talvez entre eles, o mais célebre tenha sido o teste longitudinal que foi empreendido por um grupo multidisciplinar liderado pelo psicolinguista Thomas Bever, da Universidade do Arizona. A estagiária da pesquisa na época era uma aluna de Psicologia chamada Laura-Anne Petito, hoje uma famosa pesquisadora, que realmente interagia diretamente com um chimpanzé batizado como Nim Chimpsky (1973-2000). O nome dele, é claro, era um trocadilho bem-humorado com o nome do grande linguista americano, Noam Chomsky. O projeto tinha como objetivo criar o Nim desde bebezinho, para ver o que ele podia aprender de linguagem. Pesquise sobre esse projeto na internet e também sobre um outro similar, o Projeto Washoe, e tente se posicionar sobre os progressos desses primatas. Como Nim e Washoe se saíram em situações absolutamente propícias para a aquisição de linguagem? Qual é a conclusão a que você chega sobre os limites e alcances desses animais em relação à aquisição de linguagem?

- Pierce et al (2014) é um estudo em Neurociência da Linguagem, conduzido pela psicóloga Lara Pierce e colegas da Universidade McGill, no Canadá, que através da técnica de imagem cerebral, trouxe evidências inéditas da importância dos primeiros anos de vida (Período Crítico) no desenvolvimento da linguagem. Nesse artigo de 2014, publicado no PNAS (Proceedings of the National Academy of Sciences), os cientistas investigaram três grupos de meninas entre 9 e 17 anos de idade: (i) 16 falantes monolíngues do francês; (ii) 16 chinesas que deixaram a China entre os 12 e os 18 meses de idade, após terem sido adotadas por famílias monolíngues de francês. Hoje essas crianças adotadas são falantes de francês sem nenhum conhecimento consciente de chinês; e (iii) 16 bilíngues de francês e chinês.

Os cérebros das 48 meninas nos três grupos de participantes foram escaneados enquanto elas escutavam as mesmas frases do chinês. Uma informação importante é que, diferentemente do francês, o chinês é uma língua tonal. Você já estudou sobre isso no Texto de apoio 1, e portanto já sabe que, nas línguas tonais, a percepção do tom constrói parte do significado. Mas essa função especial do tom exige um processamento complexo que só existe para quem é falante de uma língua tonal.

Diante disso, como será que as meninas adotadas se saíram no teste? Elas são monolíngues de francês, mas na percepção dos tons, seriam elas mais parecidas com as bilíngues de chinês-francês ou com as monolíngues de francês? É bom ressaltar que as meninas adotadas só ouviram chinês por pouco meses, enquanto bebês ainda na China.

O resultado surpreendeu os experimentadores. O padrão de ativação cerebral das meninas adotadas foi igual àquele encontrado nas bilíngues, e diferente do padrão das monolíngues de francês. A sensibilidade neurofisiológica das meninas que tinham sido adotadas relativamente aos tons do chinês só poderia ter sido adquirida durante aqueles primeiros meses de vida, em que elas viveram na China.

Levando em conta esse estudo, escreva sobre a importância da exposição precoce à informação linguística para a formação da capacidade linguística do indivíduo. Procure agregar ao seu texto outros exemplos de pessoas que mantiveram uma habilidade linguística que obtiveram na infância.

NOTAS

[1] Crédito: Wellcome Library, London. Wellcome Images images@wellcome.ac.uk http://wellcomeimages. org South Africa: African people at a kraal near Zwarkop. Photograph by Ernest Maylard, 1905. 1905 By: British Association for the Advancement of Science. The British Association Meeting. S.Africa. Published: Copyrighted work available under Creative Commons Attribution only licence CC BY 4.0 http://creativecommons.org/licenses/by/4.0/

[2] Glosa é uma linha de anotação técnica feita por linguistas de exemplos linguísticos arrolados na pesquisa. A sua função é indicar o conteúdo semântico de um lexema ou explicitar marcas morfológicas do exemplo, para que a análise empreendida possa ser avaliada mesmo por quem não seja falante da língua em questão. É bastante comum encontrarmos uma linha de glosa entre o exemplo da língua estudada e a tradução do exemplo na língua do texto.

[3] Para entender bem a implementação do sistema tonal do chinês, é produtivo fazer uma busca na internet por sites que oferecem exemplos falados por nativos. Um ótimo site para treinar a sua percepção é o http://pinyinpractice.com/selfquiz.htm. Neste site é apresentado um teste de percepção em que se ouve uma palavra e se pode tentar acertar o número do tom que ouviu. O programa oferece a resposta certa em seguida.

[4] A maior palavra técnica do português seria pneumoultramicroscopicossilicovulcanoconiose, que indica uma doença pulmonar causada por cinzas vulcânicas (Dicionário Houaiss, 2001).

[5] Na Linguística Gerativa, essa propriedade é conhecida como *narrow faculty of language* (faculdade da linguagem no sentido estrito).

[6] Dado fornecido pela linguista kaingang, Marcia Nascimento.

[7] Dado coletado *in loco* pela linguista Filomena Sândalo, professora da Universidade Estadual de Campinas (Unicamp).

[8] O conceito de variável linguística, definido como elemento linguístico que varia em concomitância com dimensões linguísticas e extralinguísticas, fundamentou a pesquisa sociolinguística, enfocando, inicialmente, a variação fonológica e, posteriormente, as variações morfológica, sintática, semântica e pragmática. Esses desdobramentos serão apresentados de forma mais detalhada no capítulo "Pontos comuns e variação".

[9] O termo deriva originalmente da palavra grega *koiné*, que indica o dialeto comum resultante do contato entre variantes linguísticas do grego, faladas durante o período helenístico no mediterrâneo. Depois, o termo se generaliza, passando a ser usado para indicar qualquer língua franca.

[10] Língua crioula é uma língua franca que é transmitida a crianças como língua materna, um processo que pode durar alguns séculos até atingir a sua estabilização.

[11] Muitos desses experimentos feitos pelo próprio Skinner foram registrados em vídeo e podem ser facilmente acessados pela Internet.

[12] As sentenças originais usadas por Chomsky eram: *Colorless green ideas sleep furiously* e **Furiously sleep ideas green colorless*. O asterisco antes da sentença indica que ela é considerada pelos falantes nativos como agramatical. Durante a tradução para o português foi necessária a adaptação da segunda sentença para que ela se aproximasse da agramaticalidade que Chomsky quis conferir em inglês. Tentamos capturar o efeito da agramaticalidade que (21) tem em inglês, tornando *ideias* objeto de *dormir*. Porém, a tradução adaptada não ficou perfeita. Em português há ainda uma leitura possível, salvadora da gramática, em que *ideias* poderia ser interpretada como um sujeito posposto. Isso é possível em português, quando se quer obter um efeito estilístico. Esse efeito não seria gramatical em inglês. Portanto, o contraste entre a gramaticalidade e a incongruência de (20) e a agramaticalidade e incongruência de (21) funciona melhor no inglês.

[13] Apesar de o célebre exemplo (20) não violar regras formais do inglês, por seguir as normas sintáticas e usar boas palavras, os falantes nativos dessa língua de forma consistente e sem esforço reportam que a sentença não significa nada. Porém, com um pouco de esforço, usando processos semânticos até mesmo essa sentença poderia ter uma leitura metafórica em que acabasse fazendo algum sentido. Ideias poderiam dormir metaforicamente significando que estão latentes, verdes poderiam significar imaturas, por exemplo. Porém, Chomsky não se referia a essa leitura que recruta recursos conscientes. Ele falava da primeira leitura que se faz de imediato, sem pensar, fora de algum contexto que poderia conduzir a uma leitura metafórica.

Métodos de investigação linguística

Este capítulo enfoca os principais métodos de investigação linguística, avaliando os alcances e limites de cada um deles. O ponto de partida é a proposta de Wallace Chafe, que articula critérios de observação (verificabilidade pública ou privada dos dados) e critérios referentes à natureza dos dados (naturalidade ou manipulação). No primeiro Texto de apoio, são detalhados dois métodos experimentais que vêm ganhando espaço na pesquisa linguística recente: o rastreamento ocular (*eyetracking*) e a eletroencefalografia (EEG/ERP). No segundo Texto de apoio, o conceito de túnel da mente é revisado. Explicitam-se algumas falácias comuns na argumentação, destacando-se estratégias que devem ser evitadas no discurso científico autêntico.

Texto principal

O termo *método* é originário do grego *methodos*, indicando os procedimentos a serem adotados ao longo (*meta*) de um caminho (*hodos*), para atingir um objetivo. O historiador grego Heródoto nota que as cidades antigas costumavam ter várias portas, com diferentes funções e perspectivas. Do mesmo modo que se atingem diferentes áreas de uma cidade por diferentes rotas, a maneira como nos aproximamos de uma questão tende a nos revelar aspectos parciais dela, condicionados pelo modo como os observamos. Um erro que costuma ocorrer com observadores desavisados é o de confundir o seu ângulo específico de observação com o próprio objeto observado.

Por um lado, os métodos e as angulações teóricas podem ter uma complexidade interna que, se não controlada adequadamente, pode causar no observador um efeito ilusório que o leva a crer que o mapa do território é totalizador do próprio território. Por outro lado, como há sempre muitos dedos que apontam para um objeto, não é incomum, na história da ciência, que os observadores se encantem com seus próprios dedos e anéis e se percam no caminho. Muitas querelas inúteis em ciência talvez pudessem ser superadas se esses *túneis da mente* metodológicos, como estas ilusões cognitivas são denominadas pelo cientista Massimo Piattelli-Palmarini, fossem explicitados e controlados. É preciso considerar que, se há vários caminhos para se chegar a uma meta, pode haver complementaridade entre eles, cada caminho nos revelando um aspecto específico do objeto. Considerações de ordem metodológica são, portanto, fundamentais, quando se busca avaliar as convergências e as divergências no âmbito de uma disciplina, como fazemos em relação à Linguística neste livro.

Labov explicitou esse problema metodológico que discutimos anteriormente, de modo muito específico, referindo-se ao trabalho de campo, definindo-o como o *Paradoxo do Observador*, em que a presença do observador acaba por alterar a naturalidade da situação observada. Propomos, neste livro, ampliar o escopo desse termo, utilizando-o de modo a avaliar e controlar o efeito do observador sobre o observado, do método sobre o objeto.

Nesse sentido, superar o paradoxo do observador requer desenvolver a capacidade de relativizar, ou seja, a capacidade de avaliar os alcances e os limites de cada método, evitando tomar uma determinada angulação como verdade absoluta. Essa absolutização do relativo é o que é acontece com a fábula dos *Ceguinhos do Hindustão*. Uma vez, vários ceguinhos no Hindustão toparam com um elefante no meio do caminho. Eles se põem a tatear o obstáculo e começam a discutir sobre a natureza dele. No dizer do escritor americano John Godfrey Saxe, que recontou para o Ocidente a antiga parábola, cada ceguinho procurou examinar uma parte do elefante e chegaram a conclusões parciais sobre o todo. Por exemplo, o ceguinho que tateou a tromba do elefante, achou ter se deparado com um tronco de árvore. Embora cada um estivesse parcialmente certo, todos estavam errados: o elefante não é como tronco, muro, leque ou corda.

Embora o problema seja antigo, está longe de ser resolvido, como demonstram as *guerras linguísticas*, aliás, título de livro do linguista norte-americano Randy Allen Harris (1993). Ele procura, justamente, expor os debates e controvérsias aguerridas entre correntes divergentes da Linguística na segunda metade do século XX.

A perspectiva adotada no presente livro é a de procurar convergências e divergências entre as teorias e métodos praticados em Linguística. Neste capítulo sobre métodos, revisaremos, portanto, de forma integrada, alguns dos principais *modi operandi* dessa ciência, avaliando os limites e alcances de cada um, com o objetivo de tentar contribuir para que o erro dos *ceguinhos do Hindustão* possa vir a ser equacionado e, quem sabe, superado. O capítulo se organiza da seguinte forma: a próxima seção nos mostrará a proposta de Wallace Chafe, que utiliza os critérios da verificabilidade pública ou privada dos dados e da sua naturalidade ou manipulação para pensar os métodos, de modo a enfatizar a sua complementaridade. Em seguida, discutiremos cada um desses métodos, apresentando suas características fundamentais. No primeiro

Texto de apoio, detalhamos dois métodos experimentais de ponta: o rastreamento ocular (*eyetracking*) e a eletroencefalografia (EEG/ERP). Finalmente, no segundo Texto de apoio, revisamos o conceito de túnel da mente e explicitamos algumas falácias comuns na argumentação, a serem evitadas no discurso científico autêntico.

Em livro de 1994, o linguista Wallace Chafe propõe um método para comparar métodos de pesquisa em Linguística que é diretamente relevante aqui, pois permite analisar contrastivamente, porém de modo integrado, os diferentes métodos de pesquisa mais comumente empregados em Linguística. A partir do cruzamento de dois critérios, a natureza dos dados (naturais ou manipulados) e da observação (pública ou privada), ele chega ao quadro a seguir.

Tabela 2 – Classificação de Chafe para Métodos de Pesquisa em Linguística

	Público	Privado
Natural	etnográfico	insight
Manipulado	experimental; elicitação	julgamento de gramaticalidade

O cruzamento dos fatores natural e público caracteriza o método etnográfico, em que os dados ocorrem espontaneamente e podem ser confirmados, mantendo-se, fundamentalmente, os mesmos procedimentos. Ainda com verificabilidade pública, mas com materiais preparados pelo pesquisador, caracterizam-se os procedimentos experimentais. O método conhecido como elicitação, em que o pesquisador de campo pede ao informante equivalentes de palavras e frases de uma língua para outra, não deixa de ter características de experimento informal. Com dados manipulados, mas sem verificabilidade pública, tem-se o método de julgamento introspectivo de aceitabilidade ou de gramaticalidade, muito utilizado em Linguística Teórica, quando o pesquisador usa, frequentemente, a sua própria intuição de falante nativo sobre a boa formação de frases ou, minimamente, procura a intuição de alguns outros informantes, de modo não controlado. Finalmente, a compreensão intuitiva de ocorrência natural, não controlada, sobre um fenômeno, caracteriza um *insight*. Embora ideias brilhantes reveladoras possam ocorrer e, de fato, ocorram, muitas vezes inesperadamente, a todos nós, a assistematicidade de tais processos não permite que se os trate, propriamente, como um método de pesquisa. A seguir, focalizamos os três métodos da tabela de Chafe, a saber, o método etnográfico, o método de julgamento intuitivo e o método experimental.

O método etnográfico

O método de pesquisa etnográfico consiste, fundamentalmente, na observação e registro diretos dos eventos em sua ocorrência natural. Nesse sentido, trata-se de coletar dados naturais que têm verificabilidade objetiva ou pública, isto é, a coleta deve ser passível de ser replicada por outro pesquisador, garantidas circunstâncias similares. Geralmente, o pesquisador constitui um *corpus*, obtido através de anotações, gravações ou filmagens. Esse *corpus* é então analisado, frequentemente, com a colaboração de um informante. Há hoje programas que podem ser obtidos gratuitamente e que permitem tratar de forma integrada dados de áudio, vídeo e texto, possibilitando ao usuário inserir várias linhas de análise, como transcrições fonéticas, fonêmicas, glosas morfológicas, sintáticas, semânticas, não literais, além de observações gerais. Um exemplo desses programas de análise e gerenciamento de dados é o ELAN (http://www.lat-mpi.eu/tools/ELAN), uma poderosa ferramenta de anotação que acompanha o registro dos dados permitindo ao cientista criar, editar, visualizar e pesquisar dados novos e aqueles já compilados por outros em fotos, vídeos e áudios. Ele foi desenvolvido no Instituto Max Planck de Psicolinguística, em Nijmegen, especificamente para a análise de línguas faladas e também de línguas de sinais e gestos. Ele permite que se possa individualizar pequenas unidades de linguagem como tons, morfemas, fonemas, raizes ou qualquer outra unidade linguística que possa ser explorada em suas múltiplas facetas, cada qual utilizando as diferentes linhas de anotação do programa. Todas as linhas de anotação relacionadas àquela unidade linguística ficam visualmente acopladas pelo programa, oferecendo ao pesquisador uma ampla visão consolidada do dado.

O método etnográfico encontra a sua realização plena no trabalho de campo, em que o pesquisador se afasta de sua instituição e vai ao ambiente do *outro*, observá-lo em seu contexto natural. Na realidade, aí também se pode flagrar o *paradoxo do observador* aludido anteriormente. Pelo simples fato de estar presente no ambiente do outro, o pesquisador acaba por impor ao contexto natural a sua presença transformadora que, de algum modo, impõe que o dado natural sofra algum tipo de manipulação. Há duas maneiras básicas de se resolver esse impasse. De um lado, o pesquisador pode ser discreto, minimizando a sua presença e de seus equipamentos, procurando interferir o mínimo possível nos eventos que observa. Por outro lado, o pesquisador pode tentar integrar-se no grupo, em seu cotidiano, de modo a passar a fazer parte da paisagem observada. Trata-se da chamada "observação participante", em que o observador se insere, do modo o mais natural possível, no grupo que quer estudar, ficando lá por períodos longos, participando de seu dia a dia e aproveitando para observá-lo.

Em um livro que se tornou um clássico, *Sociolinguistic patterns* (1972), Labov propõe procedimentos para a obtenção de dados naturais em entrevistas com informantes durante o trabalho de campo, tais como o controle do tema e do momento das entrevistas, a minimização do equipamento, a atitude discreta do pesquisador, com o intuito de superar o paradoxo.

Vale notar que as transcrições de entrevistas e interações conversacionais também têm sido alvo de reflexões. Em artigo clássico sobre o assunto, intitulado *Transcription as theory*, Elinor Ochs argumenta que a transcrição da fala já constitui uma análise preliminar, que deve levar em conta o recorte do objeto de estudo e as hipóteses estabelecidas para a investigação. Assim, aspectos fonéticos, fonológicos, morfológicos e sintáticos deverão ser transcritos de forma mais ou menos refinada, dependendo dos objetivos da pesquisa. No que se refere às transcrições conversacionais, alguns sinais costumam ser estabelecidos, como ilustrado na Tabela 3:

Tabela 3 – Exemplo de transcrições conversacionais

Ocorrências	Sinais	Exemplos[1]
Alongamento de vogais	::	porque era **mui::to** sacrifício né?
Comentários descritivos	((comentário minúsculas))	((risos))
Entonação enfática	Maiúsculas	ai meu Deus...**ÊTA BICHO BÃO!**
Incompreensão de palavras	( )	então pediram a mim pra mim num de/num **(ininteligível)** durante dois anos.
Interrogação	?	então quer dizer que você não vai contar uma estória?
Pausa	...	eu tive a chance de sair de lá... não pra uma casa digamos sendo minha...mas de um amigo né?
Superposição, simultaneidade de vozes	[entre linhas	I: a venda agora ali tá boa né? fizeram um armazém novo [E: em frente à igreja?
Truncamento (falsos começos e reinícios)	/	eu só/eu era muito católica minha filha

O linguista Larry Hyman caracteriza o trabalho de campo como um estado mental: "é possível ser um pesquisador de trabalho de campo sem ter ido ao campo e é possível ir ao campo sem se tornar um pesquisador de trabalho de campo". Ele faz uma crítica aos linguistas mais orientados teoricamente que acabariam por reduzir as diferenças entre as línguas às semelhanças subjacentes, buscando princípios gerais e, muitas vezes, deixando de observar os aspectos individualizantes das línguas, justamente o interesse prioritário dos linguistas de campo. Segundo Hyman, os linguistas de campo também têm uma perspectiva mais integrada sobre a língua que estudam, dedicando-se a ela como um todo. No campo, ninguém pode dizer:

"esses dados não me interessam, pois são irrelevantes para a minha teoria" ou "sou um fonólogo e esses dados são sintáticos, não me interessam". Hyman discute uma questão metodológica fundamental: a orientação para os dados ou para as teorias. Se, por um lado, a pesquisa linguística será sempre o resultado desse diálogo entre os dados e as teorias, pode haver – e há – graus na contribuição de cada um desses polos na pesquisa. Negar a relevância de um ou de outro polo seria anticientífico, seria assumir como verdade a cegueira do observador parcial do elefante.

Maia, um dos autores deste livro, analisa, em artigo publicado em 1997, o choro ritual karajá, sociedade indígena do Brasil Central. Depois de um mês na aldeia Hawalò, na ilha do Bananal (TO), estudando a língua karajá, ocorreu a morte de uma criança em uma casa frequentada pelo linguista, passando os familiares, após o enterro, a praticar o choro ritual. Embora não pretendesse, originalmente, registrar e estudar essa prática, o pesquisador, presente na situação, gravou em áudio, de forma bastante natural, a lamentação, produzindo análise, conforme excerto no Quadro 1, que se reproduz adiante, exemplificando a pesquisa linguística etnográfica em trabalho de campo:

Quadro 1 – Análise de choro ritual karajá

Na cerimônia mortuária tradicional, o parente mais chegado do falecido fecha-se na casa e chora durante o dia todo, por um período de várias semanas, sendo substituído por outro parente próximo sempre que precise interromper o choro. Dessa forma, a lamentação, que pode ser compreendida como catarse e como louvor, revela também os laços de solidariedade comunitária que permitem estruturar socialmente a dor experimentada no plano individual. A dor pela perda do ente querido é assim repartida entre os parentes e amigos que se solidarizam com o parente mais chegado do morto, chorando com ele e por ele, durante os períodos de descanso. Tradicionalmente, costumava-se chorar por períodos que poderiam se estender até por vários meses. Durante este período confeccionava-se a urna mortuária em cerâmica para que se colocassem os ossos do morto. Caminhadas diárias ao cemitério para levar pequenas oferendas de alimentos, tais como mel, peixe, ovos são comuns ainda hoje nas aldeias karajá. Se ocorre uma morte durante ocasiões em que se celebram os ritos do aruanã, registra-se uma interrupção de alguns dias nas danças das máscaras sagradas. Durante este período, os pajés monitoram a chegada da alma desencarnada ao mundo dos espíritos. Ao mesmo tempo, conforme nota Toral (1992), a interrupção das danças sinaliza uma tensão entre o ciclo cerimonial da tribo e a dor sentida por uma família da aldeia. Na casa das máscaras, os homens passam à confecção dos *itxeò*, os postes tumulares que serão entregues à família do morto por um representante do *ijoi* – o grupo de homens da aldeia. Antes e durante a entrega do *itxeò*, lamentações são entoadas na casa do morto e em algumas casas próximas. A entrega é feita geralmente a meio caminho entre a casa das máscaras e a casa da família do morto. Um homem traz os *itxeò* e os entrega a um membro idoso da família do morto que vem encontrá-lo. Neste instante da entrega dos postes tumulares, o representante do grupo de homens pede permissão ao parente do morto para reiniciarem as festividades do aruanã, o que é feito logo em seguida à cerimônia de colocação dos *itxeò* na sepultura. Um *itxeò* é cravado nos pés, outro na cabeceira, enquanto as mulheres colocam comida para seu ente querido, chorando muito. Após esta cerimônia, reiniciam-se as atividades de canto e dança da festa do aruanã, circunscrevendo-se a dor pela morte de um membro da comunidade à sua família mais próxima, de maneira que a vida e seus rituais possam continuar na aldeia. Note-se que, em tais ocasiões, pode ocorrer de alguns homens também procederem a lamentações em voz alta. Tal prática é, no entanto, pouco frequente e quando acontece tem duração muitíssimo menor do que a prática do choro pelas mulheres. A língua karajá que distingue foneticamente a fala do homem da fala da mulher, também não classifica o choro masculino e o feminino com os mesmos itens lexicais. Embora haja um verbo *chorar* neutro, *rasybina*, que pode aplicar-se, como em português, tanto a homens como a mulheres, há o verbo *robureri* e o substantivo *ibru* que se aplicam ao choro feminino e o verbo *rahinyreri* e o substantivo *hii*, que se aplicam exclusivamente ao choro masculino. No choro ritual feminino, há uma parte inicial denominada *sybina*, em karajá, que denomina o choro em si mesmo, caracterizado por gritos, gemidos e soluços, expressando a emoção incontrolada por parte do parente do morto, no caso do *ibru* que registramos, a mãe de um menino que adoecera e morrera no lapso de alguns dias por causas sobrenaturais. Nesta fase, não se distinguem verbalizações significativas, há apenas o choro puro e simples dando vazão ao sentimento da dor pela perda do filho. Pouco a pouco, inicia-se o lamento verbal que permite racionalizar a emoção, configurando a dor e eventualmente logrando controlá-la. As lamentações são geralmente constituídas por uma sequência de frases intercaladas por um refrão, denominado *itõ* em karajá. No caso do *ibru* que registramos, o refrão é:

Wa-ritxòre helykyna wa-ribi r-u-ru-re
1Poss-filho caçula 1-de 3-VT-morrer-PASS
Meu segundo filho morreu de mim

Na lamentação, pode-se distinguir, ainda, trechos em que a mãe evoca episódios da vida da criança, geralmente enfatizando suas qualidades. Executado por longos períodos, o *ibru* acaba por compor um extenso inventário eulógico da vida do falecido.

Os dados recolhidos em campo constituem um *corpus* que pode fornecer evidências importantes para subsidiar diferentes análises em Linguística. De fato, a chamada *Linguística de Corpus* é uma das áreas que mais tem se desenvolvido na pesquisa linguística, na atualidade, principalmente pela possibilidade de análise computacional que permite extrair, com grande precisão, indicadores de frequências de ocorrência e de coocorrência (concordâncias) de itens lexicais, categorias funcionais, construções gramaticais etc. O uso de ferramentas de informática e de modelagens estatísticas contribui, por exemplo, não só para se saber quantas vezes um fenômeno linguístico ocorre em um *corpus*, isoladamente ou em coocorrência com outro, mas também a estimativa de frequência de sua não ocorrência. As técnicas sofisticadas de constituição e de extração de dados de *corpora* (*data mining*) tem beneficiado a pesquisa, em diferentes áreas, contribuindo também para integrar através de metadados, informações de diferentes naturezas, tais como a fonte dos dados, fatores sociolinguísticos, dialetológicos etc.

No entanto, se, por um lado, a pesquisa baseada nos *corpora* tem esse alcance integrado que concebe a língua como um todo, permitindo estudá-la em suas manifestações naturais, de diferentes perspectivas, este mesmo fato é o seu próprio limite – o *corpus* é o produto que circunscreve a própria análise. Assim, o que não pode ser gerado pela faculdade humana de linguagem não está nos *corpora*, não aparece e não pode, portanto, ser avaliado, de modo a contribuir para a compreensão, para além dos produtos, dos processos linguísticos que geram os produtos. A avaliação desse limite, realizada no âmbito da revolução cognitivista da metade do século XX, como vimos no primeiro capítulo, levou ao desenvolvimento e à utilização, na pesquisa linguística, da metodologia de julgamentos intuitivos de gramaticalidade, fomentando a Linguística Experimental.

O método de julgamento de gramaticalidade

A frase (21b), a seguir, tenta indagar sobre o objeto do verbo roubar, o DP[2] *Pedro*, na frase (21a). Enquanto a frase (21a) parece bem formada, a frase (21b) não parece gramatical. Por esta razão, a frase (21b) jamais poderia ser encontrada em nenhum *corpus* do português.

(21a) ✓ Maria acreditou na acusação de que João roubou Pedro.

(21b) * Quem Maria acreditou na acusação de que João roubou?

Utilizando julgamentos de aceitabilidade ou de gramaticalidade de frases, a Linguística Gerativa pôde operar uma importante mudança no foco dos estudos linguísticos, que passam da análise exaustiva dos *corpora*, realizada no âmbito das correntes estruturalistas, e passaram a buscar atingir a modelagem dos processos cognitivos subjacentes ao conhecimento da linguagem. Assim, analisando-se, além do que é dito, o que não pode ser gerado, aprendemos, por exemplo, conforme ilustram as frases acima, que não se pode mover um constituinte sintático para fora de um DP complexo, como é o caso de *a acusação de que João roubou Pedro*.

Em busca da caracterização da capacidade gerativa da linguagem, o linguista Noam Chomsky (1957) propõe que se possa testar a gramaticalidade das frases pela captura de algum tipo de reação bizarra, termo que utilizou para se referir ao estranhamento no julgamento de sentenças pelos falantes nativos de uma língua.

Embora o próprio Chomsky, posteriormente, avalie que a confiabilidade exclusiva da teoria nos julgamentos intuitivos deva ser substituída por critérios rigorosos, tão logo possível (Chomsky, 1962), o fato é que os julgamentos intuitivos de aceitabilidade e gramaticalidade constituíram a principal ferramenta da gramática gerativa durante várias décadas. Note-se o caráter verdadeiramente revolucionário do uso da introspecção e da intuição como ferramentas válidas de análise em um período dominado pelo Behaviorismo, em que o instrumental analítico dominante era profundamente antimentalista. Embora não haja uma identidade plena entre o método de julgamento de gramaticalidade e o paradigma introspeccionista pré-behaviorista, não há como evitar a referência a Wilhelm Wundt, que em seu laboratório de Psicologia Experimental, na Universidade de Leipzig, em 1879, solicitava que seus sujeitos procurassem relacionar estados mentais a sensações empíricas, em protocolos experimentais complexos.

A introspecção e a intuição podem constituir, e geralmente constituem, o início de uma reflexão sistemática sobre os fenômenos linguísticos. No entanto, o que se tem considerado impróprio mais modernamente é que uma pesquisa possa ser completamente desenvolvida apenas com base nessa metodologia informal de julgamento intuitivo, especialmente quando se dispõe hoje de técnicas e métodos sofisticados de coleta e de avaliação de dados. Nesse sentido, o método de julgamento intuitivo de aceitabilidade/gramaticalidade tem sido chamado pejorativamente de método *Hey Sally*, evocando a imagem do linguista, geralmente um sintaticista formal, perguntando, inquieto, à sua assistente – *"Hey Sally, how do you like this sentence? Is it good for you?"* (*Ei, Sally, você gosta dessa frase? Você acha que ela é boa?*). Que tal pergunta possa ser formulada não seria problema, mas que teorias complexas sobre a linguagem possam ser inteiramente desenvolvidas apenas na base de perguntas assim é que tem sido profundamente questionado.

Schütze (1996) avalia que, embora os dados baseados em julgamentos sutis de gramaticalidade tenham se tornado centrais para a argumentação teórica, podem-se identificar três problemas em seu uso:

- Os dados de julgamento não são reportados sistematicamente e nem são notacionalmente identificados;
- Os dados de julgamento são adotados ou descartados de acordo com a relevância que têm para a teoria;
- O processo de obtenção dos dados geralmente não é criterioso, tornando-os intrinsecamente instáveis e pouco confiáveis.

Os questionamentos sobre a informalidade e, principalmente, sobre a instabilidade dos julgamentos de aceitabilidade/gramaticalidade são frequentes e antigos. Há trabalhos indicando convincentemente que os julgamentos não são necessariamente do tipo *tudo ou nada*, mas, frequentemente, apresentam gradiência. Por outro lado, em um interessante trabalho publicado na revista *Linguistic Inquiry*, no ano 2000, o linguista William Snyder demonstra experimentalmente o chamado *efeito de saciação* no julgamento de gramaticalidade de sentenças. De fato, muitos linguistas reportam que frases que são inicialmente julgadas como agramaticais tendem a se tornarem cada vez mais aceitáveis a medida que se continua a considerá-las, passando a serem citadas como agramaticais apenas por força do hábito ou porque sua agramaticalidade se tornou padrão na literatura teórica. Por exemplo, manipulando o fator grupo de sujeitos, Barile e Maia (2008) demonstraram a existência do que Snyder (2000) também chama de "doença do linguista", no julgamento de ilhas sintáticas em português. Os autores apresentaram para julgamento, na tela de um computador, os mesmos materiais, compostos por 16 frases experimentais contendo QU *in situ* em ilhas sintáticas (ex.:: *você escreveu a mensagem que dizia o que/o que você escreveu a mensagem que dizia*), 16 frases controle que continham QU *in situ*, mas fora de ilhas, além de 40 frases distrativas. As mesmas frases foram apresentadas a dois grupos de sujeitos: um grupo foi constituído por 24 alunos do curso de Letras que haviam terminado no momento do experimento um curso de Sintaxe, em que haviam estudado, entre outros temas, as ilhas sintáticas, tendo considerado e analisado durante várias semanas frases em diferentes tipos de estruturas de ilhas sintáticas. O outro grupo era constituído por 24 alunos de outros cursos universitários que nunca haviam tido a sua atenção voltada para o fenômeno das ilhas sintáticas. Os resultados apresentaram os índices de julgamento indicados nos Gráficos 1 e 2:

Gráfico 1 – Índice de aceitação para frases experimentais e controle do Grupo 1

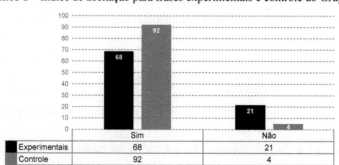

Gráfico 2 – Índice de aceitação para frases experimentais e controle do Grupo 2

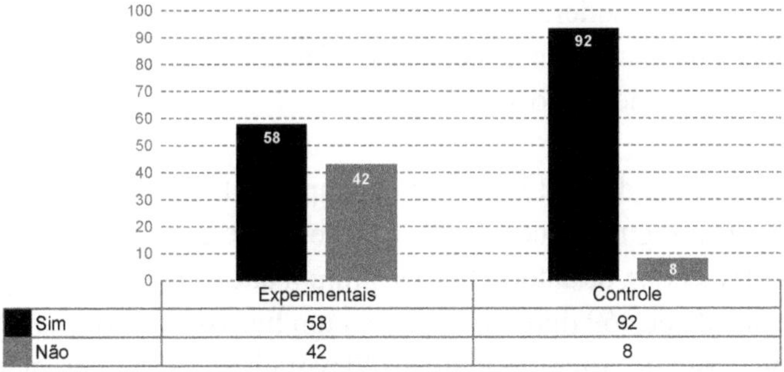

	Experimentais	Controle
Sim	58	92
Não	42	8

Como se vê nos gráficos, os sujeitos do Grupo 1, que tinham consciência metalinguística sobre o fenômeno das ilhas sintáticas, tendo julgado anteriormente vários tipos de frases desse tipo, tenderam a recusar significativamente menos essas frases do que os sujeitos do Grupo 2, que nunca haviam analisado tais frases. Com relação aos tempos médios de julgamento, os resultados obtidos também foram na mesma direção.

Tabela 4 – Médias dos tempos de resposta para as frases experimentais e controles do Grupo 1

	EXP SIM	EXP NÃO	CONT SIM	CONT NÃO
Média	1075 ms	1776 ms	684,6 ms	122 ms

Tabela 5 – Médias dos tempos de resposta para as frases experimentais e controles do Grupo 2

	EXP SIM	EXP NÃO	CONT SIM	CONT NÃO
Média	1074 ms	1331 ms	734,3 ms	124 ms

A partir das Tabelas 4 e 5, podemos observar que, tanto no Grupo 1 como no Grupo 2, as frases experimentais aceitas exibiram latências de julgamento significativamente mais altas do que as frases de controle (Grupo1: ANOVA> F=22,82, p<0,0001; Grupo 2: ANOVA: F=3,821, p<0,0001).

Na análise entre grupos, a diferença entre as médias de tempos para a negação das frases experimentais foi significativa, demonstrando talvez que os sujeitos do Grupo 1, com consciência metalinguística, apresentaram maior relutância ao negar as frases com ilha.

Resultados como esses levantam questões importantes:

- De um lado, parece claro que a metodologia experimental poderia fornecer instrumentos mais precisos e estáveis para desenvolver a base empírica das teorias e, consequentemente, contribuir significativamente para o seu estabelecimento.

- De outro lado, a pesquisa anterior ao advento do uso de metodologia experimental poderia estar comprometida por efeitos não controlados, como o da saciedade e, portanto, as teorias baseadas em metodologias informais podem não ser confiáveis.

Sprouse e Almeida (2012), no entanto, apresentam resultados experimentais que indicam que a segunda questão não parece ser verdadeira. Utilizando análises estatísticas sofisticadas, os autores demonstraram que os resultados de julgamentos de gramaticalidade de 469 tipos de frases em um livro de introdução à Sintaxe, obtidos com metodologia criteriosa junto a 440 participantes, indicaram um índice de réplica de 98% em relação ao que havia sido obtido através de métodos informais, no passado. Os autores concluem que tais resultados sugerem que a técnica de julgamento de gramaticalidade informal usada na Linguística Gerativa por décadas não poderia ter levado a teoria a erros em função de dados de má qualidade.

Nesse sentido, vale destacar a proposta de Leonard Talmy, que foi discutida no Congresso Internacional de Linguística Cognitiva, na Cracóvia, Polônia (2007). Ao proferir a conferência intitulada *Introspection as a methodology in Linguistics*, Talmy defendeu a ideia de que há fenômenos linguísticos mais e menos acessíveis à introspecção. Entre os aspectos com alta acessibilidade, incluem-se a gramaticalidade de uma sentença, palavras que poderiam expressar aproximadamente os mesmos conceitos (ex.: para *aborrecer*, termos como *incomodar, irritar, perturbar* etc.) o registro de uma forma linguística (ex.: formal: *abdômen*, informal: *barriga*). Já o acesso a aspectos tais como a categoria lexical de uma palavra (ex.: *nome, verbo* etc.) ou o significado de afixos (ex.: *incontestável, in-* negação; -*vel passível de*) podem apresentar grau médio de acessibilidade, dependendo de habilidades individuais e treinamento. Por fim, entre os aspectos que demonstram baixa acessibilidade à introspecção, destacam-se padrões e princípios sintáticos (ex.: em sentenças como *Whose dog did your cat bite?* e *Whose dog bit your cat?*, o ouvinte tem pouco acesso introspectivo aos princípios sintáticos que norteiam a presença do auxiliar *did* e do verbo *bite* no presente na primeira sentença, e a ausência de *did* e uso do verbo no passado na segunda). Outro exemplo de baixa acessibilidade seriam os componentes semânticos de preposições (por exemplo, não é fácil explicitar a diferença semântica entre as preposições nas sentenças *Eu vou à praia, Eu vou para a praia* e *Eu vou na praia*. Enfim, nos casos de baixa acessibilidade, apenas uma análise linguística detalhada é capaz de tornar claros os fenômenos mencionados.

De qualquer forma, em Estatística, no que diz respeito a testes de hipótese, há dois tipos de erro, o *falso positivo* e o *falso negativo* (Quadro 2). Assim, o uso de testes informais de julgamento pode não ter ocasionado o primeiro tipo, mas não garante que não se tenha cometido um erro do tipo 2.

Quadro 2 – Tipos de erro

ERRO DO TIPO I – FALSO POSITIVO – Rejeitar uma hipótese nula verdadeira
ERRO DO TIPO 2 – FALSO NEGATIVO – Aceitar uma hipótese nula inválida

A conclusão a que se pode chegar é a de que os métodos informais de julgamento, do tipo *Hey Sally*, utilizados amplamente durante décadas na Linguística Gerativa, talvez não tenham, de fato, ocasionado teorias inválidas, entretanto não se pode garantir que fenômenos que poderiam ter sido verificados com técnicas mais precisas e criteriosas não tenham sido observados, em função da metodologia inadequada. A ausência de evidência não é evidência da ausência.

Por essa razão, uma nova especialidade da Linguística vem emergindo há alguns anos, que adota criteriosamente o método experimental, já usado em Psicolinguística há décadas, não só trazendo evidências mais precisas e seguras para a constituição da teoria linguística, como também permitindo refinar o diálogo entre o estudo da competência e o estudo do desempenho da linguagem.

O método experimental

Na seção anterior, caracterizamos o que se tem chamado de *linguist's disease* ou efeito de saciação e revisamos o estudo de Sprouse e Almeida (2012), em que se apresentam evidências de que o método de julgamento de gramaticalidade informal não prejudicou a Linguística Teórica – o que se achou com esse método é validado por métodos experimentais formais. No entanto, procuramos argumentar que, por um lado, se a limitação ao *Hey Sally* (julgamento de agramaticalidade informal) pode não ter produzido dados errôneos, pode ter deixado, por outro lado, de fazer achados potencialmente relevantes para a teoria.

Na presente seção, veremos que o *Hey Sally* e mesmo os experimentos de julgamentos de gramaticalidade formais são testes *off-line*, pós-processamento, explícitos e diretos que requerem o acesso à consciência metalinguística, sendo, portanto, facilmente influenciáveis por fatores não estruturais, tais como contexto discursivo, pragmático, experiência de mundo, pressões normativas etc.

Revisaremos as propriedades do método experimental, a partir da apresentação de um estudo experimental específico,[3] chamando a atenção para as metodologias *on-line*, que acessam o *curso temporal* do processamento, sendo, portanto, aptas a identificar fatores estruturais, isolando-os de fatores semânticos, contextuais. Estas metodologias teriam, por isso mesmo, o potencial de contribuir para questões centrais sobre a arquitetura da gramática, podendo comparar modelos teóricos em termos de sua realidade psicológica.

Uma questão para pesquisa experimental

Comecemos por um problema de pesquisa específico. Consideremos as frases:

(22) Quando ele praticava com muito afinco, o time sempre marcava vários gols.

(23) Quando eles praticavam com muito afinco, o time sempre marcava vários gols.

(24) Ele sempre marcava vários gols, quando o time praticava com muito afinco.

(25) Eles sempre marcavam vários gols, quando o time praticava com muito afinco.

Agora, uma questão: será que todas essas frases permitem uma resposta afirmativa para a pergunta: *Quando o time praticava com muito afinco, marcava vários gols?*. Note-se que o que está em jogo aqui é, de fato, a possibilidade de estabelecimento da correferência pronominal entre os pronomes "ele" e "eles", de um lado, e o DP "o time" de outro. Na frase (22), o pronome e "o time" concordam em número e gênero, o que parece facilitar a correferência. Já em (23), há uma discordância entre o número do pronome, que está no plural, e o número do DP, que está no singular. Em outras palavras, a literatura identifica a frase (22) como caso de anáfora pronominal e a frase (23) como caso de anáfora conceitual, pois sua resolução envolve inferência. É preciso inferir que um DP como "o time", um coletivo, é composto de jogadores. Assim, "o time" poderia ser coindexado com um pronome plural. Entretanto, seria a frase (23) uma anáfora conceitual, tão aceitável quanto a frase (22), uma anáfora pronominal? Será que conseguiríamos resolver esta dúvida com o nosso conhecido método *Hey, Sally*? A resolução pronominal é sensível à concordância, mas um julgamento informal de aceitabilidade provavelmente não resolveria de forma *tudo ou nada* a diferença entre (22) e (23). Haveria, então, gradiência na sua aceitabilidade?

O que acontece agora com a nossa intuição ao considerarmos (24) e (25)? No que diz respeito à correferência entre os pronomes que iniciam as frases e o nome *time*, ambas as frases parecem menos aceitáveis do que suas contrapartes (22) e (23), sem dúvida. Por que será? Aqui teríamos que lançar mão de um princípio estrutural denominado *c-comando*,[4] que será somente objeto de nossa análise mais profunda no capítulo "Forma Função". Por enquanto, basta sabermos que uma dada posição estrutural (c-comando) entre as palavras nas frases em (22) e em (23) licencia as computações de concordância e de correferência quando os pronomes não estão em posição de c-comandar o DP "o time", estando, assim, em contraste com a configuração em (24) e (25), em que os pronomes podem, sim, c-comandar o DP. Constatamos, então, que além de sensível à concordância, a resolução pronominal é também sensível à configuração sintática. A Gramática

Gerativa, ou seja, o pensamento linguístico desenvolvido por Noam Chomsky, sobre a qual já falamos no texto de apoio "A revolução cognitivista", encontrou uma forma de descrever e prever os princípios de ligação ou vinculação entre um DP (como "o time") e um pronome (como "ele"). Essa subparte da gramática, a Teoria da Ligação ou da Vinculação, tem três princípios: A, B e C. Através dos Princípios A, B e C são descritas e explicadas as relações entre itens lexicais com e sem potencial de referência e a ligação ou vinculação que eles estabelecem com itens do universo discursivo. A seguir veremos um exemplo experimental que tem o objetivo de testar, especificamente, os limites do Princípio C.

Princípio C – Um nome é livre, não pode ser vinculado

Segundo a teoria (cf. Chomsky, 1981), a vinculação é uma relação estrutural que envolve c-comando e coindexação. Assim, se um nome tem um pronome o c-comandando, não pode ser correferencial com ele, segundo o Princípio C. Este é o caso das frases (24) e (25). Já se o pronome não c-comanda o nome, há possibilidade de correferência, sem violar o Princípio C, já que vincular é c-comandar e ter o mesmo índice. É o caso das frases (22) e (23). Até aqui, estamos pensando sintaticamente. Entretanto, o nosso propósito nesta seção é pensar experimentalmente. Note-se que, de fato, as quatro frases acima não têm, necessariamente, ocorrência natural e, dificilmente, poderiam ser encontradas, assim juntas, em um *corpus*. É claro que poderíamos até tentar pensar as questões que estamos considerando aqui a partir da investigação de sua ocorrência em *corpora*. Entretanto, como vimos na seção anterior, o fato de conseguirmos encontrar frases como (22) ou (23) em *corpora* e, provavelmente, não encontrarmos frases como (24) ou (25) em quaisquer *corpora*, não nos permitiria entreter considerações sobre o seu processamento. É a correferência possível para os leitores ou ouvintes de frases assim? Que papel desempenharia aí o fator concordância? Que papel, se algum, desempenharia a configuração de c-comando na compreensão dessas frases? Tais questões só teriam chance de serem investigadas adequadamente se passarmos a pensar experimentalmente, ou seja, propondo hipóteses, manipulando estímulos, criando um *design*, controlando as variáveis, definindo uma tarefa específica, bem como grupos de sujeitos, para, enfim, obter e analisar apropriadamente resultados.

Poderíamos também obter julgamentos de gramaticalidade de modo formalizado, controlado, sobre as frases anteriores. Entretanto, há uma questão fundamental a ser considerada aqui: se queremos, de fato, flagrar, como em um instantâneo fotográfico, os processos linguísticos no momento mesmo em que eles estão ocorrendo, a solicitação de julgamento de final de frase, seja ela controlada

68 A Línguística no século XXI

ou informal, não será a tarefa apropriada. Isso porque, ao julgar, o sujeito estará acionando a sua consciência metalinguística para avaliar um processo que, de fato, já ocorreu. O que quer que tenha acontecido durante o processamento da frase já é passado, no momento do julgamento. E aí, interferem muitos fatores, alguns dos quais estranhos ao próprio fenômeno investigado, tais como a experiência de mundo de cada um, sua sensibilidade a pressões normativas, pragmáticas etc. Para estudarmos a compreensão da linguagem em tempo real é necessário usar metodologias ditas *on-line*, capazes de aferir diferenças na carga de processamento psicolinguístico no instante em que estes processos estão acontecendo. Metodologias que aferem efeitos posteriores são chamadas *off-line*.

Em uma mesma tarefa psicolinguística, podemos incluir medidas *on-line* e *off-line*. Um método *on-line* muito utilizado é a leitura automonitorada, na qual uma frase é dividida em segmentos que são chamados à tela apertando-se uma tecla em uma caixa de botões (*button-box*) ou mesmo em um teclado simples de computador. Medem-se, então, os tempos de leitura dos segmentos em milésimos de segundos, podendo-se comparar as diferenças entre esses tempos. Por exemplo, voltando à nossa questão de pesquisa, uma tarefa de leitura automonitorada palavra a palavra poderia nos informar se o segmento crítico "o time" apresentaria tempos de leitura diferenciados nas frases (22), (23), (24) e (25). Note que o segmento crítico "o time" era sempre, em qualquer das quatro frases, o sétimo segmento:

- Primeiro segmento
  de (22): Quando; de (23): Quando; de (24): Ele; de (25): Eles
- Segundo segmento
  de (22): ele; de (23): eles; de (24): sempre; de (25): sempre
- Terceiro segmento:
  de (22): praticava; de (23): praticavam; de (24): marcava; de (25): mar-cavam
- Quarto segmento:
  de (22): com; de (23): com; de (24): vários; de (25): vários
- Quinto segmento:
  de (22): muito; de (23): muito; de (24): gols; de (25): gols
- Sexto segmento:
  de (22): afinco; de (23): afinco; de (24): quando; de (25): quando
- **Sétimo segmento**
  de (22): o time; de (23): o time; de (24): o time; de (25): o time

Os participantes liam na tela um segmento e assim que terminavam acionavam o botão para o aparecimento do próximo segmento. Portanto, o tempo computado da leitura de cada segmento, ofereceu ao pesquisador uma medida *on-line*. A resposta à pergunta ao final de cada frase, por outro lado, seria uma medida *off-line*. De nada adiantaria, no entanto, sair medindo tempos de leitura e índices de respostas, se não tivermos clareza sobre o *design* experimental e sobre as hipóteses que queremos testar.

O chamado *design* experimental é uma espécie de miniprojeto do experimento, em que se planejam as variáveis independentes ou os fatores a serem estudados, sua divisão em níveis, seu cruzamento gerando condições. Um *design* mais completo pode também especificar as variáveis dependentes, as tarefas, os materiais, bem como outros detalhes sobre o experimento. O *design* experimental é inteiramente dependente da *hipótese experimental*. Tem sido dito que uma vez estabelecida a hipótese adequadamente, o experimento quase "desenha a si próprio". Antes de mais nada, a hipótese deve ser efetivamente passível de ser testável experimentalmente. Para tal é preciso tanto "pensar linguisticamente" quanto "experimentalmente".

Para o pesquisador estabelecer com clareza as suas hipóteses, o método experimental exige que ele defina as variáveis independentes e as dependentes do experimento.

As *variáveis independentes* são os fatores que o pesquisador manipula. Na pesquisa de processamento linguístico, as manipulações geralmente são os estímulos do experimento, ou seja, as sentenças que o experimentador constrói ou coleta para serem testadas. Nesse experimento foram construídas sentenças para cada grupo de variáveis independentes, manipulando-se dois fatores: (i) tipo de anáfora e (ii) posição estrutural do pronome. Cada um desses fatores foi programado em dois níveis:

(i) tipo de anáfora
  - nível 1: pronominal
  - nível 2: conceitual
(ii) posição estrutural do pronome
  - nível 1: vinculado (quando c-comandado)
  - nível 2: livre (quando não c-comandado)

Queremos saber se há diferenças de processamento entre os tipos de anáfora (pronominal ou conceitual) e se a posição estrutural da anáfora (configuração de c-comando ou não) é atuante em tempo real, condicionando o estabelecimento da correferência. Cruzando-se as duas variáveis independentes em seus níveis de profundidade, temos um desenho fatorial de 2X2, que define as 4 condições desse experimento:

70 A Línguística no século XXI

Condição 1: anáfora pronominal vinculada, que codificaremos como (APV)
Condição 2: anáfora conceitual vinculada (ACV)
Condição 3: anáfora pronominal livre (APL)
Condição 4: anáfora conceitual livre (ACL)

Geralmente, em um experimento precisa-se de cerca de 16 conjuntos desses para se conseguir estatística significativa na comparação das condições. Assim, os estímulos com o número 1 perfazem o conjunto 1. O experimento completo teria 16 conjuntos, com estímulos que se equivalem, exceto pelo enquadramento às condições manipuladas. Com o intuito de melhor exemplificar a composição dos estímulos do experimento, abaixo estão listados os conjuntos 1 e 2 de 16:

APV1 – Quando /ele/praticava/ com/muito /afinco,/o time/sempre /marcava/ vários/gols.
ACV1 – Quando/eles/praticavam/com/muito/afinco,/o time/sempre/marcava/ vários/gols.
APL1 – Ele/sempre/marcava/vários/gols,/quando/o time/praticava/com/muito/ afinco.
ACL1 – Eles/sempre/marcavam/vários/gols,/quando/o time/praticava/com/muito/ afinco.

APV2 – Quando /ela/estudava/com/muita /atenção,/a classe /sempre/ganhava/ nota/ 10.
ACV2 –Quando/elas/estudavam/com/muita/atenção,/a classe/sempre/ganhava/ nota/10. APL2 – Ela/sempre/ganhava/nota /10,/quando/a classe/estudava/com/ muita/atenção.
ACL2 – Elas/sempre/ganhavam/nota /10,/quando/a classe/estudava/com/ muita/atenção.

Em APV e ACV, a anáfora pronominal e a anáfora conceitual, respectivamente, estão em posição de c-comandar o DP crítico, bloqueando a correferência pelo Princípio C. Contrastantemente, em APL e ACL as anáforas não estão em posição de c-comandar o DP crítico, e, portanto, permitem a correferência pelo Princípio C.

Agora vamos às *variáveis dependentes*. Elas são as medidas que podem ser aferidas mediante a manipulação das variáveis independentes. Nesse experimento as variáveis dependentes foram os tempos médios de leitura do segmento crítico (DP "o time") e os índices de resposta à questão interpretativa.

Podemos, agora, estabelecer nossas *hipóteses*, detalhando a lógica de suas *previsões*:

Hipótese: O Princípio C é real psicologicamente, tanto em construções com anáfora pronominal quanto em construções com anáfora conceitual.

- Um DP tem referência própria, deve ser livre sempre. Os DPs serão lidos mais rapidamente na condição em que o pronome na primeira oração está em posição de c-comando, não permitindo que se entretenha a interpretação correferencial, conforme predito pelo Princípio C, ou seja, a condição APV. Na medida *off-line*, a condição APV (não correferencial pelo Princípio C – o nome pode ser vinculado) deverá obter menor índice de respostas afirmativas do que a condição APL (sim para a correferencialidade permitida pelo Princípio C – o nome não é vinculado).
- As anáforas conceituais (AC) deverão apresentar resultados paralelos aos obtidos pelas anáforas pronominais, ou seja, na condição ACV os nomes serão lidos mais rapidamente do que na condição ACL. Na medida *off-line*, espera-se que a condição ACV deva obter menor índice de respostas afirmativas do que a condição ACL, demonstrando que, como os pronomes, as anáforas conceituais também estão submetidas à condição de c-comando.

Observe que as hipóteses geralmente escolhem um lado, fazem uma afirmação forte no sentido de rejeitar a hipótese nula, H0, que seria uma situação em que não haveria qualquer diferença significativa entre as condições experimentais. No entanto, quando não se tem um lado, pode-se fazer apenas uma análise exploratória inicial de uma questão. Uma exploração que algumas vezes é chamada de *fishing*:

Fishing: DPs com antecedentes pronominais serão processados mais rapidamente do que com antecedentes conceituais?

Como estabelecemos acima, o nosso experimento será de leitura automonitorada, o que define a tarefa a ser solicitada aos sujeitos:

Tarefa: Leitura automonitorada item a item, com avaliação de afirmação após cada frase

Para conseguirmos rejeitar a hipótese nula, garantindo que os fatores selecionados por nós serão, de fato, os responsáveis pelos resultados a serem obtidos, temos que controlar outras variáveis, para que elas não introduzam fatores estranhos que

72 A Linguística no século XXI

podem trazer imprevistos que confundirão os resultados. No caso da pesquisa que reportamos, como estamos medindo tempos de leitura, temos que garantir que os tamanhos dos segmentos críticos, bem como a sua frequência, sejam basicamente os mesmos. Assim, não podemos comparar palavras dissílabas como *"time"* com palavras polissílabas, como, por exemplo, *"agremiação"*, mesmo que elas sejam sinônimas. Além do que, "agremiação" é, certamente, bem menos frequente do que "time".

Nesse ponto há uma consideração a se fazer. Não podemos mostrar a um participante a mesma frase fletida em todas as condições. Repetições tornam o experimento previsível e podem enviesar os resultados. Para controlar isso, usa-se uma distribuição de estímulos conhecida como *quadrado latino*. Distribuem-se as frases em diferentes versões do experimento, de modo que um participante só veja uma frase de cada conjunto. O número de versões é sempre igual ao número de condições, nesse caso quatro. Observe nas colunas da tabela abaixo. Cada participante será designado para uma dada versão e verá no mínimo quatro instâncias de cada condição, por exemplo, APL1, APL5, APL9 e APL13. Mas não verá ACL1 e sim ACL2. Assim, todos os participantes podem ser testados em todas as condições sem repetições de itens.

Tabela 6 – Distribuição em Quadrado Latino

VERSÃO 1	VERSÃO 2	VERSÃO 3	VERSÃO 4
APL1	ACL1	APV1	ACV1
ACL2	APV2	ACV2	APL2
APV3	ACV3	APL3	ACL3
ACV4	APL4	ACL4	APV4
APL5	ACL5	APV5	ACV5
ACL6	APV6	ACV6	APL6
APV7	ACV7	APL7	ACL7
ACV8	APL8	ACL8	APV8
APL9	ACL9	APV9	ACV9
ACL10	APV10	ACV10	APL10
APV11	ACV11	APL11	ACL11
ACV12	APL12	ACL12	APV12
APL13	ACL13	APV13	ACV13
ACL14	APV14	ACV14	APL14
APV15	ACV15	APL15	ACL15
ACV16	APV16	ACL16	APV16

Antes de passar à fase de montagem do experimento, precisamos, ainda, incluir frases distrativas, com estruturas diferentes das experimentais, geralmente na proporção de 1/3 de experimentais e 2/3 de distrativas, com o objetivo justamente de impedir que os sujeitos acabem por inferir quais construções estão sendo testadas e fiquem conscientes sobre as questões em investigação. Os programas usados para montar os experimentos, normalmente, permitem que se faça a *randomização* na apresentação de frases experimentais ou alvo e frases distrativas ou distratoras. Pode-se também fazer uma *pseudorrandomização*, corrigindo a distribuição aleatória feita pelo programa para garantir que duas ou mais frases experimentais não sejam apresentadas em sequência.

Realizados todos esses procedimentos, nosso projeto está pronto para ser montado, rodado e, em seguida, analisado. A montagem do experimento requer o uso de software adequado, tal como os programas *E-Prime, Psyscope, Presentation,* DMDX etc. A aplicação do experimento também requer alguns cuidados, tais como instruções claras e uniformes, além de sessão preliminar de prática para garantir que os sujeitos entenderam, de fato, a tarefa. É importante, também, que o experimento seja realizado em ambiente tranquilo, sem estímulos excessivos, ficando o sujeito, preferencialmente, sozinho, para poder dedicar sua atenção exclusivamente à tarefa, sem interferências.

O experimento que exemplifica esta seção foi aplicado, em sessões com duração de 10 a 15 minutos, em 24 alunas do curso de Fonoaudiologia da UFRJ, com idade média de 22 anos, com visão normal ou corrigida. Todas reportaram, em pequenas entrevistas subsequentes ao experimento, ter sido a tarefa relativamente fácil.

O Gráfico 3 e a Tabela 7 apresentam os resultados da medida *on-line* desse experimento, ou seja, os tempos médios de leitura do segmento crítico (ex.: *o time*), em milésimos de segundos:

Gráfico 3 – Resultados *on-line*

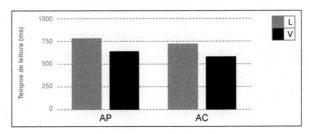

Tabela 7 – Resultados *on-line*

Fatores	L	V
AP	766	664
AC	741	629

74 A Línguística no século XXI

Em uma primeira inspeção, veja que há diferenças visuais entre os tempos médios de leitura das frases em que o Princípio C bloqueia a correferência (APV e ACV) e os tempos médios de leitura das frases em que o Princípio C permite a correferência (APL e ACL), que são mais altos, tanto nas condições com a anáfora pronominal, quanto nas condições com a anáfora conceitual. Quanto às diferenças entre os tipos de anáfora, estas parecem, à primeira vista, muito pequenas. Para podermos avaliar se obtivemos diferenças significativas ou robustas, que nos permitam rejeitar a hipótese nula, precisamos realizar a análise estatística dos resultados. A análise estatística adequada decorre do *design* do experimento. Nesse caso, um *design* fatorial 2x2, em que cruzamos duas variáveis independentes, cada uma dividida em dois níveis, produzindo quatro condições experimentais. O teste adequado, então, seria uma análise de variância, uma ANOVA bivariada, que nos permite identificar o efeito principal de cada variável e a existência de interação entre elas. Os resultados desta ANOVA, por sujeito, são os seguintes:

- **Há um efeito principal[5] da configuração estrutural do *c-comando*:**
  $F(1,44)=6,53$, $p=0,014$
  A análise revela um valor alto da ANOVA e um p de valor baixo ($<0,05$), o que indica que as diferenças nos tempos médios de leitura relativos à manipulação do fator c-comando são significativas, tendo probabilidade muito baixa de terem ocorrido aleatoriamente.
- **Não há efeito principal do tipo de anáfora:**
  $F(1,44)=0,5$, $p=0,48$
  A análise revela um valor baixo da ANOVA e um p de valor alto ($>0,05$), o que indica que as diferenças nos tempos médios de leitura relativos à manipulação do fator tipo de anáfora não são significativos, tendo probabilidade muito alta de terem ocorrido aleatoriamente.
- **Não há interação significativa entre os dois fatores:**
  $F(1,44)=0,02$, $p=0,89$
  A análise revela que o fator c-comando não interage com o fator tipo de anáfora, registrando-se apenas o efeito principal do c-comando.

A medida *off-line*, a avaliação de afirmação posterior à leitura de cada frase, produziu os seguintes resultados, em que se computam os índices de resposta SIM à questão interpretativa, identificando a possibilidade de fazer-se a correferência.

Gráfico 4 – Resultados *off-line*

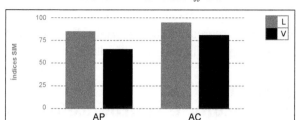

Tabela 8 – Resultados *off-line*

Fatores	L	V
AP	82	67
AC	93	80

Diferentemente da medida *on-line*, que é uma variável contínua, a medida *off-line* desse experimento é uma variável categórica, isto é, índices de respostas em duas categorias, SIM/NÃO, que não admitem uma progressão contínua como os tempos de leitura da medida *on-line*. Um teste estatístico adequado para verificar a significância das diferenças entre índices categóricos é o *Chi-quadrado* (X^2), que aplicamos para verificar a robustez das diferenças encontradas no experimento.

Os resultados foram consistentes com a medida *on-line*: a diferença entre os dois níveis do fator tipo de anáfora (APxAC) não é significativa estatisticamente (X^2= 3,5, p=0,06 ns), enquanto a diferença entre os dois níveis do fator c-comando apresenta significância estatística (X^2= 4,9, p=0,03*). A medida indica, portanto, que os nomes livres (L) são avaliados como correferentes às anáforas pronominais ou conceituais em proporção significativamente maior do que aqueles que estão em configuração de vinculação (V), ou seja, aqueles cujos antecedentes estão em posição de c-comandá-los, potencialmente vinculando-os (V). O experimento permite concluir, portanto, que o Princípio C da Teoria da Vinculação é psicologicamente real, dificultando a leitura de nomes quando eles têm um pronome como seu potencial antecedente correferencial e, de modo inverso, facilitando a leitura não correferencial de nomes vinculados. Por outro lado, o experimento não encontrou evidências para estabelecer diferenças entre os pronomes e as chamadas anáforas conceituais.

A tarefa utilizada nesse experimento, como vimos, foi a leitura automonitorada palavra a palavra, não cumulativa, isto é, os sujeitos chamavam à tela cada palavra, pressionando a barra de espaços no teclado de um computador, sendo que o ingresso de cada nova palavra substituía a palavra anterior. Na leitura automonitorada cumulativa, cada palavra vai sendo adicionada à anterior, que é mantida na tela. A desvantagem desse método é que não se tem como garantir que o sujeito não faça fixações regressivas ao material já lido, confundindo os tempos de leitura de cada nova palavra com os tempos de releitura de material anterior.

Texto de apoio 1 – Rastreamento ocular e eletroencefalografia

Rastreamento ocular (*eyetracking*)

Entre todos os movimentos humanos, os deslocamentos do olhar são os mais frequentes, registrando-se, em média, 3 a 4 movimentos oculares por segundo (Bridgeman, 1992). Esta atividade frenética do olhar faz-se necessária pois, embora o horizonte visual de uma pessoa normal abranja até 200 graus, apenas cerca de um a dois graus são analisados minuciosamente pela fóvea, área mais sensível do campo visual com alta concentração de células fotorreceptoras (cones), responsáveis pela percepção visual de detalhes minuciosos de forma, textura e de cor. A informação aí recebida é enviada para o córtex visual no cérebro, que destina grande parte de sua área para o processamento da informação foveal. Os movimentos oculares, denominados tecnicamente de sacadas, atingem uma velocidade de até 500 graus por segundo, havendo consenso de que, durante sua ocorrência, não se capta informação. Os intervalos entre as sacadas, denominados fixações, engajam, no entanto, a atividade de mais de 30.000 fotorreceptores, que analisam a informação visual com grande acuidade.

Entre as primeiras pesquisas sobre a movimentação ocular humana, destacam-se os estudos do oftalmologista francês Louis Émile Javal (1839-1907) que, em um célebre artigo de 1879, reporta pesquisas pioneiras desenvolvidas com um equipamento construído por ele, o estereoscópio, que lhe permitiram estabelecer parâmetros importantes do monitoramento do olhar. Antes de Javal, acreditava-se que os olhos deslizavam suave e incessantemente pelas linhas de um texto. Javal descobriu que os olhos movem-se muito rapidamente, alternando, como dissemos, fixações e movimentos sacádicos. Muito embora as primeiras pesquisas tenham se orientado para a investigação dos movimentos sacádicos, mais do que para a análise das fixações, descobriu-se, posteriormente, o fenômeno conhecido como supressão sacádica, em que o fluxo de informação visual é interrompido durante o movimento sacádico. Os estudos tendem, então, a se concentrarem na duração das fixações, porém a localização dos movimentos sacádicos progressivos ou regressivos se tornaram índice importante dos processos atencionais na leitura.

O estudo da percepção visual de cenas remonta ao trabalho de Buswell (1935), que apresentou resultados de experimentos em que pôde determinar a direção e a duração das fixações, utilizando equipamento engenhoso que registrava em filme fotográfico a luz refletida na córnea de sujeitos observando cenas através das pás de um ventilador. Buswell concluiu que as fixações não eram distribuídas aleatoriamente nas 55 fotografias que apresentou a 200 sujeitos, mas tendiam a agrupar-se em regiões informativas das cenas, relacionando, pioneiramente, os movimentos e fixações oculares a processos atencionais. Além de monitorar o olhar de sujeitos vendo cenas livremente, o pesquisador também fez algumas manipulações assistemáticas do que ele chamou de *mental set* dos sujeitos ao olhar as fotografias, concluindo que as instruções experimentais ou a leitura de um parágrafo de texto previamente à apresentação das imagens poderia influenciar significativamente como as pessoas olhavam as imagens. O psicólogo russo Alfred Yarbus também reporta, em livro de 1967, uma série de estudos de monitoramento ocular, em que estabeleceu, em concordância com Buswell (1935), que os padrões de inspeção visual de cenas dependem tanto de propriedades informativas do estímulo quanto das tarefas e objetivos prévios do observador.

Essas pesquisas pioneiras, seja em relação à leitura de textos ou em relação à inspeção visual de imagens, já deixam, portanto, bastante claro que o monitoramento do olhar humano permite não apenas compreender melhor o funcionamento do próprio aparato visual, mas também estabelece indicadores confiáveis dos processos atencionais, sendo, por isso, de grande interesse para a investigação de processos cognitivos, tais como aqueles envolvidos na compreensão da linguagem. O rastreamento ocular na leitura tem sido estudado em profundidade por muitos autores, conforme atestado na importante resenha feita por Rayner (1998). Cada fixação, com duração média de 200-250ms, captura cerca de 2/3 de informação à direita e 1/3 à esquerda, nos leitores de línguas com escrita da esquerda para a direita. Em leitores de hebraico, a assimetria é revertida. Embora a maior parte dos movimentos sacádicos seja progressivo, entre 10 a 15% desses movimentos são regressivos, refixando material escrito anterior, o que é associado, na literatura, a dificuldades de processamento de itens lexicais ou de estruturas frasais.

De modo geral, esses três índices – movimentos sacádicos, fixações e a ocorrência de regressões – são usados na literatura técnica para inferir os processos cognitivos de momento a momento na leitura de palavras e frases. Conforme se aprende em Rayner (1998), esses parâmetros do olhar são extremamente úteis para se compreender os detalhes de processos linguísticos, tais como a resolução da correferência pronominal, a ambiguidade sintática e lexical, entre outros.

Em português brasileiro, Maia, Lemle e França (2007) reportaram, pioneiramente, um experimento de rastreamento ocular de palavras, realizado para investigar se a decomposição morfológica é uma propriedade fundamental do processamento lexical na leitura de palavras isoladas. Os autores apresentaram evidências de que, durante a leitura, as palavras seriam derivadas morfema a morfema, embora tenham proposto que heurísticas globais também atuariam simultaneamente. Foi feito o rastreamento ocular da leitura de palavras pertencentes a três grupos, a saber, (i) palavras como, por exemplo, *malinha* ou *feiura* em que os morfemas –*inha* e -*ura* estão concatenados a palavras (*mala* e *feio*), havendo transparência semântica entre a palavra complexa e a base da qual ela é derivada; (ii) palavras como *vizinha* ou *madura*, em que há apenas uma coincidência ortográfica com a forma dos morfemas (pseudomorfemas); e (iii) palavras como *caninha* e *verdura*, formadas por concatenação de um morfema a uma raiz, situação em que o significado da palavra é arbitrário, e a leitura é dada na enciclopédia, sem transparência semântica. Os resultados indicaram maior atividade ocular, ou seja, fixações e movimentos sacádicos, na condição com morfemas com leitura composicional do que nas condições com pseudomorfemas e com morfemas que determinam leitura arbitrária.

A técnica da eletroencefalografia (EEG/ERP)

Se pensássemos em um contínuo ao longo do qual se disporiam as diferentes técnicas de avaliação experimental da linguagem, teríamos, em uma ponta, os métodos *off-line* como *Hey, Sally,* ou seja, o julgamento *off-line* de gramaticalidade e, na outra ponta, os testes de neurociência da linguagem. Estes são testes *on-line* com tecnologia sofisticada pretendendo ter acesso, de forma não invasiva, às computações linguísticas diretamente dentro do cérebro. Mas o que poderemos ver dentro do cérebro?

Não podemos ver os neurônios, células estruturais e funcionais do cérebro, mas podemos monitorar a eletricidade que trafega neles. Os neurônios se prestam à cognição por serem eletricamente excitáveis e por se comunicarem uns com os outros através das sinapses. As sinapses, por sua vez, são zonas ativas que modelam o contato entre neurônios. Então, há o trânsito elétrico de neurônio a neurônio e também há a circulação sanguínea que oferece o suporte metabólico para suprir de glicose as células que dispenderam energia ao se engajar na comunicação elétrica.

Embora a utilização de uma metodologia de aferição do processamento cognitivo não possa ser considerada *direta*, porque não se pode estabelecer uma correspondência biunívoca entre unidades formais no cérebro (como neurônio, sinapse, coluna cortical etc.) e unidades formais linguísticas (como os morfemas de classe fechada e os de classe aberta[6]), as técnicas de avaliação de processamento cognitivo utilizadas pela neurociência da linguagem oferecem as melhores condições de se iniciar nessa empreitada enfocando as computações no curso do processamento.

Quando vemos, na mídia, imagens do cérebro com cores e ondas elétricas se movendo, podemos ter a impressão de que com as novas máquinas e procedimentos é possível saber onde e em que ritmo o processamento se dá, da mesma forma que visualizamos a estrutura óssea interna nos exames de raio-X e os órgãos internos através da ultrassonografia.

Contudo, as informações cognitivas não transparecem automaticamente, nem tampouco de forma simples. As duas formas de se observar as manifestações cognitivas do cérebro no tempo e espaço são: (i) a avaliação da eletricidade cortical, através da eletroencefalografia (EEG) ou da magnetoencefalografia (MEG); e (ii) o rastreamento da mobilização hemodinâmica cerebral, através, por exemplo, da ressonância magnética funcional (fMRI). As técnicas eletromagnéticas apresentam grande precisão na avaliação do curso temporal do processamento, na escala de milissegundos, mas não têm uma resolução espacial tão boa. Por outro lado, as técnicas hemodinâmicas oferecem grande precisão espacial, ou seja, conseguem delimitar com precisão de milímetros onde, no cérebro, certas cognições foram executadas, mas não oferecem boa resolução temporal.

Aqui nos restringiremos a apenas uma das técnicas eletromagnéticas, o EEG e, dentro dessa técnica, enfocaremos somente um tipo de procedimento experimental – a extração de potenciais relacionados a evento (ERP) – que se pode fazer a partir de informações extraídas pelo EEG.

Criada na década de 1920 pelo psiquiatra alemão Hans Berger (1873-1941), a técnica da eletroencefalografia (EEG) trouxe para a neurologia a possibilidade de aquisição e armazenamento de sinais bioelétricos, para que se possa fazer uma análise *a posteriori* (*off-line*) do registro contínuo da atividade eletrocortical nas diversas regiões do cérebro, eletricidade essa captada através de eletrodos afixados no escalpo (couro cabeludo).

Os eletrodos são colocados em um ponto específico, que está diretamente relacionado a uma porção do córtex cerebral subjacente: eletrodos P sobre o lobo parietal; F, frontal, FP frontopolar[7] C, central, T temporal e O, occipital. É necessário criar em cada ponto uma condição de ligação química entre a pele e o eletrodo e isto só é conseguido através da utilização de um creme ou gel eletrocondutivo que deve ser aplicado em cada derivação.

Outro eletrodo especial, chamado *eletrodo de referência*, é fixado em um lugar do corpo sem enervação, onde a eletricidade é zero, por exemplo no lóbulo da orelha. O teste permite que se avalie as alterações ao longo do tempo no circuito elétrico que é formado entre o sinal capturado por cada eletrodo e aquele capturado pelo eletrodo de referência (zero).

Qualquer flutuação de tensão (μV) entre um eletrodo ativo e o de referência é registrada e gravada pelo EEG, permitindo uma leitura *on-line* e também uma avaliação posterior da atividade elétrica em cada derivação ao longo do tempo.

80 A Linguística no século XXI

No momento em que o teste acontece, o EEG traça linhas com a atividade elétrica adquirida por cada eletrodo fixado em cada ponto no escalpo. Assim, monitorando as linhas paralelas do traçado *on-line* do EEG, pode-se identificar alguma discrepância do padrão de atividade normal em uma derivação.

A ponta de cada eletrodo detecta no escalpo a bioeletricidade que decorre de uma população neuronal que pode chegar a milhões de neurônios. No entanto, apesar de toda essa fartura de neurônios, o sinal do EEG precisa ser amplificado, já que a bioeletricidade é propagada não somente através de neurônios, mas também por todo o cérebro, e encontra barreiras tais como tecidos não neuronais (meninges e do osso) e o fluido cerebral espinal. Essas barreiras absorvem eletricidade, diminuem a força e desviam a trajetória do sinal.

Depois de os eletrodos estarem bem ajustados, o contínuo do EEG aparece contendo dois grandes componentes: (i) o sinal contínuo de fundo ou de base, ligado à manutenção da vida; e (ii) um conjunto de sinais descontínuos que se relacionam com atividades cognitivas momentâneas e específicas, como a leitura, operações matemáticas e todos os processos cognitivos transientes que nosso cérebro enseja incluindo piscadas, bocejos e as valiosas computações linguísticas.

O EEG de fundo é um sinal bioelétrico oscilatório contínuo e espontâneo que pode ser captado com o indivíduo em vigília, no sono, durante a anestesia e durante todos os estados existenciais que não exijam que o indivíduo esteja desempenhando tarefas cognitivas explícitas. O EEG de fundo cessa apenas quando existe anóxia cerebral. Nesse caso, no lugar da ondulação característica do EEG o aparelho sinaliza uma linha contínua que indica morte cerebral.

Observando o EEG de fundo de um paciente, o médico pode detectar problemas na atividade elétrica do cérebro que podem ser associados a distúrbios como a epilepsia, e também à encefalite (ou inflamação do cérebro), tumores cerebrais, encefalopatia, problemas de memória, distúrbios do sono e muitos outros distúrbios. O EEG pode também ser usado para monitorar a atividade do cérebro durante uma cirurgia e para determinar o nível da atividade cerebral em alguém que está em coma.

O EEG transiente pode demarcar a atividade do cérebro relacionada ao processamento de diferentes tarefas cognitivas. Isso é muito interessante para pesquisa cognitiva e, como veremos, vem se tornando um método muito poderoso para aferição do curso temporal da cognição de linguagem. Porém, um problema logo se impõe àqueles que resolvem empreender esse tipo de pesquisa: como separar, do EEG de fundo, a atividade relativa ao processamento de uma tarefa cognitiva proposta pelo experimento?

Nesses casos, usa-se frequentemente a técnica de extração de potenciais relacionados ao evento (ERPs – *Event-related brain potentials*). A extração do ERP é uma técnica em que, a partir do sinal elétrico bruto captado por um eletroencefalograma, separa-se um dado componente elétrico que pode ser relacionado a um evento ou estímulo experimental. Uma vez exibido ao participante este estímulo, que está marcado no traçado do EEG por um preciso sistema de acoplamento no tempo (*time-locked event*), ele pode ser plenamente relacionado à resposta elétrica que foi retirada do córtex do participante do experimento.

O histórico dessa técnica remonta aos anos 1960. Um marco nesse início se deu em 1964 na interface entre Psicologia e as Ciências Cognitivas. Robert Chapman e Henry Bragdon, pesquisadores da Universidade de Rochester nos Estados Unidos, montaram uma série de experimentos que testavam a expectativa de voluntários a uma sequência de imagens que formavam um padrão. No primeiro experimento mostraram aos voluntários flashes de luz aleatoriamente misturados a sequências de números. Os cientistas viram que poderiam distinguir pela forma das ondas (respostas bioelétricas) aquelas relacionadas aos flashes daquelas relacionadas às sequências de números. A conclusão foi a de que havia uma diferença de processamento entre a visualização com significados (números) e aquelas sem significado (flashes). Fizeram outros testes em que os participantes eram instruídos a responder perguntas depois que vissem a sequência de números, por exemplo, qual foi o número maior. Nesses casos, a diferença entre flashes e números ficava ainda maior. As respostas de ERP para os números, mas não para os flashes de luz, continha uma grande positividade (convencionada como uma onda com o pico para baixo) que atingia seu ápice cerca de 300ms após o aparecimento do estímulo. Esse potencial ficou conhecido como P300, P de positivo e 300 do tempo entre a apresentação e o efeito (latência). Logo, Sutton e muitos outros psicólogos cognitivos perceberam que o P300 se relacionava com quebra de padrões. Por exemplo, um participante via uma sequência de dois círculos e um quadrado três vezes. Se a quarta sequência apresentasse dois círculos e um retângulo, que quebrava o padrão estabelecido, ao aparecimento do retângulo uma onda de amplitude (altura do pico) maior aparecia: o P300.

O primeiro ERP linguístico encontrado foi o N400, registrado por Kutas e Hillyard (1980). O N400 é uma onda negativa (representada com o pico para cima) de grande amplitude que se destaca das outras, chegando à amplitude máxima por volta dos 400 milissegundos após estimulação de sentenças que violavam expectativas semânticas na seleção de nomes por verbos ou preposições como nos exemplos (1) e (2) relacionados à Figura 3.

Figura 3 – Experimento fundamental que atestou pela primeira vez, em um N400, que a amplitude dos ERPs é contrastiva em sentenças congruentes e incongruentes: sempre há o N400 como marca da concatenação, mas o incongruente tem amplitude muito maior. (Kutas e Hillyard, 1980)

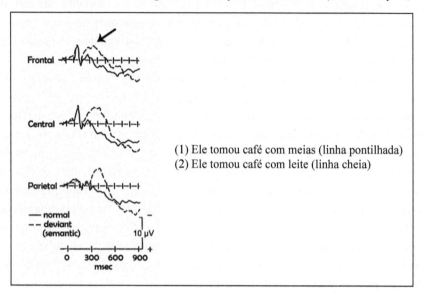

(1) Ele tomou café com meias (linha pontilhada)
(2) Ele tomou café com leite (linha cheia)

Esse tipo de violação, que tem sido estudada extensivamente nas últimas três décadas em muitas línguas, foi estudada no Brasil pela primeira vez em França (2002), que pesquisou também várias outras condições experimentais que pudessem resultar em um N400. A intenção era reconhecer quais parâmetros da computação linguística definem a forma do ERP. Serão reportadas aqui três das seis condições testadas em França (2002): o efeito clássico de seleção de objeto direto (Figura 4); o processamento de correferência (Figura 5); o deslocamento de sintagma interrogativo conhecido como "Deslocamento de QU-" (Figura 6).

Figura 4 – Maria regou o jardim (linha fina)/ Maria bebeu o jardim (linha grossa)

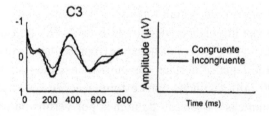

Texto de apoio 2 – Os túneis da mente

Em um importante livro, *Inevitable illusions*, de 1993, traduzido para o português em 1997 com o título *As ilusões do saber*, o biólogo e linguista italiano Massimo Piattelli-Palmarini definiu as ilusões cognitivas que denomina de túneis da mente, já mencionadas no primeiro capítulo:

> Certos ângulos da nossa mente são incapazes de utilizar os conhecimentos presentes em qualquer outro ângulo. Como o olho, os nossos módulos mentais permanecem impenetráveis às correções da lógica, da aritmética, do juízo racional: o olho vê aquilo que vê, mesmo quando sabemos o que sabemos – são os túneis da mente. (Piattelli-Palmarini, 1997:164)

Em seguida, Piattelli-Palmarini estende o conceito para diferentes áreas, identificando falácias comuns na articulação de raciocínios. A questão que se pode colocar, então, é saber se e como se poderia controlar os efeitos das ilusões cognitivas.

No restante da presente seção, reunimos algumas falácias comuns, apontadas por diferentes autores, entre os quais o astrofísico Carl Sagan (1996) no intuito de apontar uma luz no fim do túnel da mente. A mente humana tem uma faculdade específica relacionada à cognição científica, ou seja, todos trazemos como parte de nossa biologia uma capacidade de formular conceitos e problemas, bem como teorias e hipóteses explicativas para os problemas formulados.

O linguista Noam Chomsky chama essa capacidade de capacidade de formação científica (*Science-forming capacity*). Segundo Honda e O'Neil (1993), que elabora ideias de Chomsky (1988), essa capacidade é um sistema biológico que nos permite formular representações sobre o mundo que nos cerca e que poderia ser desenvolvida através do uso consciente de ferramentas epistemológicas. Abaixo, procuramos sugerir algumas dessas ferramentas e apresentamos o *kit de detecção de mentiras*, de Carl Sagan em prol de uma ciência de melhor qualidade.

Kit de detecção de mentiras

Nos anos 1970 e 1980, fumar era considerado charmoso, como ícones de charme, beleza e saúde eram associados ao ato de fumar. Por exemplo, Eric Lawson, um ator americano de porte atlético, quase sempre caracterizado de cowboy, ficou conhecido como o *Homem do Marlboro*, por ter feito propaganda para essa marca de cigarros. Ele podia ser visto, cheio de charme e elegância, tragando e soltando fumaça do cigarro em enormes cartazes animados nas ruas. Morreu de câncer no pulmão, em 2014.

Como reconhecer um argumento falacioso ou fraudulento?

- Sempre que possível, deve haver confirmação independente dos fatos.
- Devemos estimular um debate substantivo sobre as evidências.
- Os argumentos de autoridade têm pouca importância.
- Devemos considerar mais de uma hipótese.
- Devemos tentar não ficar demasiadamente ligados a uma hipótese só por ser a nossa.
- Devemos quantificar. As medidas ajudam a discriminar entre as hipóteses.
- A navalha de Occam – a mais simples dentre duas hipóteses é a melhor.

Na ciência, podemos começar com resultados experimentais, dados, observações, mediações, fatos. Inventamos, se possível, um rico conjunto de explicações plausíveis e sistematicamente confrontamos cada explicação com os fatos. Ao longo de seu treinamento, os cientistas são equipados com um kit de detecção de mentiras. Este é ativado sempre que novas ideias são apresentadas para consideração. Se a nova ideia sobrevive ao exame das ferramentas do kit, nós lhe concedemos aceitação calorosa, ainda que experimental. Se possuímos essa tendência, se não desejamos engolir mentiras mesmo quando são confortadoras, há precauções que podem ser tomadas; existe um método testado pelo consumidor, experimentado e verdadeiro. O que existe no *kit*? Ferramentas para o pensamento cético. (Sagan, 1996)

O que não fazer?

- **Argumento de autoridade** – defender uma ideia sem considerá-la em si mesma, mas apenas o seu autor. Por exemplo: *O projeto de praça no Distrito Federal é excelente porque foi feito pelo arquiteto Oscar Niemeyer.* A falácia está em que não necessariamente todas as obras de um arquiteto, quem quer que seja, têm que necessariamente ser excelentes.
- **Argumento das consequências adversas** – defender uma ideia sem considerá-la em si mesma, mas apenas com base no que aconteceria se a ideia não fosse adotada. Por exemplo: *Este réu deve ser condenado, pois caso seja solto poderá cometer novos crimes.* A falácia está em não se considerar o fato por seus valores intrínsecos, mas basear-se em um desdobramento hipotético que poderá ou não ocorrer.
- **Apelo à ignorância ou evidência negativa** – A afirmação de que qualquer coisa que não se provou ser falsa deve ser verdade e vice-versa. **A**

(d) mala - mapa
(e) cachorro - gato
(f) cachorro – rabo

Agora para você botar a mão na massa, propomos uma investigação sobre as formas de verbos no passado no português. A pergunta teórica é: será que construímos as formas passadas a partir da concatenação da raiz + morfema de passado (fal +ei, +ou, +amos, +aram), ou guardamos na memória todas as formas inteiras (falei, falou, falamos, falaram)? A intuição para o experimento é a de que se usarmos a memória para guardar as formas inteiras, em um teste de priming, a visão prévia da forma no infinitivo como *prime* deveria ajudar igualmente o acesso ao *alvo,* sendo ele uma forma no passado regular ou uma forma irregular ou até mesmo supletiva. Por outro lado, se a morfossintaxe for dinâmica, e se montamos o tempo tempo as palavras usando raízes e morfemas categorizadores, então o teste de priming deveria resultar em tempos de acesso lexical diferentes para esses 3 grupos. A visão prévia de um prime no infinitivo seria mais facilitador para um alvo que é regular e previsível na língua do que para um verbo cujo passado é uma forma supletiva.

Se fôssemos montar esse experimento, estaríamos pensando então em três condições experimentais:

Condição 1: passados regulares
jogar – jogou
comer – comeu

Condição 2: passados irregulares
trazer – trouxe
saber – soube

Condição 3: passados supletivos
ser – fomos
ir – fomos

Sua tarefa é fazer crescer a lista de pares prime-alvo de cada condição, controlando o tamanho dos alvos em duas sílabas. É importante também criar uma condição distratora com verbos como prime e não palavras como alvo, por exemplo, pular – palei. Pense porque os distratores seriam importantes.

- Você também deve procurar aprofundar o raciocínio sobre as hipóteses do experimento bem como pensar nas suas expectativas de resultado. Depois é importante programar uma tarefa que você daria ao participante. Uma dica: Geralmente a tarefa do participante envolve os distratores. Pesquisa etnográfica: grave um *corpus* de discurso político ou religioso. Agora transcreva a gravação. Procure identificar o uso de falácias argumentativas, analisando cada uma e estabelecendo com clareza as manobras pretendidas, hesitações e pausas, procurando interpretar as intenções subjacentes a cada uma delas.

NOTAS

[1] Exemplos retirados de transcrições de conversações espontâneas, analisadas na tese de doutorado *Variação linguística e redes sociais no Morro dos Caboclos*, RJ, defendida no Programa de Linguística da UFRJ (Ferrari, 1994).

[2] DP é a abreviação para Sintagma Determinante (*Determiner Phrase* em inglês, daí a sigla DP, geralmente usada também no Brasil). O conceito de sintagma é importante porque facilita o raciocínio acerca dos constituintes primitivos formais ou gramaticais da linguagem representados no cérebro. Ao mesmo tempo, a própria gramática permite delimitar os sintagmas. Os diferentes sintagmas são representados no cérebro e são processados por computações algorítmicas. A gramática também explicita a natureza dos sintagmas, as relações que eles estabelecem uns com os outros e a forma como podem ser hierarquizados. Alguns sintagmas essenciais e suas abreviações são: (i) Sintagma Determinante (DP); (ii) Sintagma Nominal (NP); (iii) Sintagma Verbal (VP); (iv) Sintagma Temporal (TP); (v) Sintagma Preposicional (PP); (vi) Sintagma Adjetivador (AdjP), entre outros.

[3] O estudo experimental que é apresentado de forma comentada nesta seção foi originalmente publicado junto com outros experimentos sobre correferência anafórica em Maia, Garcia e Oliveira (2012).

[4] C-comando (*constituent command*) é uma configuração estrutural, definida teoricamente dentro de abordagens da Gramática Gerativa, que identifica quais relações entre os termos de uma sentença são especiais. Examinando a sentença sob o ponto de vista de uma hierarquia estrutural de sintagmas, de modo semelhante ao que se faz com o parentesco em uma árvore genealógica, entre as posições de irmãos haveria uma relação do tipo de *c-comando*, o simétrico, em que os dois irmãos compartilham um mesmo pai e estão equidistantes dele. Em contraste, a relação entre o *tio* e o *sobrinho* apresenta um outro tipo de *c-comando*, mais fundamental para as línguas humanas, denominado *c-comando* assimétrico. Nessa relação, o ponto focal é o sintagma que ocupa a posição de *tio* na árvore. Ele domina o *sobrinho* através da irmandade com o pai. Essa posição de *c-comando* assimétrico é pré-requisito para concordância e para outras operações linguísticas. Esse tema será amplamente explorado no capítulo "Forma Função".

[5] Efeito principal é o efeito de uma variável independente em uma média variável dependente entre os níveis de quaisquer outras variáveis independentes. Em relação a um desenho fatorial, sob uma análise de variância, um teste de efeito principal irá testar as hipóteses previstas como H0, a hipótese nula.

[6] Os morfemas são unidades mínimas com significado em uma língua. Os morfemas podem ser classificados em morfemas de classe aberta ou lexicais e morfemas de classe fechada ou gramaticais. Os morfemas lexicais são unidades lexicais com significação extralinguística e número infinito. Por exemplo, feijão, carro, casa e todas as palavras que mapeiam todas as coisas do mundo. Os morfemas de classe fechada têm significação interna à linguagem, pois derivam das relações e categorias existentes na língua. São unidades independentes e finitas como, por exemplo, os determinantes (um, uma, o, os etc.), as preposições (para, em, de, abaixo etc.).

[7] Fronto polar e Central não são lobos cerebrais, mas são usados na touca para auxiliar na orientação espacial.

ausência de evidência não é evidência da ausência. Por exemplo: *Nunca se provou que os discos voadores não existem, portanto eles existem.* Não é porque nunca encontramos algo que aquilo não existe. Talvez não tenhamos procurado exaustivamente.

- **Alegação especial** – Uma afirmação genérica que é feita apenas para salvar uma ideia que não se consegue defender adequadamente. Por exemplo: *Precisamos derrubar as florestas, este é o preço do progresso.* Note-se que, de fato, não se está defendendo a ideia de derrubar as florestas, mas apenas reconhecendo uma suposta *inevitabilidade*, que talvez nem seja verdadeira.

- **Petição de princípio** – Uma afirmação genérica baseada em uma suposição de que não se tem, de fato, comprovação. Por exemplo: *É necessário instituir a pena de morte para desencorajar os criminosos.* Mas será que o crime realmente cai quando se impõe a pena de morte?

- **Seleção das circunstâncias favoráveis** – Contar os acertos e esquecer os fracassos. Por exemplo: *Este político é bom porque criou novas praças para o bem estar da cidade.* Mas não se conta, por exemplo, que ele votou contra projetos que criariam novos empregos.

- **Estatística falsa** – Utilização errônea da natureza da estatística. Por exemplo: *A metade de todos os brasileiros tem inteligência abaixo da média.* Qual é a média?

- **Non sequitur** – Expressão latina que significa *não se segue.* Trata-se de uma afirmação que não se segue, ou não decorre necessariamente da outra. Por exemplo: *Nosso país vencerá porque Deus é grande.* Embora o país possa vencer e embora Deus possa ser grande, uma coisa não decorre da outra.

- **Post hoc, ergo propter hoc** – Expressão latina que significa *aconteceu depois de um fato, foi por ele causado.* Por exemplo: *Antes das mulheres terem o direito de votar não havia armas nucleares.* Naturalmente, a simples precedência cronológica não estabelece relação de causa e efeito.

- **Dicotomia falsa** – Colocação de uma questão sem admitir meio termo. Por exemplo: *Se você não é parte da solução, é parte do problema.* A polarização, além de, frequentemente, produzir falácia, também dificulta que se analisem os fatos em seus detalhes e graus de intensidade.

- **Técnica do espantalho** – Caricaturar uma ideia ou seu autor para tornar mais fácil o ataque. Por exemplo: *Os ambientalistas se preocupam mais com corujas e morcegos do que com pessoas.* É a retórica do exagero e do grotesco, usada para criar distorções e efeitos que dificultam se estabelecer os fatos com propriedade.

- **Efeito diversionário** – Sobrepor um tema a outro para desviar o foco de um tema que se pretende evitar. Por exemplo: *Enquanto não se investigar a fundo a corrupção na diretoria da empresa, não se pode tratar do cumprimento de horários pelos funcionários.* Um novo tema é lançado para desviar a atenção de outro que não se quer discutir.

Projetos de pesquisa

- Desenvolva um Projeto de Pesquisa Experimental sobre uma questão linguística de morfologia. Inclua no projeto os seguintes itens:
  Revisão da literatura pertinente;
  Explicitação dos objetivos gerais e específicos do estudo;
  Formulação explícita das hipóteses e previsões experimentais;
  Indicação da técnica e da tarefa experimentais;
  Caracterização das variáveis independentes e dependentes;
  Caracterização do *design* do experimento e de suas condições;
  Exemplos dos materiais experimentais;
  Discussão dos resultados esperados em relação às questões teóricas apresentadas.

- Nesse projeto você vai sentir o gostinho de preparar estímulos para um experimento. A área da pesquisa é a morfossintaxe. A metodologia do experimento será o "priming". O priming verifica a influência de um aspecto linguístico de um estímulo precedente (prime) em relação ao processamento de um estímulo posterior (alvo). A questão é saber se, no par em (a), a presença anterior do prime "globo" facilita o acesso lexical ao alvo "global" que é mostrado em seguida; e se se a presença do prime "globo", em (b) facilita o acesso lexical ao alvo "globalizado". Depois podemos comparar o nível de facilitação entre prime e alvo em (a) e prime e alvo em (b). Mas a metodologia do prime se aplica a muitos tipos de investigação. Por exemplo pode-se testar relações fonológicas como em (c) e (d) que contrastam a influência da semelhança em posição tônica e não tônica; e semânticas como (e) e (f), que exploram as diferenças entre itens competidores e itens holônimos (que mantém uma relação todo-parte) entre muitas outras.

  (a) globo - global
  (b) globo - globalizado
  (c) mala - bala

Figura 5 – Pedro comprou o livro e vai estudá-lo (linha fina)/
João comprou o livro e vai temperá-lo (linha grossa)

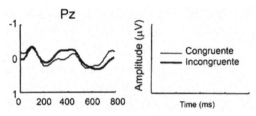

Figura 6 – Que música Vera vai tocar? (linha fina)/ Que música Vera vai fritar? (linha grossa)

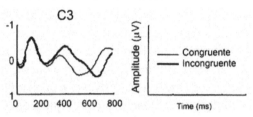

Na Figura 4 podem-se observar os resultados estatísticos do teste, utilizando estímulos clássicos para a elicitação do N400, ora congruentes, ora incongruentes. Pôde ser atestado que a amplitude do N400 foi significativamente maior nos casos incongruentes. Essa condição foi bem similar a do experimento primordial de Kutas e Hillyard (Figura 3), com a diferença que ele trouxe os resultados da seleção de um complemento de preposição e, na Figura 4, França testou a seleção de um complemento de verbo. Já as Figuras 5 e 6 mostram os resultados de testes inovadores para época. A pergunta era se a forma da onda que ficou sendo a *assinatura elétrica da incongruência*, ou seja, o N400 com maior amplitude, seria afetado por certas condições especiais dos estímulos, diferentes da seleção de complemento.

A condição experimental que deu origem ao ERP na Figura 5 se relaciona com computações de correferência. As sentenças *Pedro comprou o livro e vai estudá-lo* e *Pedro comprou o livro e vai temperá-lo* estão concatenadas apropriadamente aos seus respectivos complementos em forma de pronome "lo". Mas como "lo" não tem conteúdo semântico próprio, para sabermos se a concatenação deu certo, temos que transferir para o pronome as características semânticas do antecedente *livro*.

Pedro comprou o livro e vai estudá-lo.

Pedro comprou o livro e vai temperá-lo.

Estudar o livro faz sentido, mas temperar o livro não! De fato, nessa condição que testa a herança semântica que um pronome recebe de seu antecedente, quando o formato da onda é marcadamente diferente do formato que pudemos observar nas Figuras 3 e 4. Note que ao invés de um N400 no formato de pico, encontramos na Figura 5 uma onda que tem um platô que se evidencia mais nitidamente na sentença incongruente. Isso quer dizer que nas ondas relativas às sentenças incongruentes houve uma maior demora para que a onda seguisse se aprofundando no próximo vale. Esse platô pode estar relacionado com a complexidade da tarefa de transferir propriedades semânticas do complemento da primeira oração para o pronome da segunda oração. Além disso, o declive mais lento para formar o próximo vale, presente especialmente nas ondas referentes às frases incongruentes, revela as tentativas infrutíferas de integração do complemento incongruente.

A condição experimental que deu origem ao ERP na Figura 6 continha sentenças com Sintagma QU- (constituinte frasal do tipo quem, quando, quanto, que etc.). Por exemplo, testamos *Que música Vera vai tocar?* e *Que música Vera vai fritar?*. Repare que o Sintagma QU- *que música* completa o sentido do verbo tocar e, portanto, é interpretado ao lado deste verbo: Vera vai fritar (o que). Só que, neste tipo de construção, o complemento (sintagma QU-) geralmente aparece no início da sentença, deslocado de seu local de interpretação (O que Vera vai fritar?) como um recurso discursivo para avisar ao interlocutor que estará engajado em uma pergunta que vai requerer dele uma resposta de conteúdo.

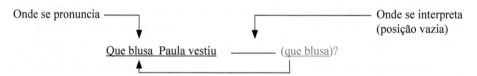

O N400 resultante dessa condição foi o mais ativo entre as três condições e apresentou a maior diferença entre as sentenças congruentes e incongruentes. Como já é conhecido na literatura linguística, a presença do sintagma QU- no início da sentença é como uma bandeira de aviso de que vai haver uma pergunta e de que a concatenação será à distância. Isso funciona como uma preparação cognitiva que aciona mecanismos de atenção e memória salientando que os conteúdos semânticos só serão integrados quando o verbo aparecer – neste caso, 400 milissegundos depois. Por isso, quando há a incongruência, a reação a ela é mais vigorosa.

Os achados deste experimento indicam que, conforme já explicitado pela teoria linguística, a concatenação verbo-complemento não é uma operação única, indivisa. Ela é formada por subtarefas que se manifestam eletricamente em diferentes formas de ERP.

Pontos em comum e variação

François Brunelle, um fotógrafo canadense, vem dedicando sua carreira a perceber e a mostrar os pontos comuns e as variações em rostos humanos. Ele viaja o mundo todo, fotografando pessoas que não têm consanguinidade, mas que se parecem muito, como se fossem gêmeas, embora sequer se conheçam. Até que ponto a natureza pode criar semelhanças que não tenham sido transmitidas por herança genética? O que isso nos diz? Existem algumas restrições de tipos de variação? Essa tensão entre semelhança e desigualdade é tratada na biologia como correlação genótipo-fenótipo.

Um questionamento semelhante se aplica às línguas humanas. Já é senso comum que as línguas naturais são muito similares do ponto de vista estrutural, sendo elas oriundas do mesmo tronco linguístico ou não. Porém, ao mesmo tempo, é flagrante que apresentam impressionante variação na superfície. O objetivo deste capítulo é enfocar o conjunto de conhecimentos linguísticos relativos a características compartilhadas por todas as línguas e ilustrar as variações interlinguísticas e intralinguísticas observadas.

Texto principal

Como vimos no primeiro capítulo, todos os níveis de análise linguística, desde a Fonologia até a Pragmática, são complexos e governados por regras em todas as línguas. Entretanto, apesar da estrutura abstrata compartilhada, as línguas variam tanto internamente quanto em relação a outras línguas, em decorrência de fatores históricos, geográficos, cognitivos e socioculturais.

Embora a preocupação com o social já estivesse presente no pensamento de Whitney, de Saussure, de Meillet e dos neogramáticos em geral, é com o surgimento da Sociolinguística que o estudo das relações entre língua e sociedade ganha novo fôlego. A área começou a ganhar contornos mais definidos a partir da reunião de um grupo de linguistas, na Conferência de Lake Arrowhead, na Califórnia, em

1964. Eles estavam preocupados em investigar as relações entre estruturas linguísticas e parâmetros sociais. A partir daí, a variação intralinguística passou a ser enfocada de modo sistemático, principalmente a partir das pesquisas de William Labov, um dos principais fundadores dessa vertente teórica. É o próprio Labov, em um de seus trabalhos mais emblemáticos sobre a estratificação social do inglês na cidade de Nova York, que chama atenção para o fato de que o surgimento de gravadores, espectrogramas e computadores, além do estabelecimento de uma teoria mais explícita da estrutura fonológica, foram conquistas essenciais para o estudo sistemático das relações entre fenômenos linguísticos e sociais.

Na esteira dos avanços tecnológicos e teóricos mencionados, os trabalhos de Labov constituíram um importante marco no que se refere à elaboração do conceito de *variável linguística*, definida como elemento linguístico que varia em correlação com dimensões linguísticas e extralinguísticas (Labov, 1966, 1972). Embora os trabalhos sociolinguísticos iniciais tenham enfocado, principalmente, a variação fonológica, pesquisas subsequentes sugeriram que o fenômeno também ocorre nos níveis morfológico, sintático, semântico e pragmático. Assim, o estudo da variação intralinguística, envolvendo cada um desses níveis, ganhou contornos bem delimitados, permitindo generalizações teóricas importantes.

Por volta da mesma época, a comparação entre línguas desenvolvida por Joseph Greenberg, com o objetivo de estabelecer universais e tipologias linguísticas, foi capaz de reunir um amplo arsenal de conhecimentos sobre a variação interlinguística, principalmente nos domínios da sintaxe e da morfologia. Greenberg inaugurou estudos com a abordagem tipológica ainda hoje bastante usada, especialmente no que tange às línguas indígenas. Greenberg estabeleceu uma lista de quarenta e cinco universais, conhecidos como os *Universais de Greenberg* que envolvem diversos aspectos sintáticos, principalmente no que diz respeito à ordem interna de palavras, por exemplo:

- UNIVERSAL 1: Em sentenças declarativas com sujeito e objeto nominais, a ordem dominante é quase sempre aquela em que o sujeito precede o objeto.
- UNIVERSAL 2: Em línguas com preposições, o genitivo vem depois do nome que o governa.
- UNIVERSAL 3: Línguas com ordem dominante VSO são sempre preposicionais.

Mais recentemente, estudos em Sociolinguística Cognitiva têm apontado interessantes questões no que se refere à variação interlinguística nas áreas da semântica e/ou pragmática (Kristiansen e Dirven, 2008).

O foco deste capítulo é abordar essas questões, apresentando e discutindo a variação intralinguística e interlinguística nos diferentes níveis de análise. A proposta é ressaltar que a complexidade do fenômeno atesta a rica variabilidade das línguas humanas, ao mesmo tempo em que, de forma aparentemente paradoxal, indica pontos comuns subjacentes à variação.

Variação fonológica

Como vimos, a variação fonológica é inerente a toda e qualquer língua, refletindo aspectos linguísticos e socioculturais relevantes (variação intralinguística), bem como diferenças interculturais (variação interlinguística). Detalharemos os dois tipos de variação nas subseções seguintes.

Variação fonológica intralinguística

No nível fonológico, a variação no âmbito de uma mesma língua pode ser evidenciada pela ocorrência de alofones, que representam realizações fonéticas diferentes às quais se atribui o mesmo valor. Na série de estudos enfocando a fala de Nova York, Labov buscou estabelecer os condicionamentos internos e externos que influenciavam o conjunto de variações fonológicas analisadas em suas pesquisas, entre as quais se inclui a presença ou ausência de /r/ pós-vocálico, pré-consonantal ou final, em palavras como *beer, beard, bare, moor, fire, flower*.

Partindo da hipótese de que os falantes de Nova York variavam quanto à pronúncia do /r/, em função de seu *status* social, a pesquisa investigou a fala de vendedores de várias lojas de departamento com diferentes faixas de preço e prestígio social. Assumindo, ainda, que os vendedores tendiam a *tomar emprestado* o prestígio dos clientes, Labov estabeleceu a hipótese de que a estratificação social dos clientes nas diferentes lojas influenciaria uma estratificação similar nos vendedores. Foram escolhidas três lojas: Saks Fifth Avenue (alto prestígio), Macy's (prestígio médio) e S. Klein (baixo prestígio). As entrevistas envolviam perguntas que levassem os vendedores a responderem *fourth floor*. Por exemplo, o pesquisador se aproximava do vendedor e perguntava *"Onde ficam os sapatos femininos?"*. A resposta seria normalmente *fourth floor*, e ambas as palavras envolvidas poderiam ser pronunciadas com ou sem /r/. Os resultados confirmaram as hipóteses iniciais: na Saks, 30% dos vendedores entrevistados sempre pronunciavam o /r/ nos dois itens da expressão testada; na Macy's, apenas 20% dos vendedores o fizeram; e na Klein, apenas 4%.

94 A Línguística no século XXI

Casos de variação desse tipo demonstram que variantes posicionais ou alofones podem ter sua ocorrência influenciada por fatores sociais. Entretanto, para além desse comportamento comum, que estabelece um inventário de fonemas e alofones para cada língua, há escolhas diferentes quanto aos sons específicos selecionados para atuar de uma ou outra forma nas línguas do mundo. É o que veremos a seguir.

Variação fonológica interlinguística

As pesquisas sobre a estrutura fonológica de diferentes línguas disponibilizaram um conjunto significativo de dados que possibilitaram uma melhor compreensão da variação interlinguística. Essas pesquisas permitiram que se estabelecessem generalizações relevantes na área, demonstrando que:

- Sons que têm valor de fonema na língua A podem funcionar também como fonemas na língua B, por estabelecerem oposições distintivas em pares mínimos em ambas as línguas.
- As oclusivas bilabiais [p] e [b] são fonemas em português (*pata x bata*) e em várias outras línguas. Nas línguas românicas, por exemplo, temos oposições distintivas em pares como *pain/bain* (francês); *pelo/bello* (italiano); *perro/berro* (espanhol).[1]
- Sons que são alofones na língua A também podem ser alofones na língua B. Esse é o caso dos fones [t] e [tš], que são alofones em papago, língua uto-azteca do sul do Arizona, EUA. Assim, a palavra [t]uk, que significa *preto*, não apresenta alteração de significado se for pronunciada como [tš]uk. Também, como vimos no primeiro capítulo em português, [t]ia continua a significar "irmã da mãe ou pai" se a pronúncia mudar para [tš] ia. Nesse caso, ambos os sons são variantes posicionais tanto em papago quanto em português.
- Sons que têm valor de fonema na língua A podem ser alofones na língua B; e vice-versa. Para ilustrar a situação acima, comparemos o português e o japonês. Com relação aos sons [r] e [l], observa-se que são fonemas em língua portuguesa (*caro x calo*) e alofones na língua japonesa (tanto *a[r]igato*, quanto *a[l]igato* significam *obrigado*).
- Já os sons [d] e [dž], que constituem alofones em português, estabelecem oposição distintiva em inglês. Assim, por exemplo, enquanto a ocorrência de [d] ou [dž] na pronúncia da palavra 'dia' não altera seu significado, fenômeno semelhante produziria palavras com significados diferentes em inglês. As palavras 'dog' e 'jog', cujas pronúncias têm como sons

iniciais [d] e [dʒ], apresentam significados distintos (respectivamente, *cachorro* e *dar uma corrida*).

- Sons que fazem parte do sistema fonológico da língua A, podem não ocorrer na língua B.
- Normalmente, esses sons, que aparecem em uma língua e não em outra, são os que mais criam dificuldades aos alunos na aprendizagem de uma língua estrangeira. Por exemplo, alunos brasileiros precisam de um esforço maior para pronunciar as fricativas bilabiais sonoras do espanhol ([β]), em contextos como *vaca*, e as fricativas interlinguais do inglês ([θ] e [ð]), respectivamente em palavras como *think* e *they*. Da mesma forma, tanto falantes hispânicos quanto anglo-saxões costumam apresentar dificuldades na aprendizagem do português, no que se refere à pronúncia de ditongos nasais, em palavras do tipo *pão*, *pães* etc.

Em suma, o que os exemplos de variação interlinguística descritos anteriormente atestam é o caráter universal da existência de um inventário de fonemas e alofones em todas as línguas, e o modo particular com que cada língua estabelece quais sons têm valor distintivo e quais sons caracterizam apenas variantes posicionais. Passemos, então, à variação morfológica.

Variação morfológica

Do mesmo modo que a variação fonológica, a variação morfológica é também inerente a toda e qualquer língua, refletindo aspectos linguísticos e socioculturais relevantes, bem como diferenças interculturais.

Variação morfológica intralinguística

As pesquisas demonstram que não é rara a existência de morfemas em variação nas diferentes línguas. Por exemplo, o plural dos nomes em português é normalmente formado pelo acréscimo do sufixo -s. Esse sufixo, entretanto, apresenta variantes posicionais, denominadas alomorfes, tais como [s], [z], [iz] - exs. *pessoa[s] simples, casa[z] azuis, flor[iz] amarelas*. Em algumas variedades do português brasileiro, esses alomorfes podem variar, ainda, com a ausência de concordância (ex.: quatro anoØ depois).

O apagamento da marca de plural no SN foi estudado por vários pesquisadores.[2] Esses estudos demonstram que marcas de plural redundantes tendem a ser apagadas e o morfema de plural costuma ser preservado, sobretudo no primeiro determinante (ex.: *as borboleta branca*). Verifica-se, ainda, que fatores morfofonológicos, semântico-pragmáticos e discursivos influenciam a regra de concordância de número entre os elementos do sintagma nominal. Assim, os itens lexicais nos quais se marca o plural duplamente (ex.: n<u>o</u>vo<u>s</u> pap<u>e</u>izinho<u>s</u>) apresentam maior probabilidade de manutenção da concordância do que aqueles cujo plural se faz apenas através da inserção de -s, o que demonstra que formas mais salientes fonologicamente, por serem mais perceptíveis, tendem a preservar a marca de plural.

Ao lado da saliência fônica, verifica-se também a influência de traços semântico-pragmáticos na preservação do plural. Assim, nomes que apresentam os traços [+humano] e [-informal] tendem a aplicar a regra, enquanto nomes com os traços [-humano] (ex.: *árvore, capítulo*) e [+informal] (ex.: *cara, lance*) tendem o omitir a marca de plural.

Quanto à função discursiva, as pesquisas indicam que sintagmas nominais que têm função resumidora (e anafórica) apresentam os menores índices de aplicação da regra de concordância, por apresentarem informações já transmitidas por outros elementos do discurso (ex.: *passavam filmes... sobre a vida de Jesus Cristo... esses negócio assim.* (Scherre, 1996a))

Além dos fatores linguísticos apresentados, as pesquisas apontam que o fator social *grau de escolarização* é o que mais influencia o apagamento da marca de plural. Assim, falantes menos escolarizados tendem a suprimir tal marca.

Variação morfológica interlinguística

Em termos interlinguísticos, a propriedade característica dos nomes em português de receber o sufixo de plural -s (através de um dos alomorfes mencionados anteriormente) não pode ser generalizada para todas as línguas.

A língua japonesa, por exemplo, não prevê a marcação de plural no nome. Assim, um nome como *hon* pode ser usado tanto com sentido de singular quanto de plural (*livro, livros*). Já nas línguas que estabelecem marcas de plural para nomes, as opções de codificação são variadas. Muitas também escolhem sufixos, como o alemão (ex.: *frau* -mulher x *frauen* -mulheres), outras lançam mão de um processo conhecido como reduplicação, em que uma parte específica da forma singular é repetida. Por exemplo, em papago, existem pares como *daikud* -cadeira e *dadaikud* -cadeiras, *kawyu* -cavalo e *kakawyu* -cavalos, *gogs* -cachorro e *gogogs* -cachorros, em que a primeira sequência consoante + vogal da forma singular é repetida no começo de palavra para construir a forma plural. Portanto, não há um único afixo para formar o plural nesses casos.

Em suma, a propriedade gramatical de pluralização de nomes pode variar de uma língua para outra. Além disso, embora seja provavelmente verdade que a grande maioria das línguas compartilha as categorias de nome e verbo, é também verdadeiro que outras categorias são encontradas apenas em algumas línguas, mas não em outras. Por exemplo, o japonês não tem a classe de palavras que denominamos artigo, seja em sua versão definida (*o*, *a*) ou indefinida (*um*, *uma*). Observemos a sentença (29):

(29) Kiru ga hon-o yonda.
Kiru Suj. livro-Objdir. leu.
Kiru leu o livro

O fato de que *hon* (livro) apresente o sufixo -o para marcar sua função de objeto direto na sentença, mas não venha acompanhado de nenhum elemento equivalente ao artigo em português, não significa que os falantes de japonês não possam expressar a diferença de significado entre *o livro* (definido e específico) e *um livro* (indefinido e não específico). Os japoneses simplesmente terão que recorrer ao contexto para estabelecer a diferença. *Grosso modo*, se um certo livro tiver sido mencionado no discurso precedente, os falantes podem interpretar a sentença *Kiru ga hon-o yonda* como *Kiru leu o livro*; ao passo que se a informação for nova no discurso a sentença poderá ser interpretada como *Kiru leu um livro*.

Variação sintática

A sintaxe lida com o fato de que entre os itens lexicais dispostos em sequências lineares e as sentenças completas existem níveis intermediários, organizados hierarquicamente, que correspondem a estruturas de constituintes nas línguas. A variação sintática intralinguística e interlinguística têm sido alvo de um conjunto amplo de pesquisas, congregando paradigmas teóricos complementares, tais como a Sociolinguística Variacionista, a Linguística Cognitiva e os estudos em universais e tipologias.

Variação sintática intralinguística

A estrutura hierárquica de constituintes e a ordem com que esses constituintes ocorrem na sentença constitui um dos principais focos da variação sintática. Por exemplo, os falantes de português interpretam uma sentença como *As gaivotas gostam de peixes*, subdividindo-a em estruturas menores, os constituintes, e associando-os de forma apropriada:

(30) [[As gaivotas]1 [gostam [de peixes]2]3]SENTENÇA

No exemplo (30), foram colocadas entre colchetes palavras que tendem a formar grupos naturais de constituintes, os sintagmas, que costumam ser nomeados com base na classe gramatical do elemento nuclear. Vejamos:

[as gaivotas] – SINTAGMA NOMINAL, cujo núcleo, o nome *gaivotas*, é modificado pelo determinante *as*.

[de peixes] – SINTAGMA PREPOSICIONAL, cujo núcleo, a preposição *de*, rege o nome *peixes*.

[gostam de peixes] – SINTAGMA VERBAL, cujo núcleo, o verbo *gostar*, admite o sintagma preposicional *de peixes* como complemento.

[as gaivotas gostam de peixes] – SENTENÇA resultante da combinação do sintagma nominal *as gaivotas* e do sintagma verbal *gostam de peixes*.

Outra maneira, mais marcada, de estruturar a sentença anterior seria através do deslocamento do sintagma preposicional para o início da sentença:

(31) De peixes, as gaivotas gostam.

Apesar da possibilidade de ordenação dos constituintes do modo ilustrado em (31), podemos observar que a estrutura da sentença continua sendo composta pelos mesmos sintagmas que a sentença (30) – nominal, preposicional e verbal. Há apenas uma mudança de ordem, que caracteriza um tipo de variação sintática; no caso, entre uma sentença sujeito-predicado e uma estrutura topicalizada.

Outro caso apontado como variação sintática no português brasileiro envolve diferentes estratégias de relativização. Por exemplo, se quisermos integrar as informações *Este é o escritor* e *Eu conversei com esse escritor* em uma única sentença, precisaremos recorrer a um processo de relativização que apresente uma das seguintes estruturas: a relativa com o pronome relativo regido de preposição (32); a relativa cortadora (33) em que o pronome relativo não é regido por preposição, e a (34), relativa copiadora com o pronome anafórico.

(32) Este é o escritor <u>com quem eu conversei.</u>

(33) Este é o escritor <u>que eu conversei.</u>

(34) Este é o escritor <u>que eu conversei com ele.</u>

Em (32), temos uma relativa canônica, em que a *palavra qu-*[3], regida pela preposição *com*, se move de sua posição original para o início da sentença. No exemplo (33), embora haja movimento da *palavra-qu*, a preposição *com* é cortada, e a função sintática original não é expressa na relativa (tanto é que o pronome relativo *que* é utilizado, em vez de quem). Por fim, em (34), um pronome correferencial ao nome relativizado é usado na relativa, denominada copiadora. Esse tipo de variação já foi investigado a partir de diferentes perspectivas teóricas, nas quais se incluem a Sociolinguística Variacionista e o modelo gerativista denominado Princípios e Parâmetros.[4]

Mais recentemente, a existência de variação sintática tem sido questionada pela Linguística Cognitiva, com base no modelo de Gramática de Construções (ver Goldberg, 1995, 2006). O modelo estabelece o princípio de não sinonímia, que prevê que duas construções sintaticamente distintas e semanticamente sinônimas tenderão a ser pragmaticamente distintas. Como essa vertente teórica inclui as informações pragmáticas no âmbito da gramática, a proposta é que, nos casos normalmente tratados como variação sintática, o que se tem são construções distintas, e não variações de uma mesma construção.

Esse tipo de abordagem pode ser ilustrado a partir do contraste entre dois tipos de construções epistêmicas existentes no inglês. Almeida e Ferrari (2012) demonstram que as construções do tipo *I think it's interesting* e *I think that it's interesting*, respectivamente, com ausência e presença do complementizador *that*, são duas construções distintas, na medida em que estabelecem pareamentos de forma e significado também distintos. Embora o assunto tenha sido tratado dentro do modelo variacionista, as autoras argumentam que não se trata de duas estruturas equivalentes, cuja escolha por parte do falante atenderia a motivações estilísticas, mas o que se tem, na verdade, é a sinalização de intersubjetividade (alinhamento cognitivo). Assim, as construções epistêmicas sem complementizador indicam *conjunção cognitiva* entre o falante e o interlocutor, ao passo que as construções com complementizador sinalizam *disjunção cognitiva* (ex.:: O falante discorda de opiniões apresentadas anteriormente no discurso).

Deve-se ressaltar que as propostas da Sociolinguística Variacionista e da Linguística Cognitiva com relação à variação sintática intralinguística, embora divergentes, têm o mérito de colocar em foco a configuração de um espaço de debate no panorama linguístico contemporâneo, como possibilidade de aprofundamento de questões relacionadas a semelhanças/diferenças entre construções sintáticas no âmbito de uma mesma língua, ou entre diferentes línguas. A variação sintática interlinguística é o foco da seção a seguir.

Variação sintática interlinguística

Considerando-se que os principais constituintes das sentenças costumam ser sujeito, verbo e objeto direto, um importante fator distintivo entre as línguas do mundo é a ordem vocabular em que esses elementos sintáticos ocorrem. Com relação a esse aspecto, os trabalhos de Joseph Greenberg (1954, 1966a, 1966b, 1974) representam uma importante contribuição na área de Universais e Tipologias Linguísticas, estabelecendo generalizações a partir da comparação entre diferentes línguas. Do ponto de vista tipológico, o autor destaca que as línguas podem apresentar seis combinações possíveis, no que se refere à posição de sujeito (S), verbo (V) e objeto direto (O) em sentenças básicas. As combinações mais frequentes são:

a. SVO (português, inglês, finlandês, chinês, iorubá, malaio, guarani etc.)
b. SOV (coreano, japonês, quéchua, turco etc.)
c. VSO (árabe, língua maia clássica, língua egípcia etc.)
d. VOS (as línguas austronésias a língua malgaxe, javanês antigo etc.)

As combinações mais raramente encontradas são:

e. OSV (língua urubu)[5]
f. OVS (hixkariana – nordeste do Brasil)

Vale notar que, dentre as possibilidades listadas, SOV tem sido atestada como a ordem mais frequente. Como vimos anteriormente, mesmo línguas cuja ordem vocabular é considerada livre estabelecem algum tipo de restrição quanto à ordenação. Na língua papago, por exemplo, a ordem vocabular é livre, mas o constituinte relativo ao verbo auxiliar deve ocupar sempre a mesma posição. Vejamos:

(35) Huan   'o   wakon   g-ma:gina
      Sujeito   Auxiliar   Verbo   Objeto
      João   *está*   *lavando*   *o carro*

Essa sentença pode ocorrer ainda com as seguintes ordens alternativas:

(36) Huan   'o   g-ma:gina   wakon
      Sujeito   Auxiliar   Objeto   Verbo

(37) wakon   'o   g-ma:gina   g-Huan
      Verbo   Auxiliar   Objeto   Sujeito

(38)	Wakon	'o	g-Huan	g-ma:gina
	Verbo	Auxiliar	Sujeito	Objeto

(39)	Ma:gina	'o	wakon	g-Huan
	Objeto	Auxiliar	Verbo	Sujeito

(40)	Ma:gina	'o	g-Huan	wakon
	Objeto	Auxiliar	Sujeito	Verbo

As seguintes ordenações, entretanto, são agramaticais:

(41)	* Huan	g-ma:gina	'o	wakon
	Sujeito	Objeto	Auxiliar	Verbo

(42)	* Huan	g-ma:gina	wakon	'o
	Sujeito	Objeto	Verbo	Auxiliar

Como os exemplos anteriores ilustram, há uma restrição de ordem vocabular em papago, que é a de que o auxiliar tem que ocupar a segunda posição na sentença.

Para tratar da correlação entre a ordem vocabular no interior da sentença e no interior de outros constituintes, Greenberg cunhou o termo *universais implicacionais*. Com base nesses universais, por exemplo, classificou as línguas românicas como SVO/Pr/NG/NA. Isso significa que essas línguas correlacionam ordem SVO à existência de preposições (e não posposições), genitivo subsequente ao nome (ex.: *casa de Maria*) e adjetivo subsequente ao nome (ex.: *casa azul*). Há ainda, nessas línguas, a ocorrência de verbos auxiliares antes dos verbos principais e relativas pós-nominais.

No que se refere às relativas, além das diferenças de ordem vocabular, essas estruturas podem apresentar características específicas nas diferentes línguas. Comrie (1981) aponta que, do ponto de vista interlinguístico, o nome relativizado tende, mais frequentemente, a aparecer de forma modificada ou reduzida (relativas copiadoras) ou ser completamente omitido (relativas cortadoras).

Em persa, por exemplo, todas as relações gramaticais que não sejam sujeito ou objeto direto devem ser relativizadas com retenção de pronomes. Assim, apenas a partícula relativa *ke* aparece em sentenças tais como *O homem que usava boné assou a galinha* (relativização do sujeito) ou *Maria conhece o homem que a mulher deixou* (relativização do objeto direto), mas a relativização da função sintática de objeto indireto, por exemplo, só pode ser feita por relativas copiadoras com pronomes anafóricos. Assim, para dizer algo como *Eu conheço a mulher para quem Pedro deu o livro*, a língua persa dispõe de uma estrutura semelhante a *Eu conheço a mulher que Pedro deu o livro para ela*.

102 A Línguística no século XXI

Já em coreano, as relativas são cortadoras, não apresentando nenhuma marca formal da função sintática do nome relativizado. Assim, para expressar algo do tipo *a vara com que João afugentou o cachorro*, a língua apresenta, canonicamente, algo que se poderia traduzir literalmente como *a vara que João afugentou o cachorro*.

Embora em frequência menor, é possível encontrar línguas com relativas não reduzidas, em que o nome relativizado aparece de forma plena na relativa. Em hindi,[6] por exemplo, a forma canônica de se dizer algo do tipo *João viu a faca com que Pedro matou a galinha* seria *João viu a faca que com essa faca Pedro matou a galinha*.

Por fim, há línguas em que a própria existência de estruturas relativas tem sido alvo de controvérsia. Esse é o caso do turco, que apresenta estruturas que seriam traduzidas como relativas para o português, mas não parecem funcionar como tal naquela língua. Observemos o seguinte exemplo, adaptado de Comrie (1981: 135):

(43) Hasan-in Sinan-a   ver -dig-i   patates-i   yedim
       Hasan de Sinan para   dar -NOM-seu   batata-ACUS.   eu-comi
       Eu comi a batata de doação de Hasan para Sinan (trad. literal)
       Eu comi a batata que Hasan deu para Sinan (trad. adequada)

Em termos de estrutura sintática, (43) difere bastante de sua tradução mais apropriada para o português. O item *ver-dig-* é composto pela forma não finita do verbo *ver* (*dar*) com o sufixo nominalizador *-dig*. Se considerarmos que as relativas se caracterizam por apresentarem verbos finitos, e não nomes deverbais, a sentença (43) não poderia ser classificada como relativa. Por outro lado, do ponto de vista funcional (semântico, cognitivo), a estrutura turca e sua tradução para o português podem ser aproximadas.

A resolução dessa questão teórica foge ao escopo do presente capítulo. Entretanto, a indicação dessa problemática serve para ilustrar os problemas enfrentados pelas pesquisas tipológicas, de um modo geral, e também as dificuldades associadas à investigação da variação sintática em uma determinada língua. Não só as línguas podem disponibilizar várias construções reconhecidas como relativas, como é o caso do persa e do português brasileiro (PB), como também podem apresentar estruturas que se aproximam funcionalmente das relativas, mas podem não ser sintaticamente estruturadas como tal.

Como ilustração, tomemos um caso ainda pouco estudado no PB, que são as estruturas possessivas e existenciais com encaixe de relativas:[7]

(44) Tenho um amigo que é flamenguista.

(45) Tem um amigo meu que é flamenguista.

Embora os falantes percebam a evidente proximidade semântico-funcional entre as duas sentenças, não é tão simples decidir se estamos diante de um caso de variação sintática ou se são simplesmente duas estruturas sintáticas distintas e independentes. Como no caso das relativas do turco, a decisão vai depender da perspectiva teórica adotada.

Variação semântica

Os significados de um mesmo item lexical podem variar no âmbito de uma língua, em função de fatores sociais e cognitivos. Do mesmo modo, línguas distintas podem apresentar estruturas semânticas bastante diferenciadas.

Variação semântica intralinguística

Com relação à variação semântica intralinguística, é interessante observar as variedades europeia e brasileira da língua portuguesa. Se partirmos da palavra *frigorífico,* já poderemos perceber sentidos diferentes nos dois países. No Brasil, a palavra indica um armazém refrigerado onde se estocam as carnes após o abate do boi; já em Portugal, a palavra é usada para referência ao objeto que designamos aqui por *geladeira.* O objeto *geladeira* também tem outra denominação em variedades africanas do português. Em Moçambique e Angola, usa-se *geleira,* termo que, por sua vez, é usado no Brasil para falar de uma espessa massa de gelo formada em camadas sucessivas de neve compacta.

Silva (2012) adota um modelo baseado no uso, no âmbito do campo emergente denominado Sociolinguística Cognitiva, para enfocar a variação intralinguística em português, investigando divergências lexicais entre o português europeu e o português brasileiro. Com relação às escolhas lexicais, o autor aponta quatro tipos de variação, a saber:

- Variação onomasiológica formal – diferentes expressões alternativas para designar um mesmo conceito (ex.: *goleiro* (bras.) e *guarda-redes* (port.)).
- Variação onomasiológica conceptual – diferentes expressões alternativas para designar diferenças conceptuais em relação a um mesmo referente (ex.: *goleiro/guarda-redes* x *jogador* – nesse caso, o mesmo referente pode ser apresentado de forma mais específica ou mais genérica).
- Variação semasiológica – diferentes sentidos ou referentes para uma mesma expressão (ex.: *deixar – abandonar, permitir, ir-se embora*).
- Variação contextual – relacionada à situação comunicativa e aos aspectos interacionais do ato de fala (ex.: gêneros de discurso).

Os três primeiros tipos de variação estão associados a diferentes fenômenos de saliência lexical. A saliência semasiológica envolve as noções de prototipicidade[8] e polissemia, de modo que alguns sentidos de uma mesma palavra são mais representativos, em termos de frequência ou de coerência semântica, do que outros. Por exemplo, os sentidos de *abandonar* e *permitir* do verbo *deixar* são mais salientes do que o sentido de *ir-se embora*.

Já a saliência onomasiológica conceptual está relacionada aos níveis de categorização. Conforme demonstrado nos experimentos clássicos da psicóloga Eleanor Rosch, as categorias envolvem elementos de nível superordenado (ex.: *vestuário*), básico (ex.: *saia*) e subordinado (ex.: *minissaia*). Assim, a saliência na variação onomasiológica conceptual privilegia o chamado nível básico das hierarquias lexicais e o grau de familiarização de determinados itens lexicais em relação a outros do mesmo paradigma. Por exemplo, *saia* e *calça*, por serem categorias de nível básico, são mais salientes do que *minissaia* e *jeans*. A saliência na variação onomasiológica formal, por sua vez, consiste na prevalência sociolinguística entre sinônimos denotacionais, de modo que determinados termos são geográfica, social ou estilisticamente mais salientes do que seus sinônimos. Por exemplo, nas diferentes regiões do Brasil, a mesma fruta pode ser denominada tangerina (Rio de Janeiro), mexerica (Goiás, Minas, Espírito Santo e São Paulo), bergamota (Rio Grande do Sul), mimosa (Curitiba) ou poncã (Mato Grosso e Mato Grosso do Sul). Nesse caso, a variação onomasiológica formal está relacionada a aspectos geográficos. Silva conclui sua proposta argumentando que "[...] estudar a saliência lexical é estudar a interação entre estrutura e uso, já que a saliência é a manifestação do uso na estrutura – algumas partes da estrutura são mais importantes do que outras, justamente porque são mais usadas." (Silva, 2012: 4).

A relação entre estrutura e uso também afeta a variação onomasiológica interlinguística. É o que veremos na seção subsequente.

Variação semântica interlinguística

Quando tratamos de variação morfológica, ilustramos nossa discussão com a questão da marcação de plural do ponto de vista intralinguístico e interlinguístico. Nesta seção, chamaremos atenção para a marcação da individuação e da pluralização, como forma de ilustrar a variação semântica interlinguística.

Em estudo que contrasta o português e o karitiana,[9] Muller (2009) aponta diferenças importantes no que se refere à marcação de plural. A autora inicia a discussão apresentando os seguintes exemplos do português:

(46) João comeu cobra.

Paráfrase lógica: *Existe pelo menos uma cobra e existe pelo menos um evento em que João comeu cobra.*

(47) João comeu cobras.

Paráfrase lógica: *Existem pelo menos duas cobras e existe pelo menos um evento em que João comeu cobra.*

Enquanto em (46) João pode ter comido uma ou mais cobras, em (47), João deve ter comido pelo menos duas cobras. Em ambos os casos, o evento pode ter ocorrido uma ou mais vezes (já que o verbo é neutro com relação ao número de eventos).

Em karitiana, por outro lado, não há como expressar a diferença correspondente aos significados de (46) e (47), já que não há possibilidade de marcação de número nos nomes, mas apenas no verbo (Müller, 2009). Observemos os seguintes exemplos:

(48) João naka'yt   boroja
      João Ø-naka-'y-t   boroja
      João 3-DECL-comer-NFUT cobra
      João comeu cobra

Paráfrase lógica: *Existe pelo menos uma cobra e existe pelo menos um evento de João comer cobra.*

(49) João naka'yt-yt   boroja
      João Ø- naka-'y-t-'y-t   boroja
      João 3-DECL-comer-DUPL-NFUT cobra
      João comeu cobra (mais de uma vez)

Paráfrase lógica: *Existiram pelo menos dois eventos de João comer cobra.*

A sentença (48) é neutra para o número de cobras, já que não é possível marcar *boroja* para singular ou plural. Se quisermos descrever uma situação que envolva mais de uma cobra, teremos de pluralizar o verbo, como em (49). Entretanto, os significados das sentenças em português e em karitiana não são totalmente equivalentes. As sentenças do português se diferenciam entre si pelo número de cobras envolvidas no evento. Já as sentenças do karitiana diferem uma da outra pelo número de eventos envolvidos. A sentença (47) do português, por exemplo, indica que João comeu mais de uma cobra. Já a sentença (49) do karitiana refere-se apenas a situações em que existem dois ou mais eventos de comer cobra. Nesse caso, poderíamos ter várias cobras sendo comidas em diferentes ocasiões ou, ainda, a mesma cobra sendo comida, também em diferentes ocasiões. Essa última interpretação não é possível para a sentença do português.

Outra variação semântica interlinguística está relacionada a diferenças onomasiológicas conceptuais, que podem ser tratadas a partir do conceito de *frame*, termo cunhado por Charles Fillmore para designar um sistema estruturado de conhecimentos, armazenados na memória de longo prazo e organizados a partir da esquematização da experiência.[10] Em português, temos as palavras *bala* e *doce*, que pertencem ao mesmo campo semântico, mas têm significados distintos (ex.:: *bala de coco* não é o mesmo que *doce de coco*). Essa distinção, entretanto, não é relevante em inglês, que agruparia os dois tipos de guloseimas sob o rótulo *candy*.

Inversamente, em inglês, há as palavras *stair* e *ladder*, que designam, respectivamente, a estrutura arquitetônica cuja função é permitir o acesso a andares diferentes de uma construção (*frame* arquitetônico) e objeto de madeira ou metal utilizado para elevar o próprio corpo a lugares mais altos (*frame* de deslocamento vertical no espaço). Em português, a palavra *escada* pode ser relativizada a um único *frame*, que prioriza a função de auxiliar o corpo a se deslocar verticalmente no espaço, independentemente das características estruturais do objeto em si.

Variação pragmática

Em relação aos fenômenos pragmáticos, a situação não é diferente daquela observada com relação aos outros níveis. Observam-se variações intralinguísticas e interlinguísticas importantes, como veremos a seguir.

Variação pragmática intralinguística

Com relação às diferenças entre variedades de uma mesma língua, retomemos o contraste entre o português europeu e o português brasileiro. Se partirmos de um pedido simples de informação como *Por favor, onde se acende a luz?*, já se podem observar diferenças importantes de interpretação. Os brasileiros responderiam a essa pergunta, indicando o lugar onde está localizado o interruptor (ex.: *ao lado do espelho*); já os portugueses responderiam apenas *no interruptor*.

A questão é que, para os portugueses, a resposta só poderia ser a indicação do lugar onde fica o interruptor se a pergunta fosse algo como *Poderia me informar onde fica o interruptor?* Já os brasileiros, pressupondo que a informação de que se usam interruptores para acender a luz já seja compartilhada, interpretam a pergunta como um pedido indireto de informação sobre a localização do interruptor.[11]

Variação pragmática interlinguística

No âmbito interlinguístico, uma área importante de variação pragmática é a que envolve a estrutura da conversação. Embora as trocas conversacionais obedeçam a regras específicas de tomada de turno, formação de pares adjacentes e pré-sequências (ver Sacks, Schegloff e Jefferson, 1978), essas regras apresentam grandes variações culturais e são responsáveis por grande parte dos problemas de comunicação entre pessoas de culturas diferentes.

Em um estudo clássico sobre comunicação intercultural, Scollon e Scollon (1983) analisaram trocas conversacionais entre falantes nativos de inglês (canadenses) e falantes indígenas do povo athabasco.[12] Entre os padrões culturais dos athabascos, por exemplo, espera-se que participantes de uma interação conversacional façam uma pausa de cerca de 1.5 segundos entre turnos e não falem sobre o futuro em início de conversa. Como essas expectativas não existem entre canadenses falantes de inglês, esses participantes tomam o turno antes que seu interlocutor indígena desenvolva completamente sua ideia, além de tocarem em assuntos inadequados do ponto de vista dos valores culturais athabascos. Scollon e Scollon (1983) concluem que diálogos verdadeiros entre os dois grupos raramente ocorrem, e a incompreensão mútua dá lugar a estereótipos de que os falantes de inglês são egocêntricos, e de que os athabaskos não possuem ideias próprias.

Em suma, as variações intralinguísticas e interlinguísticas estão tão presentes na Pragmática quanto em todos os outros níveis de análise. O desafio da Linguística é, portanto, descrever e explicar essas variações em termos de generalizações relevantes que possam lançar luz a respeito da capacidade da linguagem no ser humano.

Texto de apoio 1 – Algumas considerações sobre o tempo na variação e mudança

Se os estudos sobre variação linguística tiveram grande impacto sobre a compreensão da estrutura das línguas a partir da segunda metade do século XX, a mudança linguística já vinha sendo tratada desde a primeira metade século XIX, com o trabalho dos gramáticos histórico-comparatistas. Nesse período, grupos de historiadores da linguagem se empenhavam na *busca da protolíngua*, utilizando o método da reconstrução comparada, por meio do qual eram comparadas diferentes línguas. Assim, se os sistemas A, B e C apresentassem semelhanças significativas, esses historiadores buscavam reconstruir o sistema D, a protolíngua, que teria uma ascendência em relação aos sistemas A, B e C.

Mais especificamente, os gramáticos comparatistas selecionavam palavras cognatas de vários sistemas, que apresentassem semelhanças de forma e significado, para compará-las e, assim, chegar às formas originais na protolíngua. Para ilustrar o método, observemos o seguinte quadro, que apresenta a palavra que designa *nora* em línguas com suposta relação genético-histórica:

Quadro 3 – Palavras semelhantes em forma e conteúdo designando *nora*

sânscrito	eslavo	inglês antigo	latim	grego	albanês
snusa	snukha	snoru	nurus	nuos	nuse

Assumindo-se que as línguas do Quadro 3 provêm de uma mesma protolíngua (ou língua-mãe), é possível estabelecer um conjunto de correspondências entre as palavras cognatas. Quanto ao segmento inicial, pode-se supor que a palavra também começava com *sn* na protolíngua, já que o sânscrito, o eslavo e o inglês antigo apresentam itens iniciados por *sn*. A primeira vogal é *u* em todas as línguas, podendo, portanto, ser admitida como também presente na língua-mãe. Prosseguindo a análise minuciosa dos demais fonemas dessa mesma palavra, os comparatistas sugeriram uma forma original **snusos*, com asterisco indicador de que se trata de uma palavra hipotética, não atestada. Tem-se, assim, uma possível palavra do protoindo-europeu.[13]

O método de reconstrução comparada deu origem ao conceito de árvores de famílias linguísticas, tradicionalmente creditado a August Schleicher. Para ilustrarmos esse conceito, vejamos, na Figura 7, como se organiza uma parte da família indo-europeia e os subgrupos que a compõem.

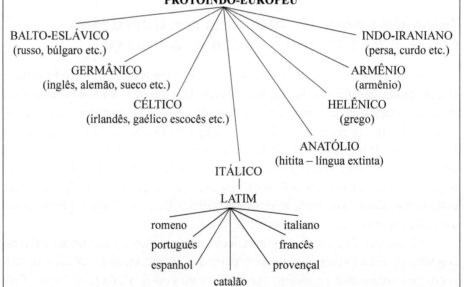

Figura 7 – Visão parcial da família linguística indo-europeia

O método de reconstrução comparada, entretanto, foi questionado pelo manifesto neogramático, escrito por Osthoff e Brugmann, em 1878. O manifesto é enfático ao apontar erros de concepção no modelo histórico-comparativo, principalmente no que se refere à fixação do método em aspectos físicos da fala humana. Para os neogramáticos, a atuação de fatores psicológicos nas mudanças e inovações fonológicas e os casos de analogia no sistema precisavam ser levados em conta. Além disso, o apego da reconstrução comparada à língua escrita dos documentos é visto pelos neogramáticos como excessivo e equivocado, por deixar de lado precisamente os estágios mais recentes das novas línguas indo-europeias, os *dialetos vivos*.

Um dos princípios mais importantes da escola neogramática é o da regularidade da mudança, que determina que a mudança fonológica acontece de acordo com leis imperativas, de modo que todas as palavras em que aparece, no mesmo contexto, o som sujeito à mudança são afetadas pela mudança, sem exceção. O princípio da regularidade vinculava-se essencialmente à fonologia; as eventuais exceções eram explicadas pela analogia, no âmbito da gramática (morfologia, sintaxe e semântica).

Assim, pode-se explicar a mudança de todas as palavras iniciadas por /k/ em latim para /s/, /ʃ/, ou mesmo /k/, em francês, com base no princípio neogramático de regularidade, já que o condicionamento à mudança, nesse caso, pode ser explicado com base em hipóteses fonético-fonológicas. Por exemplo, o /k/ em latim manteve-se como /k/ em francês sempre que o segmento seguinte era uma consoante ou a vogal posterior /o/. Esse é o caso da palavra *chave*, que partindo da forma *clavis* (/kla:vis/), em latim, mudou para *clef* (/kle/), em francês; e também da palavra *corpo*, que passou de *corpus* (/korpus/), em latim, à forma *corps* (/kɔr/), em francês. Já os segmentos /s/ e /ʃ/ aparecem, respectivamente, nos contextos em que o /k/ latino era seguido das vogais anteriores /e/ e /i/ (ex.: /<u>ki</u>vitas/ → /site/; /<u>ke</u>ra/→ /sir/[14]), e nos contextos em que /k/ antecedia a vogal média-central /a/ (ex.: /karus/ → /ʃɛr/[15]).

Por outro lado, não há como explicar o particípio passado inglês *swelled* a partir da forma *swollen,* existente em um estágio do inglês antigo, com base em princípios fonético-fonológicos. Conforme ilustrado em Lehmann (1962), apenas a analogia é capaz de explicar a criação dessa forma. Vejamos o Quadro 4:

Quadro 4 – Analogia na criação do particípio passado *swelled*

Fell	shell	swell
Felled	shelled	X

Como demonstra a quadro acima, os padrões de flexão do particípio passado dos verbos *fell* e *shell* serviram de parâmetro à analogia, permitindo a criação da forma *swelled*.

No início do século XX, Ferdinand de Saussure, herdeiro da escola neo-gramática, propõe uma importante distinção entre diacronia (substituição de um elemento por outro no tempo) e sincronia (relação entre elementos simultâneos), com o objetivo de evidenciar a primazia dessa última. Para o autor, o aspecto sincrônico prevalece sobre o diacrônico, na medida em que para a massa falante ele constitui a verdadeira realidade.

Na segunda metade do século XX, entretanto, com o surgimento da Socio-linguística Variacionista, a teorização sobre mudança linguística passou por nova revisão. Em texto clássico publicado em 1968, Weinreich, Labov e Herzog (daqui por diante, WLH) procuram romper com a relação entre estrutura e sincronia, de um lado, e história evolutiva e diacronia, de outro. Os autores aproximam sincronia e diacronia às noções de estrutura e funcionamento, constatando o vínculo necessário entre variação sincrônica e mudança diacrônica. Afinal, para que os sistemas mudem, é preciso que tenham sofrido antes algum tipo de variação sistemática, a chamada heterogeneidade sistemática, que, por sua vez, poderá provocar processos também sistemáticos de mudança.

Dentro da perspectiva delineada acima, a proposta de WLH (1968) preconiza a busca de ordem na aparente desordem, a partir de cinco objetivos principais:

- Estabelecer o conjunto de mudanças possíveis e de condições possíveis de mudança que podem ocorrer em estruturas de um determinado tipo.
- Determinar o modo pelo qual as mudanças se encaixam na matriz linguística e extralinguística na qual as formas em questão ocorrem.
- Investigar o modo pelo qual as mudanças são avaliadas em termos de seus efeitos na estrutura linguística, no que se refere à eficácia comunicativa e aos inúmeros fatores pragmáticos envolvidos na fala.
- Identificar os estágios intermediários que podem ser observados entre duas formas de uma língua associada a uma determinada comunidade linguística, em momentos diferentes no tempo.
- Explicar o motivo pelo qual mudanças em um determinado traço estrutural ocorrem em uma língua específica num dado momento, mas não em outras línguas que possuem o mesmo traço, ou na mesma língua em momentos diferentes.

Satisfeitos esses cinco pontos, WLH (1968) acreditam que teorias preditivas possam começar a ser propostas, embora reconheçam que os dois últimos pontos sejam menos permeáveis à observação. Com relação ao encaixamento da mudança no sistema linguístico (segundo item), pode-se ilustrá-lo a partir da observação de alguns fenômenos no processo de mudança do latim ao português, como veremos na seção seguinte.

Variação e mudança: do latim ao português

Para ilustrar as inter-relações entre variação e mudança, retomemos o percurso histórico do latim ao português, destacando aspectos morfológicos e sintáticos. A discussão aqui apresentada tomará por base a contribuição de Fernando Tarallo sobre o assunto, no livro *Tempos linguísticos: itinerário histórico da língua portuguesa*, publicado em 1990.

De acordo com o autor, as mudanças observadas nesse percurso podem ser divididas em encaixadas e não encaixadas. As primeiras podem ser explicadas a partir de mudanças acontecidas em outras partes da gramática; as últimas refletem diferenças entre as modalidades falada e escrita de uso linguístico.

No âmbito da morfologia, a mudança não encaixada pode ser ilustrada a partir da substituição da forma sintética do futuro imperfeito do indicativo, *amabo* e *audiam*, pela forma perifrástica no latim falado, *amare habeo* e *audire habeo*, em função do registro linguístico (e não de alterações em outras partes da gramática). A questão do surgimento do artigo nas línguas românticas também exemplifica um ganho morfológico não encaixado. Os autores são unânimes em apontar que o latim clássico não possuía artigo, tendo essa classe de palavras surgido apenas na fase pré-romanço, nos últimos momentos do latim falado. Além disso, é tradicionalmente aceito que o artigo definido em português provém do pronome dêitico demonstrativo *ille* em sua forma acusativa. Vejamos:

- Masculino singular: illu > elo > lo > o
- Feminino singular: illa > ela > la > a
- Masculino plural: illos > elos > los > os
- Masculino plural: illas > elas > las > as

A trajetória apontada acima não é exclusiva do português, mas parece ter ocorrido em várias outras línguas. Conforme apontado por Traugott (1982, 1989),

112 A Línguística no século XXI

artigos definidos em inglês também provêm historicamente de formas dêiticas, e são exemplos de processos de subjetificação do significado. Mais recentemente, Ferrari e Sweetser (2012) retomam essa proposta, no âmbito da teoria dos espaços mentais, argumentando que para estabelecer a referência de um sintagma nominal definido não basta que falante/ouvinte a ancorem no espaço referente à situação comunicativa imediata (tecnicamente denominado *Ground*), mas é necessário acessar espaços mais implícitos (subjetivos), como aquele que estrutura a avaliação do falante em relação aos processos epistêmicos do ouvinte (ex.: informação nova ou dada), por exemplo.

De qualquer forma, a mudança que se verifica nesses casos não sofre pressão de outras áreas da gramática, mas parece decorrer de exigências semântico-pragmáticas, que podem ser explicitadas através do Princípio do Poder Expressivo Maximizado. Em linhas gerais, esse princípio prevê que o inventário de construções deve ser maximizado para fins comunicativos.[16]

Como aponta Tarallo (1990), há, entretanto, outro tipo de mudança, que se caracteriza pelo encaixe em mudanças ocorridas em outras partes da gramática. Dentre as mudanças desse tipo, o surgimento de preposições representou um importante ganho morfológico. O número de preposições, já tendo sofrido aumento no latim vulgar, aumenta ainda mais em língua portuguesa, de modo que outras classes de palavras passaram a ter também valor de preposição. Como aponta Coutinho (1969), esse é o caso de adjetivos (*segundo, conforme* etc.), particípios passados (*salvo, exceto, junto* etc.) e particípios presentes (*tirante, mediante* etc.).

Embora esse processo, tal como o surgimento do artigo definido, também possa ser associado a motivações semântico-pragmáticas e cognitivas,[17] o emprego das preposições para indicar relações entre constituintes, que se tornou frequente no latim vulgar, resulta, principalmente, da eliminação dos casos do latim clássico. Trata-se, portanto, de uma mudança encaixada. Por exemplo, na expressão *filho do homem*, a preposição *de* passou a indicar aquilo que em latim clássico seria expresso por uma desinência de caso genitivo (*fillium hominis*).

Na verdade, a perda das marcas de caso caracterizou uma mudança tão significativa que se refletiu na sintaxe com a fixação da ordem vocabular. De início, como as funções gramaticais do latim clássico eram transparentes, reveladas na própria forma, as palavras apresentavam bastante autonomia com relação à ordem de ocorrência na sentença. Dada a reorganização fonético-fonológica, que deu início a um processo de queda das marcas de caso já no latim falado, uma nova sintaxe teve que ser articulada. Se as formas deixam de ser transparentes com relação à função sintática, essa informação passa a ser veiculada a partir da ordem com que os constituintes aparecem na sentença. Tem-se assim a fixação da ordem vocabular, de modo que a ordem não marcada para a sentença passa a ser Sujeito-Verbo-Objeto.

Outro fenômeno encaixado de mudança em nível de sintaxe é a perda da possibilidade de deixar o sujeito fonologicamente nulo, que se observa no português brasileiro contemporâneo. Tendo em vista que a possibilidade de omissão do sujeito está associada à existência de concordância entre verbo e sujeito, o sistema tende a sofrer alterações com a diminuição da concordância, como já verificado por Naro e Lemle em 1977. Principalmente em verbos cujo plural apresenta menor grau de saliência fônica, formas como *eles fala* ao invés de *eles falam* são usuais. Sendo assim, o preenchimento do sujeito passa a ser requerido, como demonstra a pesquisa de Tarallo (1985) sobre a presença de pronomes pessoais retos na função de sujeito ao longo do tempo (de 23,3%, no início do século XVIII (1725), para 79,4%, na segunda metade do século XX (1982).

Em linhas gerais, os fenômenos aqui abordados ilustram a hipótese fundamental de WLH (1968) de que há uma íntima associação entre estrutura e heterogeneidade. Enquanto a identificação entre estrutura e homogeneidade, que permeava os trabalhos de linguística histórica, não conseguia explicar como o sistema continuaria a funcionar em períodos de mudança (em que a estrutura apresentaria características supostamente menos homogêneas), a hipótese da heterogeneidade sistemática sustenta que cada sincronia apresenta um sistema dinâmico e ativo de variação devidamente estruturada e em pleno funcionamento.

Texto de apoio 2 – O curso temporal do acesso às informações linguísticas na compreensão da linguagem

Há várias dimensões temporais e elas influenciam a linguagem de formas diferentes. No Texto de apoio 1, examinamos processos sincrônicos e diacrônicos e a relação entre eles. Contudo, há uma janela temporal diminuta que afeta a compreensão da linguagem *on-line* como uma blindagem. Argumenta-se aqui que, nessa janela, a capacidade biológica do homem para a linguagem o capacita a deslindar um código de complexidade estrutural estarrecedora em alguns milésimos de segundo. Nessa dimensão computacional, em sua maior parte inconsciente, é que se dá o processamento da linguagem. No capítulo anterior, "Métodos de investigação linguística", apresentamos essa importante noção de curso temporal do acesso às diferentes informações no processamento da linguagem. Lá argumentamos que as metodologias experimentais ditas *on-line*, por serem sensíveis ao curso temporal do processo de compreensão linguístico, em milésimos de segundo, teriam a capacidade de discriminar os fatores estruturais, isolando-os dos fatores semânticos e contextuais, na compreensão de frases e de palavras. Essas metodologias teriam, por isso mesmo, o potencial de contribuir para questões centrais sobre a arquitetura da gramática, podendo comparar modelos teóricos em termos de sua realidade psicológica.

No presente Texto de apoio, retomamos o tema para demonstrar que a noção de curso temporal constitui, de fato, uma convergência importante para a Linguística, tendo o potencial de permitir que as diferentes correntes possam testar adequadamente suas hipóteses.

A área da Psicolinguística que é conhecida como *processamento de sentenças* (*sentence processing*) tem sido caracterizada pela oposição entre duas classes de modelos incompatíveis. De um lado, modelos baseados no paradigma simbólico, tal como a Teoria do Garden Path,[18] que assume um processador em dois estágios (*parsing* e interpretação), propõem uma análise sintática inicial, serial e incremen-tacional, baseada em métricas de simplicidade, atrasando o acesso a informações semânticas e pragmáticas para a fase interpretativa, pós-sintática. De outro lado, modelos conexionistas,[19] baseados no paradigma de redes, propõem que o pro-cessador ativa em paralelo múltiplas fontes de informação que podem competir entre si, produzindo ativações com diferentes pesos. No âmbito da primeira classe de modelos, conforme discutido em Sanford e Sturt (2002), geralmente se supõe que os subprocessos modulares, que analisam o *input* linguístico na compreensão, são plenamente articulados, não só iniciando rapidamente, mas também se com-pletando de modo rápido e pleno. Nesse sentido, a verificação do curso temporal em que esses processos ocorrem tem tido implicações importantes para o esta-belecimento da arquitetura dos sistemas de representação e de compreensão da linguagem, permitindo trazer para o domínio empírico a análise dos processos de representação e acesso dos diferentes subconhecimentos que compõem a faculdade humana de linguagem que, segundo Chomsky (1995), seria composta, justamente, por um sistema cognitivo de representacão do conhecimento e por um sistema de desempenho que acessa e utiliza a informação linguística.

O estudo sistemático, através de metodologias cronométricas, do curso temporal da compreensão de diferentes construções linguísticas pode ser crucial para que se possam discutir adequadamente diferentes arquiteturas cognitivas, colocando em exame mais preciso tanto a relação competência/desempenho quanto os modelos de processamento que acabamos de citar, a saber, modelos de processamento serial e modelos de processamento em paralelo. A fundamentação desses tipos distintos de modelos tem como questão central a natureza das informações usadas pelo *parser* para guiar suas decisões de processamento e o momento de acesso a tais informações. Trata-se de determinar se o *parser* é estritamente sintático e serial em sua análise inicial ou se já acessa rapidamente, em paralelo, informações de natureza semântica, prosódica e pragmática a tempo de influenciar a análise sintática. Nesse sentido, determinar com maior precisão as condições dos conhecimentos especificados no acesso lexical, no processamento sintático, no processamento semântico e pragmático é fundamental para avançarmos nosso entendimento de questões relacionadas à representação e ao processamento, permitindo a proposição de arquiteturas linguísticas e psicolinguísticas adequadas.

Para ilustrar de modo mais concreto a importância da aferição do curso temporal na compreensão, relatamos a seguir, concluindo esta seção, dois estudos conduzidos por Maia, no âmbito do Laboratório de Psicolinguística Experimental da UFRJ, para investigar o processamento de Sintagmas Preposicionais (SP) ambíguos em português.

Um exemplo clássico da ambiguidade de análise sintática de SPs é a frase a seguir: *O guarda viu a turista com o binóculo*. Essa frase pode ter duas interpretações:

Interpretação 1:   Interpretação 2:

O guarda vê com o binóculo   A turista tem o binóculo

Inicialmente, em um estudo de 2003, Maia e alunos procuraram estabelecer, através de questionário, qual seria a preferência de interpretação de frases como essa, em que a gramática permite tanto a aposição do SP como adjunto adverbial do verbo *ver*, como na interpretação 1, ou como adjunto adnominal do nome *a turista*, como na interpretação 2. Adicionalmente, os autores também procuraram verificar se a preferência interpretativa poderia ser influenciada por um contexto prévio que, manipulando pressuposições pragmáticas, tornasse mais ou menos plausível a aposição do PP ao NP. Assim, apresentaram-se a 40 alunos de graduação da UFRJ duas versões de questionários, contendo 20 frases experimentais, como as exemplificadas abaixo, distribuídas em quadrado latino, entre 40 frases distratoras:

Contexto -Plausível: Havia um turista no parque. O guarda viu a turista com o binóculo.

Contexto +Plausível: Havia dois turistas no parque. O guarda viu o turista com o binóculo.

Quem estava com o binóculo? _____

O contexto -Plausível menciona um referente único, enquanto que o contexto +Plausível menciona dois referentes, pretendendo aumentar a plausibilidade de se

A Linguística no século XXI

restringir, pela aposição do SP ao SN, o universo dos referentes possíveis sobre o qual se faz a afirmação contida na frase. Os resultados do questionário são apresentados na tabela abaixo, em que se computam as respostas dadas às perguntas, quantificando-se as preferências interpretativas pela aposição do SP ao SV (aposição alta) ou ao SN (aposição baixa), cruzando-as com o contexto +/-plausível.

Tabela 9 – Resultados e percentuais por condição experimental

Plausib./Ligação	SP de SV	SP de SN
-Plausível	259 64,9%	141 35,1%
+Plausível	219 54,9%	181 45,1%

Observe-se que, mesmo no contexto mais plausível, não há preferência maior do que 50% pelo SN ($N = -1,91$, $p < 0,05$). De toda forma, o contexto teve forte influência sobre as respostas. No contexto mais plausível, houve um aumento significativo da proporção de preferência pela aposição ao SN ($t(399) = 2,90$; $p < 0,01$). Na condição mais plausível, há diferenças menos acentuadas em favor da aposição alta, computando-se número significativamente maior de aposições baixas, o que indica uma interação entre a manipulação do número de referentes no contexto anterior e a escolha da aposição baixa do SP, especificando o SN. Entretanto, em um estudo de questionário, nada se pode saber sobre o curso temporal do processo de compreensão.

Embora tenha se registrado uma interação significativa entre a informação sobre o número de referentes no contexto discursivo e a decisão de aposição sintática do sintagma preposicional, essa diferença na interpretação do SP poderia estar refletindo uma decisão de reanálise do processador, já que não se monitorou o processamento *on-line* da frase. Em outras palavras, o processador poderia haver se comprometido rapidamente com a aposição mínima, apondo o SP ao SV, evitando assim o SN complexo. Em um segundo passo, no entanto, antes de escrever a sua resposta, o leitor reanalisaria a decisão inicial, considerando então o fator pragmático, ou seja, a existência de mais de um referente possível no discurso tornaria mais plausível restringir-se o referente do SN, especificando-o pela aposição do SP.

Com o objetivo de se verificar se esse efeito registrado no estudo de questionário poderia também ser identificado já na fase inicial do *parsing* sintático, realizou-se em seguida um experimento *on-line* de leitura automonitorada, que registra os tempos médios de leitura das partes em que se dividem as frases, permitindo que se entretenham hipóteses acerca do curso temporal do processamento.

Projetou-se um experimento de leitura automonitorada, em que 24 sujeitos foram solicitados a ler, da forma mais natural e rápida, duas orações segmentadas, conforme indicado pelas barras oblíquas, nos exemplos seguintes. Cada sujeito foi exposto a 16 frases experimentais, apresentadas aleatoriamente com 32 distratoras, totalizando 48 frases. As frases experimentais distribuíam-se em quatro condições, a saber, +PB (+ plausível baixa), +PA (+plausível alta), -PB (-plausível baixa) e -PA (-plausível alta).

Quadro 5 – Exemplos das condições experimentais

+PB	Havia dois turistas no parque./ O índio / viu o turista / com a ferida aberta.
+PA	Havia dois turistas no parque./ O índio / viu o turista / com o binóculo preto.
-PB	Havia um turista no parque./ O índio / viu o turista / com a ferida aberta.
-PA	Havia um turista no parque./ O índio / viu o turista / com o binóculo preto.

Após a leitura de cada frase, cujos segmentos eram apresentados de maneira não cumulativa, pressionando-se a tecla amarela na *button box* (caixa de botões) acoplada ao computador *Macintosh*, seguia-se uma pergunta interpretativa sobre a frase, que devia ser respondida pressionando-se a tecla verde (sim) ou a tecla vermelha (não) na *button box*.

O experimento pretendeu testar duas hipóteses: (a) o Princípio da Aposição Mínima, que prediz a preferência imediata pela aposição alta do SP; e (b) a interferência de fatores não estruturais, tal como a pressuposição pragmática, no processamento *online*. A hipótese (a) seria confirmada caso a leitura do SP, apresentado no Segmento 4 de cada frase experimental, fosse mais lenta nas condições em que se forçava uma leitura baixa (+PB e –PB) do que nas condições onde a aposição alta (+PA e –PA) era possível. Isso deveria ocorrer, pois, sendo operativo em português, o Princípio da Aposição Mínima determinaria que a aposição do SP fosse feita inicialmente, como *default*, ao SV, computando-se o SN simples.

Comprometendo-se inicialmente com essa análise, o leitor entraria em um *garden path* nas frases em que se forçava a leitura baixa. Como essa análise não fazia sentido, o leitor começaria a sentir o efeito labirinto. O *garden path* ou efeito labirinto acontece quando, diante de uma ambiguidade, o leitor se compromete com uma análise linguística, a mais econômica, mas que não faz sentido. Para continuar, o leitor tem que voltar para as primeiras operações do processamento, tentando se comprometer com uma outra análise que o permita decodificar a mensagem. Tanto o efeito surpresa ao encontrar-se no *garden-path* quanto a revisão da decisão de aposição sintática inicial requereriam mais operações mentais do que as que seriam necessárias para processar as frases em que a aposição alta do SP era admitida, determinando o maior tempo de leitura dos SPs nas condições baixas. A hipótese (b) seria confirmada caso se detectassem diferenças significativas nos tempos de leitura dos SPs entre as condições +P e –P. Por exemplo, os SPs na condição –PB deveriam registrar tempos médios de leitura mais elevados do que os SPs na condição +PB se a pista sobre a pressuposição referencial fosse levada em conta rapidamente, assim como parece ter ocorrido na tarefa *off-line*.

Como se pode ver no gráfico abaixo, o experimento verificou que o Princípio da Aposição Mínima é operativo também nesse tipo de estrutura ambígua em português. O experimento demonstrou ainda não haver interação significativa entre a informação relativa à pressuposição pragmática e a aposição sintática preferencial do SP. Observe que as condições em que se forçou a aposição baixa apresentam os tempos de leitura mais altos, conforme predito. Os cruzamentos –PA x –PB apresentaram diferenças significativas, assim como os cruzamentos +PA x + PB. Também o cruzamento de PA (+PA e –PA) e PB (+PB e – PB) revelou-se significativo, indicando um efeito principal da interação entre a aposição alta ou baixa do SP e os tempos de leitura, indicativo do efeito *garden path* e da reanálise, conforme predito. Já os cruzamentos –P x + P não são significativos, nem com relação ao cruzamento de –PA x +PA (p = 0,8505), nem com relação ao cruzamento de –PB x +PB (p = 0,1244).

Gráfico 5 – Tempos médios de leitura

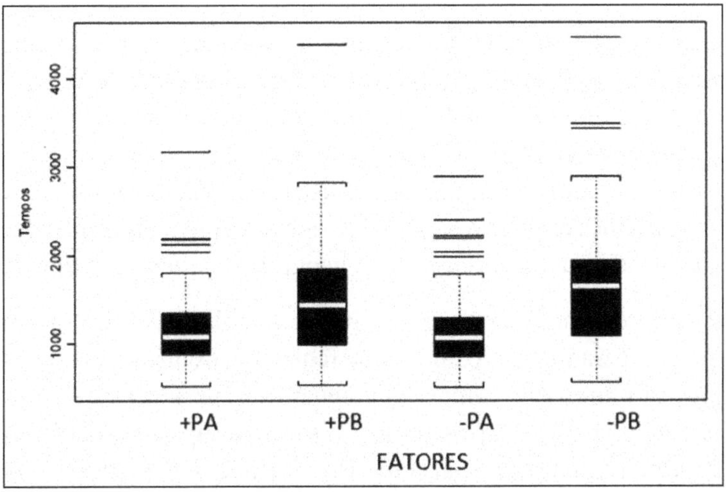

O gráfico sugere que as frases com B têm tempos médios de leitura maiores. Uma ANOVA com um fator (cujos níveis eram os tipos de frases) mostrou um resultado significativo ($F(3,355) = 18,03$, $p > 0$). Isso significa que há diferenças nos tempos de leituras para cada tipo de frase. Como as frases com B (aposição baixa) apresentam um tempo de leitura maior do que as frases com A (aposição alta), examinou-se o tempo de leitura considerando o fator com os níveis A e B utilizando uma 2X2 ANOVA. Os resultados da análise com A *versus* B e plausibilidade como fatores *within subject* mostraram um efeito principal de A *versus* B de ($F(1,356) = 49,62$, $p = 0$) com as frases A (1148,6ms) apresentando um tempo de leitura menor do que as frases B (1563,7ms). O efeito principal de plausibilidade não apresentou um resultado significante ($F(1,356) = 1,61$, $p = 0,21$).

Esses resultados indicam que o efeito de pressuposição pragmática obtido no experimento *off-line* não ocorreu no *parsing* sintático, mas apenas na fase interpretativa da compreensão, sendo o *parsing* impermeável a esse tipo de informação não estrutural.

Projetos de pesquisa

- Como vimos no capítulo, os casos de variação onomasiológica formal envolvem diferentes expressões alternativas para designar o mesmo conceito, como é o caso de *goleiro* (português brasileiro) e *guarda-redes* (português europeu). Levando em conta o domínio do futebol, faça uma pesquisa na internet e relacione casos de variação onomasiológica formal no português brasileiro. Após listar os exemplos, identifique o(s) fator(es) que influenciam a variação (ex.: geográficos, sociais, etários etc.).

- Para ser estudada sob a perspectiva da Sociolinguística, a fala precisa ser gravada e transcrita. A transcrição requer um treinamento específico, pois precisa representar o mais fidedignamente possível os dados gravados (incluindo pausas, falsos começos, reparos, superposição de vozes etc.). Para ter um contato inicial com essa atividade, sugerimos que você realize as seguintes tarefas:

  (i) Com o consentimento prévio dos participantes, grave um trecho de conversação espontânea, de aproximadamente cinco minutos.
  (ii) Escolha um sistema de normas de transcrição e transcreva o trecho gravado.
  Sugestão: Nos livros *Análise da conversação* (Marchuschi, 1986) e *O discurso oral culto* (Preti, 1999), você encontrará normas de transcrição que poderão ser usadas no seu projeto.

- Para fazer sua pesquisa sobre a realização ou não de /r/ final na fala nova-iorquina, Labov foi a uma loja de departamentos e fez uma pergunta cuja resposta levaria o falante a pronunciar obrigatoriamente uma palavra com /r/ final. Assim, perguntava aos seus informantes em que andar ficava o setor de calçados, sabendo de antemão que a pergunta os obrigaria a responder *fourth floor*. Inspirando-se nessa pesquisa, elabore um projeto para investigar uma variação fonológica que você tenha percebido existir em sua cidade. O projeto deve especificar os seguintes itens:
  a. o tipo de variação fonológica a ser investigada (ex.: [l] e [r] em bicicleta);
  b. o tipo de pergunta que poderá levar o informante a pronunciar a palavra que contém o fone sob investigação (ex.: o que as pessoas fazem na ciclovia?);
  c. o número de informantes a serem gravados;

d. a distribuição dos informantes de acordo com fatores geográficos (ex.: igual número de informantes da Zona Sul e da Zona Norte) e/ou sociais, tais como sexo, faixa etária, nível de escolaridade (ex.: igual número de homens e mulheres, distribuição homogênea por faixa etária etc.).

e. As hipóteses sobre os fatores que possam influenciar a variação.

• Um grupo de indivíduos portadores da Síndrome de Asperger (AS), um subtipo do autismo, quando ouve uma expressão idiomática como *chutar o balde* frequentemente apresenta em sua sintomatologia uma incapacidade de buscar outro significado diferente do literal. Para eles, *chutar o balde* significaria só *impulsionar o balde com o pé*, quando para muitas pessoas não portadoras de AS, a expressão pode significar também *agir sem se ater às consequências*. Marques (2011), em sua dissertação de mestrado do Programa de Linguística da UFRJ, testou indivíduos AS em comparação com indivíduos do grupo controle (GC), ou seja, indivíduos não portadores de AS, usando um método de avaliação neurofisiológica. Os participantes ouviam uma sentença introdutória (SI) falada por uma mulher e uma sentença comentário (SC) falada por um homem. A tarefa era dizer se a SI estava relacionado à SC, nas seguintes condições experimentais:

Condição 1: Não idiomático, relacionada
SI: O Joaquim pegou a faca. SC: Ele cortou o bife.
Condição 2: Não idiomático, não relacionada
SI: O João secou o cabelo. SC: Ele comeu o bolo.
Condição 3: Idiomático, relacionada
SI: O Pedro chutou o balde. SC: Ele deixou o emprego.
Condição 4: Idiomático, não relacionada se interpretada como idiomático
SI: O Carlos pulou a cerca. SC: Ele torceu o pé.

Os resultados mostraram que os AS foram semelhantes aos GC nas condições 1 e 2: compreenderam em janelas temporais compatíveis com as dos GC e responderam à tarefa de relacionar SI e SC, também acertadamente, como os GC.

Porém, nas condições 3 e 4, AS e GC contrastaram. Primeiramente, na condição 3, os AS interpretaram as SI como não relacionadas às SC, e, na condição 4, como relacionadas. Os GC interpretaram a condição 3 como relacionada e a 4 como não relacionada. Mais interessante ainda foi o curso temporal. Os AS foram significativamente mais rápidos dos que os GC na compreensão das condições 3 e 4. Sua tarefa nesse projeto é pensar em como esses resultados temporais podem fazer sentido. Por que as condições idiomáticas demoram mais para os GC? Por que os GC demoraram mais para entender as condições 3 e 4 do que as condições 1 e 2? Quais hipóteses você pode lançar para isso? Se você quiser saber mais sobre essa dissertação de Marques (2011), ela está acessível, na íntegra, em: <http://www.poslinguistica.letras.ufrj.br/wp-content/uploads/2013/03/fernanda-botinhao.pdf>.

NOTAS

[1] Pão/banho; apelação/belo; cachorro/agrião, respectivamente.

[2] Ver Braga (1977); Guy (1981); Scherre (1996a, 1996b).

[3] Termo técnico para referência genérica a pronomes relativos (*que, quem, cujo* etc.) e interrogativos (*que, quando, qual* etc.).

[4] Para a abordagem sociolinguística, ver Mollica (1977); com relação ao tratamento da variação no modelo gerativista de Princípios e Parâmetros, ver Tarallo (1983) e Kato (1993).

[5] A língua urubu pertence à família tupi-guarani e é falada por uns 500 indígenas na região nordeste do Brasil.

[6] O hindi é uma língua indoariana, derivada do sânscrito e falada por 70% dos indianos, principalmente no norte, centro e oeste da Índia.

[7] Agradecemos ao Professor Gustavo Paiva Guedes e Silva por nos ter chamado a atenção para a existência dessas construções.

[8] Ver Rosch (1973) e Taylor (1995).

[9] O povo karitiana pertence ao tronco linguístico família tupi-ariken e vive em área localizada em Rondônia.

[10] Ver Fillmore (1982) e Ferrari (2011).

[11] Agradecemos à professora Doutora Gabriela Matos, da Universidade de Lisboa, pelos esclarecimentos referentes a esse assunto.

[12] As línguas athabaskans são faladas por indígenas que vivem no Alaska e no noroeste do Canadá. Nos Estados Unidos são faladas também na Califórnia e no Óregon.

[13] O termo indo-europeu indica um grande grupo de línguas faladas, antiga e modernamente, na Europa e Ásia Ocidental.

[14] Palavras correspondentes a *cidade* (*civitas, cité*) e cera (*cera, cire*).

[15] Palavras correspondentes a *caro* (*carus, cher*).

[16] De acordo com Goldberg (1995), as línguas refletem uma constante tensão entre o *Princípio do Poder Expressivo Maximizado*, associado à maximização da capacidade expressiva das línguas, e o *Princípio da Economia Maximizada*, que prevê que o número de construções deve ser minimizado tanto quanto possível.

[17] Ferrari (1998) apresenta uma proposta de análise dos processos semântico-cognitivos que atuaram na gramaticalização das preposições *durante, exceto* e *segundo*, sob a ótica da Linguística Cognitiva.

[18] A Teoria do *Garden Path* foi proposta inicialmente em Frazier e Fodor (1978), Frazier (1979) e Frazier e Rayner (1982).

[19] Modelos conexionistas em Linguística são apresentados, em detalhe, por exemplo, em MacDonald, Pearlmutter e Seidenberg (1994); Trueswell, Tanenhaus e Garnsey (1994); Trueswell, Tanenhaus e Kello (1993).

PARTE 2
DIVERGÊNCIAS

O debate *Nature* x *Nurture*

Em 1998, a psicóloga Francine Patterson da Universidade de Stanford, nos Estados Unidos, levou Koko, uma gorila nascida em 1971, a um programa infantil ao vivo na televisão. Desde o nascimento, Koko estava sendo treinada pela dra. Patterson em Língua de Sinais Americana e sinalizava com facilidade. Mas a chamada do programa ao vivo anunciava mais: Koko iria pronunciar uma palavra no ar. Isso porque, segundo a dra. Patterson, Koko vinha imitando com precisão os gestos orofaciais de sua treinadora. A gorila fez muitos truques no ar e encantou a todos. Mas realmente não falou uma só palavra. Será que ficou tímida? Sempre fica a dúvida, pois uma máxima científica a qual devemos sempre estar atentos é que a falta de evidência não é evidência da falta. Neste capítulo, no Texto principal você vai conhecer duas posições contrárias a respeito da constituição humana: somos mais fruto do determinismo biológico da nossa espécie (genes) ou da cultura e experiência social? Podemos ensinar outras espécies a falar? Quais são os limites? Em seguida, nos dois textos que se seguem, você vai explorar os argumentos de cada lado do debate visitando os limites da genética e do meio social na formação do homem. O debate *Nature* x *Nurture* é acirrado e contrasta aspectos fundamentais em cada ser humano. Qual é preponderante em você? Essa pergunta tem propósito ou se pode assumir uma posição conciliadora que vê os dois aspectos sempre envolvidos em trocas dinâmicas?

Texto principal

Somos o resultado de nossa genética, que atua inexoravelmente para moldar o que somos *de dentro para fora*, ou somos determinados *de fora para dentro*, pela experiência sociocultural do ambiente em que estamos inseridos?

126 A Línguística no século XXI

O debate *Nature* x *Nurture* (Natureza x Cultura) constitui, provavelmente, uma das mais antigas dicotomias intelectuais da humanidade, com reflexos na Filosofia, na Antropologia, na Psicologia e na Linguística. Note-se que, de fato, o binômio inglês *Nature x Nurture*, cunhado pelo antropólogo inglês Francis Galton (1822-1911), quando traduzido como *Natureza e Cultura*, perde tanto em eufonia quanto na precisão do significado, pois *nurture* (nutrir) indica mais diretamente a contribuição do ambiente do que o termo cultura. É comum rastrear as origens do binômio na Antiguidade Clássica, em que os conceitos de *physis* (a realidade natural) e de *nomos* (a realidade cultural) participavam, em diferentes medidas, da constituição dos fundamentos dos sistemas filosóficos. Para Platão (427-347 a.C.), o conhecimento deriva principalmente das lembranças ou da anamnese de predisposições intrínsecas, já presentes no nascimento. Dessa forma, no Idealismo Platônico, o real seria uma externalização da Ideia.

É bem conhecido, na obra de Platão, o diálogo em que Sócrates demonstra a Mênon que seu servo, ainda que jamais tenha frequentado qualquer escola, possui essencialmente o conhecimento dos fundamentos da geometria. Sócrates faz o escravo se lembrar de coisas que nunca lhe haviam sido ensinadas. Assim, ele prova ao senhor do escravo que até mesmo aquele homem que nunca tinha tido um professor sabia coisas que certamente já estavam dentro dele ao nascer. Platão formula um questionamento fundamental que norteia parte do pensamento linguístico atual: como podemos saber tanto com tão pouca evidência? Esse questionamento, conhecido como o Problema de Platão, expressa a lógica de que as evidências linguísticas ao redor da criança não seriam suficientes para desencadear o conhecimento linguístico que os bebês exibem. Portanto, o conhecimento linguístico envolveria uma quantidade de estrutura inata ao homem.

Por outro lado, Aristóteles (384-322 a.C.), discípulo de Platão, divergiu radicalmente de seu mestre. No Realismo aristotélico, os humanos não nasceriam com conhecimentos, mas os adquiririam somente pela experiência. Para Aristóteles, nasceríamos como *tabula rasa*, folha de papel em branco, desprovidos de qualquer ideia prévia; sendo assim, completamente dependentes da experiência externa para adquirir conhecimento.

A discordância entre os dois filósofos gregos estará presente, em diferentes medidas, em toda a história do pensamento, subsequentemente. Na Idade Média, a Patrística de Santo Agostinho (354-430) tem base platônica, enquanto que a Escolástica de São Tomás de Aquino (1225-1274) é influenciada pelo Realismo aristotélico. Na era moderna, o debate é renomeado como *racionalismo* x *empirismo*, opondo, de um lado, por exemplo, o filósofo e matemático francês, adepto das ideias inatas, René Descartes (1596-1650) ao filósofo inglês John Locke (1632-1704), proponente do empirismo. Embora o filósofo alemão Wilhelm von Leibniz (1646-1716) inove ao propor uma espécie de caminho do meio, que tenta conciliar os dois polos, afirmando a existência de certas ideias inatas que seriam trazidas à superfície pela experiência empírica, o debate está longe de ser resolvido. Mesmo com Kant, que também reformula o conceito de ideia inata em termos de categorias apriorísticas, propondo que tais categorias permaneceriam vazias, a menos que preenchidas pela experiência dos sentidos, o debate certamente não se resolve e chega ao século XX opondo, na Antropologia, Universalismo a Relativismo; na Psicologia, Behaviorismo a Nativismo; e na Linguística, Estruturalismo a Gerativismo.

O Relativismo antropológico tem uma natureza metodológica, procurando garantir que o pesquisador não projete suas categorias intrínsecas na descrição e análise de outras culturas. A postura relativista procura, portanto, evitar o etnocentrismo, controlando a metodologia e a metalinguagem analítica, de modo a não submeter aspectos da cultura e da língua do outro a aspectos da cultura e da língua do observador. Nesse sentido, Pike (1912-2000), partindo da diferença entre fonética e fonêmica, propõe diferir uma perspectiva *ética* de uma perspectiva *êmica* no estudo de uma língua e também no estudo de diferentes aspectos de uma cultura. Uma abordagem *ética* procura ser culturalmente neutra, enquanto uma abordagem *êmica* adota categorias específicas de uma dada cultura. A abordagem *ética* seria mais naturalística, em contraste com a abordagem *êmica*, mais culturalística.

De uma perspectiva universalista, categorias gramaticais como NOME e VERBO, por exemplo, seriam existentes em todas as línguas. Em Chomsky (1970), essas categorias são mesmo consideradas como propriedades definidoras de outras categorias gramaticais, universalmente. Assim, o verbo conteria os traços [+V, -N]; o nome teria os traços [+N, -V]; o adjetivo, os traços [+N, +V]; e a preposição, os traços [-N, -V]. Entretanto, contra esse universalismo, está uma importante tese relativística, apresentada no início do século XX por Edward Sapir e Benjamim Lee Whorf. Na hipótese do relativismo linguístico, também conhecida como Hipótese Sapir-Whorf, a língua molda a visão de mundo que se assume. Assim, seria concebível, por exemplo, que categorias NOME e VERBO não sejam universais, como proposto desde os antigos gregos, que teriam feito dessa diferença uma *lei da razão*. Whorf (1897-1941) argumenta que, na língua indígena norte-americana hopi, tal distinção não seria natural, e que forçá-la como distinção universal para analisar o hopi só levaria à análise da tradução do hopi para o inglês e não da língua hopi em si mesma.

Na Psicologia, o behaviorismo ou comportamentalismo inspirou-se, inicialmente, nas ideias do russo Ivan Pavlov, que, como vimos no primeiro capítulo, desenvolveu a Teoria dos reflexos condicionados, a partir de uma série de estudos experimentais de condicionamento comportamental com cães.

O foco das diferentes teorias behavioristas era, fundamentalmente, o comportamento observável e não os processos mentais. Assim, o behaviorismo era profundamente antimentalista, filiando-se à tradição filosófica empirista. O psicólogo norteamericano B. F. Skinner desenvolveu o conceito de condicionamento operante, através do qual um estímulo discriminativo S aumentaria a probabilidade de ocorrência de uma resposta R. À diferença de outros modelos behavioristas, no modelo de Skinner, o condicionamento ocorre se, após a resposta R, há um reforço positivo ou negativo.

Versões anteriores da Psicologia behaviorista exerceram influência em Linguística, como se observa, por exemplo, na obra *Language*, de Leonard Bloomfield (1933), em que se propõe que o significado de um elemento linguístico deve ser analisado com base na situação em que é emitido e não como um evento mental. O behaviorismo bloomfieldiano, conhecido como *Teoria Jack & Jill*, é ilustrado por uma fábula, em que Jack e Jill estão passeando por uma estrada, quando avistam uma maçã em uma árvore, do outro lado da cerca. Jill estava com fome e queria a maçã. Se fosse um animal, Jill responderia ao estímulo visual do alimento com um comportamento ativo, pulando a cerca para ir buscá-lo. Como são humanos, segundo Bloomfield, em vez de responder diretamente ao estímulo S da maçã, *Jill faz certos ruídos com sua laringe, língua e lábios*, que atuam como uma resposta verbal substituta *r*. Esta resposta *r*, por sua vez, age como um estímulo verbal *s*, determinando a resposta comportamental *R* de Jack, que então pula a cerca e pega a maçã para Jill.

Em 1959, o behaviorismo skinneriano foi alvo de críticas profundas por parte de Noam Chomsky, que contrapõe ao antimentalismo mecanicista uma teoria de cunho inatista, reacendendo o debate *Nature x Nurture*, que ainda persiste até os nossos dias. Porém, o debate tem promovido progressos a partir dos quais não há volta: todas as teorias linguísticas da atualidade assumem algum nível de inatismo em relação à cognição de linguagem. A conclusão inevitável do debate será, portanto, a de que existe complementaridade e não propriamente divergência irreconciliável, entre os dois polos do debate *Nature – Nurture*.

Assim, no restante do presente capítulo, revisaremos a interessante proposta de complementaridade entre inatismo e aprendizagem na aquisição da linguagem por crianças, feita por Charles Yang (2004), no artigo *Universal Grammar, statistics or both?*.

Yang considera um truísmo que os dois polos do debate *Nature – Nurture* sejam atuantes no processo de aquisição da linguagem: apenas crianças humanas (e não filhotes de gatos, por exemplo) podem vir a falar uma língua. Isso demonstra que há algo especial na biologia humana que faz uma diferença fundamental. Por outro lado, é também bastante óbvio que a experiência linguística – o que vem de fora – precisa necessariamente existir para que haja aquisição de linguagem. Yang então propõe aferir a contribuição de cada um dos lados, isto é, *nature* e *nurture*, tomando como objeto específico de sua investigação a segmentação de palavras pela criança, no processo de aquisição.

Em um importante artigo na revista *Science*, em 1996, Saffran, Aslin e Newport sugerem que bebês de oito meses são capazes de extrair corretamente palavras de três a quatro sílabas no contínuo da fala. Yang (2004) exemplifica com o vocábulo fonológico em inglês *prettybaby* (*bebêbonito*). Com base em exposição adequada, os bebês são capazes de segmentar a sequência de quatro sílabas em inglês, postulando corretamente a fronteira entre *pretty* e *baby*, ou seja, evitando a postulação de um vocábulo fonológico inadequado, que segmentaria *pretty baby* como, por exemplo, *pre – ttyba – by*. Os acertos em segmentar são possíveis com base na frequência de ocorrência das possibilidades de combinação de sílabas presentes nos *corpora* a que os bebês são expostos, isto é, a partir de algoritmo do tipo *de fora para dentro*. Yang (2004) argumenta, no entanto, que, para computarem a frequência de ocorrência dos padrões silábicos que lhes permitem segmentar corretamente os vocábulos, os bebês precisam conhecer de antemão a própria noção de sílaba, a unidade adequada de segmentação. Em outras palavras, precisam, crucialmente, de informação *de dentro para fora*.

Podemos resumir dizendo que os *corpora* não são tão pobres quanto já se pensou e há mesmo muito o que aprender sobre a sua riqueza. Contudo, por mais ricos que sejam, não dispensam a riqueza estrutural e material interna ao cérebro humano.

Texto de apoio 1 – De um lado: *Nature*

Os 60 anos de pesquisa linguística sob o arcabouço da gramática gerativa vem montando um quadro teórico complexo a respeito das computações que acontecem nas línguas naturais. Aos poucos, estudos de muitas línguas vêm permitindo análises com adequações descritiva e explicativa robustas. Entretanto, a partir dos anos 2000, o desejo e a necessidade científica de se chegar à prática da Biologia da Linguagem foram mais explicitados, de forma semelhante aos estudos de outras cognições do homem e de outros seres vivos. Este *desideratum*, apontado pela Biolinguística em Lenneberg (1967) e depois reiterado por Chomsky (1979, 1981, 1995), se estabelece com o estudo da Faculdade da Linguagem realmente como um órgão no cérebro. Mas isso não tem sido nada trivial devido à complexidade da cognição de linguagem e da neurofisiologia do cérebro, à pouca acessibilidade ao material físico cerebral e aos entraves éticos que esses estudos ainda precisam enfrentar, mesmo em se tratando de experimentos não invasivos.

Por virem construindo modelos animais, as Ciências Cognitivas puderam sair à frente da Linguística no entendimento das principais questões sobre os sistemas cognitivos. Aceitar o desafio de buscar explicar a cognição de linguagem é entrar no âmbito destas ciências, podendo-se então estabelecer uma articulação com os achados das pesquisas cognitivas de outras áreas.

> As respostas para estas questões não são fundamentais apenas para o entendimento da natureza e do funcionamento dos organismos e dos seus subsistemas, mas também para a investigação do seu crescimento e da sua evolução. (Chomsky, 2004: 1)

A Biolinguística é essencialmente interdisciplinar: é pensamento, sintaxe, capacidade executiva; ao mesmo tempo, é representação simbólica, memória, ativação de tecido cerebral. Entender tudo isso é, sem dúvida, um longo caminho, para o qual nunca estaremos prontos se não começarmos do início, estudando a cognição do ser humano desde a vida intrauterina até os primeiros anos de vida.

Por exemplo, é importante saber que, ao nascer, o bebê apresenta aberturas na caixa craniana, as fontanelas, vulgarmente conhecidas como moleiras. Essas são regiões que correspondem ao esgarçamento de suturas ósseas interpostas por tecido conjuntivo fibroso.

E as fontanelas promovem a maleabilidade dos ossos do crânio do bebê para passar pelo canal vaginal da mãe no momento do nascimento, assim como permitem o crescimento adequado do cérebro. Isso é necessário porque, no primeiro ano de vida, o cérebro do bebê chega a medir a metade do tamanho que alcançará quando adulto. Na verdade, ao final do segundo ano de vida, o cérebro do bebê já tem praticamente o seu tamanho definitivo. Ao final do processo de crescimento, as aberturas do crânio se ossificam, e as suturas se encontram promovendo uma proteção rígida regular em toda caixa craniana.

O fato de o bebê possuir maleabilidade dos ossos do crânio lhe permite acomodar bem seu conteúdo, especialmente neste momento em que o cérebro[1] cresce e se desenvolve freneticamente, em uma velocidade inimaginável. Os neurônios chegam a se formar, em alguns momentos, na taxa de 250.000 por minuto. Entre a décima sexta e a vigésima quarta semanas de gestação, o cérebro já possui as células nervosas que serão utilizadas nos primeiros anos de vida: algumas centenas de bilhões delas. Essas células migram para a sua localização correta no cérebro, geneticamente programada, e começam a se especializar.

O número de sinapses,[2] assim como o peso e a densidade do córtex, continuam a crescer rapidamente durante os primeiros anos de vida. Principalmente as conexões de longa distância e os circuitos neuronais especiais começam a ser bem cobertos por uma bainha de mielina,[3] que melhora a qualidade da transmissão elétrica. Essa construção exacerbada de tecido nervoso, quando posta em funcionamento na vida intrauterina e também durante os primeiros anos da vida da criança, corresponde a um período de enorme plasticidade cognitiva. É uma janela de tempo em que o contato com o meio ambiente confere à criança uma estarrecedora capacidade de apreensão de padrões, não igualada a qualquer sistema artificial já implementado pelo homem.

> Estimulado pelo mundo externo, o sistema nervoso pós-natal responde ainda mais à experiência sensória natural. As janelas de tempo existem quando os circuitos cerebrais que subservem a uma função são particularmente receptivos a adquirir certos tipos de informação, ou até mesmo necessitam daquele sinal instrutivo para a continuação de seu desenvolvimento normal. (Hensch, 2004: 549)

Para se estabelecerem, algumas cognições precisam ser mediadas por fases de desenvolvimento neuronal excepcional, conhecidas como Período Crítico. Uma versão menos sofisticada de Período Crítico foi primeiramente descrita pelo zoólogo austríaco Konrad Lorenz (1949), que ele chamou de *imprinting* (cunhagem). Lorenz, estudando comportamento animal (etologia), sugeriu que, já ao nascimento, as espécies animais estariam geneticamente prontas para apreender informações diretamente ligadas à sobrevivência da espécie. Descreveu filhotes de patos e gansos, no minuto em que saíam dos ovos. Eles procuravam a mãe a quem passavam a seguir imediatamente. Em um experimento, Lorenz, pessoalmente, substituiu a mãe-ganso à espera dos filhotes saírem dos ovos e percebeu que, ao nascerem, eles não hesitaram em segui-lo, de forma idêntica a que outros filhotes de ganso fazem com a mãe-ganso.

O resultado mostrou que os recém-nascidos estavam prontos ou geneticamente programados para seguir um ser animado que estivesse perto do ninho. Esse processo de reconhecimento, segundo Lorenz, compreendia certos sinais visuais e auditivos vindos do ser animado, que tanto podia ser a mãe ou um *substituto*.

Lorenz descobriu ainda que a apresentação da mãe verdadeira ou da *suposta mãe* devia ocorrer no momento do nascimento ou logo depois. Após o nascimento, poucas horas sem a aparição deste líder, os filhotes de ganso deixavam de procurar os sinais visuais e auditivos do ser animado que devia liderá-los, e o *imprinting* não mais acontecia. Em outras palavras, trata-se de um padrão que para se estabelecer necessita de um *input* (informação, estímulo) imediato vindo do meio ambiente. A obra de Lorenz o levou ao prêmio Nobel de Fisiologia em 1973.

Depois da noção de *imprinting* de Lorenz (1949), o acompanhamento da mãe sem mediação de aprendizado foi estendido para uma gama de outras cognições que precisavam de um tempo bem maior de exposição aos dados para serem estabelecidas. O processo de desenvolvimento de uma cognição sem ensino-aprendizagem passou a ser melhor entendido como uma janela temporal fortemente delimitada pela genética da espécie. Durante esse tempo, a experiência fornece informações essenciais, conhecidas tecnicamente como dados primários, que guiam a especialização da circuitaria cerebral,[4] de forma que o sistema nervoso possa determinar o seu curso normal de desenvolvimento, definindo um nível ótimo de desempenho com pouco dispêndio de energia e tempo, e sem erosão[5] depois que essa janela de oportunidade é fechada.

> Primeiramente há a competição funcional entre *inputs*. A especificação genética determina admiravelmente muito da estrutura básica e função do sistema nervoso. Mas o meio ambiente e as características físicas do indivíduo, cujo cérebro está nascendo, não podem ser codificados no genoma. Para o funcionamento correto do sistema é necessário um processo pelo qual os neurônios selecionem (ou mapeiem) o repertório de *inputs* de um leque maior de possibilidades. Com efeito, a customização de circuitos neuronais adequados a cada indivíduo é o propósito principal dos Períodos Críticos. (Hensch, 2004: 550)

Entende-se, atualmente, que sistemas cognitivos como a visão, a audição e a linguagem estão atrelados cada qual ao seu período crítico, ou seja, a um momento específico de um grande desenvolvimento neuronal, mediante o contato com o meio. Mas qual seria a diferença entre habilidades como andar de bicicleta ou jogar *videogame*, que se podem aprender a qualquer momento da vida, e falar uma língua enquanto língua nativa? Ou seja, quando se poderia ter certeza de que o período crítico está acontecendo? A resposta não é tão fácil assim, pois andar de bicicleta e jogar *videogame* são habilidades cognitivo-motoras complexas, que dependem de uma enorme gama de computações. Entre essas computações, é possível que uma ou algumas tenham se desenvolvido durante o período crítico.

Além disso, ainda não se testou, por exemplo, se jovens que não tenham sido expostos a *videogames* na infância jogariam tão bem quanto outros que tenham sido expostos. Então, não se sabe se haveria uma versão do tipo *língua nativa* para jogadores de *videogame*. Mas se sabe que o contato precoce com um tipo específico de *input* determina o empenho neuronal de um ou mais circuitos em uma computação.[6]

A magnitude e a permanência das mudanças anatômicas modeladas por este *input* – desde a maior ou menor mobilidade das espinhas dendríticas até o número de conexões estabelecidas entre neurônios – podem determinar a distinção entre a verdadeira plasticidade neuronal, que acontece durante o período crítico, e os processos gerais que levam à aprendizagem no adulto, isto é, entre agir como nativo ou não para uma cognição (Hensch, 2004).

Assim, no que se refere à cognição de linguagem, paralelamente ao que acontece com as demais, se os dados primários não se apresentarem ao indivíduo durante o período crítico, a linguagem deste indivíduo nunca se estabelecerá em termos de acuidade cognitiva, compatível com a dos indivíduos expostos normalmente à fala de uma comunidade. Os muitos estudos atestando deficiências marcantes de linguagem reforçam essa tese, em se considerando os casos de falta de exposição à fala por crianças com surdez congênita, comparadas às que adquiriram surdez depois do período crítico, como mostram Singleton e Newport (1994), entre outros, e também por *crianças selvagens*,[7] conforme o estudo de Curtiss (1977), que ficou célebre na literatura.

Evidentemente, efeitos de privação de estímulos durante o período crítico afetam outras cognições e também outros animais. Por exemplo, o refinamento motor dos ratos é influenciado por um mecanismo de *feedback* que acontece desde o nascimento. Esse mecanismo se estabelece pelo contato das vibrissas (*bigodes*) do rato com os objetos e estruturas do entorno. Segundo Huntley (1997), se as vibrissas forem cortadas quando o rato nasce e mantidas assim por um mês, o animal desenvolverá padrões motores anormais irreversíveis. No entanto, se as vibrissas forem cortadas com o rato adulto, o animal exibirá padrões motores anormais mais discretos, e reversíveis tão logo as vibrissas voltem a crescer.

Com relação à cognição da linguagem humana, Lenneberg (1967) foi um dos primeiros teóricos a defender a posição de Chomsky (1957, 1959, 1965 e até os dias de hoje), de que a linguagem é em alguma medida determinada geneticamente, assim como outras cognições, como a audição e a visão. Dessa forma, a linguagem passaria então por três períodos diferentes quanto à capacidade de desenvolvimento de linguagem nativa.

O período crítico é o momento inicial que ocorreria até os dois ou três anos de idade. É a época considerada ótima para o desenvolvimento de linguagem. Se houver qualquer lesão neurológica da Faculdade da Linguagem em um indivíduo nessa faixa etária, as probabilidades de se reparar completamente o que foi afetado são bastante altas, porque o sistema está maximamente plástico. Por exemplo, é relativamente comum crianças portadoras de Síndrome de Down apresentarem obstrução ou irregularidades na luz da tuba auditiva.[8] Esse problema, que pode ser facilmente tratado com a introdução de um carretel[9] para sustentar a forma correta da tuba, se não diagnosticado, pode impedir mecanicamente que os dados primários cheguem até o córtex. Isso traz como consequência um retardo linguístico bastante grave ou mesmo um impedimento de que a criança desenvolva linguagem oral. Mas, se o problema é sanado ainda dentro da janela temporal propícia para o desenvolvimento de linguagem, logo a fala deslancha.

O segundo momento do desenvolvimento cognitivo, apontado por Lenneberg (1967), se estende dos três anos até a puberdade, é chamado de período sensível. Nessa fase, a Faculdade da Linguagem se mantém mais ou menos estável, podendo ainda ser modificada e restaurada, porém com menor plasticidade do sistema. As probabilidades de desenvolver linguagem como nativo ainda são boas, mas a estratégia adotada para a aquisição pode ser menos econômica do que a empregada durante o período crítico.

O terceiro momento se dá depois da puberdade. A aquisição linguística realizada durante esse período não se dá como a de língua nativa (L1), mas como a de língua estrangeira (L2). A estratégia de aquisição adotada será menos eficiente e mais limitada do que a ideal. As habilidades linguísticas básicas que não forem adquiridas até o começo da puberdade permanecerão deficientes por toda a vida (Lenneberg, 1967).

Lenneberg (1967) demarcou como o fim da janela de oportunidade linguística a segunda fase de plasticidade, a que ele chamou de período sensível. Após a adolescência, a aquisição de língua se torna bem mais difícil e nunca atinge o nível de língua materna. A razão neurofisiológica para essa dificuldade já foi descrita. Durante os dois primeiros anos de vida do bebê, o número de sinapses e, portanto, de conexões entre neurônios, cresce vertiginosamente, a ponto de existirem 50% mais sinapses aos dois anos de idade do que durante a vida adulta, segundo

Gleason (1993). Nesse momento prolífico, são então moldadas as estruturas que subservem às computações especializadas para um tipo de estímulos: por exemplo, os fonemas e alofones do inglês e não os do português.

Desde os dois anos de vida, começa um grande declínio no número de neurônios e sinapses. Existe uma eliminação natural de neurônios, que ocorre por uma programação do substrato genético para a morte celular nesta fase da vida. Essas perdas de neurônios, ou apoptose neuronal, advêm da ativação da programação genética para a morte de um tipo de neurônio em um estágio de vida.

Há outro processo, denominado *poda sináptica* ou *poda neural*, que, em certas regiões corticais, elimina neurônios que estão sendo muito pouco usados em atividades cognitivas. A poda neural acontece com mais frequência até os sete anos de idade. Também nessa fase de declínio, a taxa metabólica do cérebro cai a níveis de cérebro adulto, como mostram Gopnik, Meltzoff e Kuhl (1999). Por essas razões, alguns teóricos fazem distinção biológica entre o *status* de falante nativo e o de qualquer outro falante que tenha adquirido a língua como língua estrangeira:

> Pode-se conjecturar que todas estas mudanças são responsáveis por um declínio na habilidade de aprender uma língua durante a vida. A circuitaria cerebral para aprender línguas é mais plástica na infância; as crianças conseguem aprender ou relembrar línguas quando o hemisfério esquerdo está danificado ou até mesmo quando ele é removido cirurgicamente (embora neste caso não chegue a atingir a normalidade). Mas se um prejuízo semelhante afetar um adulto, ele virá a ser acometido por afasia permanente (Lenneberg, 1967; Curtiss, 1989). A maioria dos adultos nunca chega a falar uma língua estrangeira fluentemente, especialmente em relação à fonologia. Isto acaba resultando no sotaque de estrangeiro. O desenvolvimento dos adultos frequentemente se fossiliza em padrões de erros que não podem ser desfeitos por nenhum tipo de ensinamento. (Pinker, 1995: 140)

A Linguística tem um objeto de estudo primoroso para entrar na discussão do estabelecimento das cognições. As línguas são muito iguais em seus elementos constitutivos e, concomitantemente, são diversas, pois esses elementos tomam valores diferentes em cada língua. Desvendar os algoritmos linguísticos que processam a linguagem no cérebro significa entender de fato o que é igual e o que é diferente.

Chomsky argumenta que, longe de serem como *folha de papel em branco*, as crianças já trazem ao nascer um órgão mental específico (Language Acquisition Device – LAD), que lhes permite, de modo inconsciente, formular hipóteses

136 A Línguística no século XXI

a partir dos dados linguísticos desconexos a que são expostas. Esses estímulos linguísticos fragmentários seriam pobres e insuficientes para explicar, por si mesmos, o conhecimento das estruturas complexas que a criança adquire. Assim, ao contrário da proposta behaviorista, a linguagem não poderia ser adquirida por repetição e reforço, como qualquer outro hábito poderia ser formado. A aquisição da linguagem seria semelhante a uma função biológica, um sistema específico da espécie humana, distinto de qualquer outro sistema cognitivo.

Dessa forma, concebendo a Linguística como o estudo da capacidade de linguagem, um processo criativo que permite à criança gerar estruturas linguísticas novas a partir de um conjunto finito de princípios, a Linguística Gerativa de Chomsky procura suplantar os requisitos minimamente necessários para fazer face a sua pergunta central, que passou a ser denominada *O Problema de Platão* ou *Problema da Pobreza do Estímulo*:

Como podemos saber tanto com tão pouca evidência?

Circunscrevendo o Problema de Platão à cognição de linguagem, podemos analisá-lo em suas duas premissas: (i) que os bebês já sabem muito ao nascer, pois parte do conhecimento deles é inata, determinada pela genética da espécie; e (ii) que há pouca ajuda explícita do meio, já que não há um programa de aprendizagem construído para a aquisição de linguagem, similar ao programa de alfabetização, por exemplo. E, mesmo assim, todos os bebês com cerca de dois anos e meio de idade se tornam falantes nativos da língua de uma comunidade.

Em relação à primeira premissa, alguns pesquisadores da evolução das espécies têm proposto, nos últimos anos, que teria havido uma mutação genética, tornando-os diferentes de outros primatas, e que essa mutação, que nos teria caracterizado então como seres humanos, poderia ter desempenhado um papel fundamental para o estabelecimento da faculdade da linguagem no homem.

Há evidências sustentando essa proposta. Uma delas é apresentada em Gopnik (1990), um trabalho seminal descrevendo a família KE, uma família extensa de Londres, com cerca de 30 membros, dos quais 15 sofriam de uma rara dispraxia verbal. Esse acometimento é descrito como uma severa disfunção generalizada de linguagem, afetando tanto a fonação, visto que os portadores tinham dificuldade em controlar movimentos finos na metade inferior do rosto, assim como a estrutura da fala, pois não conseguiam estruturar sentenças adequadamente e também exibiam muitas trocas fonológicas.

Como a disfunção parecia estar bem circunscrita nessa família, os KE passaram a ser objeto de intensa pesquisa genética em todo o mundo, até que Simon Fisher e colegas (Fischer et al., 1998) identificaram no genoma dos membros afetados uma pequena mutação em parte do cromossomo 7 (SPCH1) do gene FOXP2 nessa região cromossômica. Essa mutação, que diferenciava os 15 membros afetados da família dos demais, foi encontrada também em um outro indivíduo não relacionado à família, mas que exibia deficiências linguísticas semelhantes. Com isso, o gene FOXP2 passou a ser relacionado à cognição de linguagem na espécie humana (cf. Fischer et al., 1998; Lai et al., 2001).

Porém, o quadro se complexificou porque não são só os humanos que têm o gene FOXP2. Primatas não humanos, como o chimpanzé, que possuem um genoma 98,5% similar ao nosso, também têm o FOXP2, mas não desenvolvem competência linguística. Se existe tamanha semelhança genética, poderíamos especular que as diferenças linguísticas entre as duas espécies não seriam devidas à hereditariedade, mas sim a algum fator do meio ambiente. Mas se assim fosse, como explicar o fato de que os chimpanzés não desenvolvem a nossa competência linguística nem mesmo quando são criados por humanos e passam por longos períodos de instrução linguística especializada? (Hayes e Nissen, 1971; Seidenberg e Petitto, 1987).

Em contraste, na espécie humana, os bebês desenvolvem linguagem com grande facilidade. Desenvolvem linguagem até concomitantemente a muitas deficiências, como Autismo, Síndrome de Down, Síndrome de Williams, entre outras. Há relatos de crianças surdas que criam espontaneamente sistemas linguísticos sinalizados muito semelhantes às línguas orais, com estruturas hierárquicas, encaixes e sistemas pronominais referenciais (cf. Penhume et al., 2003; Petitto e Kovelman, 2003). Assim, a grande distinção entre humanos e outros primatas teria que estar relacionada a alguma diferença entre o próprio FOXP2 de primatas humanos e não humanos.

De fato, mais recentemente, Konopka et al. (2009) sequenciaram o FOXP2 em humanos e em chimpanzés e verificaram que a versão humana do gene produz proteínas que diferem da dos chimpanzés em apenas dois dos 715 loci.[10] Para determinar o impacto dessas duas mutações, os pesquisadores primeiro colocaram células cerebrais humanas em uma cultura e injetaram algumas amostras de FOXP2 humano. Em outra cultura de células cerebrais humanas, injetaram FOXP2 de chimpanzé. O resultado foi que o FOXP2 humano conduziu à expressão de um conjunto de genes diferente daquele conduzido pelo FOXP2 do chimpanzé. Isso indica que diferenças daquelas proteínas realmente promovem consequências funcionais.

Essa pesquisa ainda propõe que a composição de aminoácidos da variante humana do FOXP2 sofreu evolução acelerada, e a mudança naqueles dois aminoácidos teria ocorrido na época do surgimento da linguagem, em nós humanos. Uma mutação acelerada explica por que duas espécies geneticamente tão semelhantes como os chimpanzés e os humanos podem, em um período evolucionário tão curto entre elas, ter adquirido características profundamente diferentes (Terrace et al., 1979; Fitch, 2000).

O estado da arte desse assunto do FOXP2 não vai muito além desse ponto, exceto no entendimento de que um gene raramente é o responsável direto por uma função complexa. O próprio FOXP2, por exemplo, funciona como um regulador das atividades de muitos outros genes, atua em várias áreas do cérebro e em diferentes estágios do desenvolvimento do bebê e da criança. Parece que ele está envolvido no crescimento dos axônios longos de neurônios que atuam nas áreas do desenvolvimento motor, visual e linguístico (Fisher e Scharff, 2009).

Retomando então o Problema de Platão (como podemos saber tanto com tão pouca evidência?), a primeira premissa, *saber tanto*, envolve o substrato genético que ainda não foi completamente desvendado. A experiência do bebê inserido em sua comunidade linguística não fornece dados necessários para induzir *Princípios* (cf. *Princípios e Parâmetros*, P&P. Chomsky, 1981) que estão presentes no estágio maduro da capacidade linguística, visto que os bebês falam sentenças que nunca ouviram. Por exemplo, os Princípios da Teoria da Ligação[11] não estão explícitos diretamente nos dados. Eles constituem uma maneira específica pela qual o mecanismo de aquisição de língua processa os dados primários.

Quanto à segunda premissa, *pouca evidência*, esta é uma grandeza que exibe um limite superior que a distingue de muita evidência e um limite inferior que a distingue de nenhuma evidência. A respeito do limite superior, Chomsky (1965) oferece as considerações resumidas a seguir.

(i) O *input* que o bebê recebe ao seu redor é constituído, em grande parte, por dados degenerados (interrupções, reformulações, possíveis misturas de dialetos e de línguas). Não há muito input limpo e didático.

(ii) Os dados linguísticos recebidos pelo bebê são finitos, mas a capacidade que ele atinge lhe permite compreender e produzir um número potencialmente ilimitado de sentenças. Isso somente é possível se considerarmos que a gramática incorpora uma propriedade recursiva, capaz de gerar um processamento que não é ditado pela experiência. Isso significa que a linguagem do bebê pode ser facilmente distinguida de mera repetição. Ela é infinitamente criativa.

Em relação ao limite inferior de pouca evidência, há os seguintes argumentos harmonizados com os pressupostos da teoria:

(i) As crianças precisam de alguma evidência do meio para desenvolver linguagem. Não é possível desenvolver linguagem se não existe evidência linguística. Afinal, há cerca de 6.000 línguas naturais no mundo, e um bebê depende de exposição a dados linguísticos para se engajar no desenvolvimento de pelo menos uma delas. Há casos de crianças privadas de *input* linguístico, amplamente registrados na literatura. Sem a exposição aos dados primários, as crianças não adquirem linguagem (cf. Curtis et al., 1974).

(ii) Os recém-nascidos humanos se distinguem dos de outras espécies, tendo em vista que a maioria dos recém-nascidos de outras espécies exibem vocalização imediatamente após o nascimento, sem precisarem de um modelo desencadeador para seu tipo de vocalização. Já ao nascer, gatos miam, cachorros latem, macacos gritam, tendo um modelo à sua volta ou não. Reparem, por exemplo, que gatos de qualquer lugar do mundo miam de forma semelhante. As diferenças individuais nas vocalizações não podem ser comparadas às diferenças linguísticas percebidas pelas crianças, que se encontram nas comunidades de fala humana (cf. Tokuda et al., 2002).

O Problema de Platão abre um questionamento interdisciplinar por natureza, pois leva em conta a biologia do homem e sua predisposição natural para a linguagem – *Nature* – e também os dados disponíveis a esse homem a partir de sua inserção em seu meio social – *Nurture* (cf. Yang, 2006).

Mas então, qual é o papel de *Nurture*? Veremos isso no Texto de Apoio 2.

Texto de apoio 2 – De outro lado: *Nurture*

Nos primeiros momentos de constituição epistemológica do campo da Linguística, duas posições filosóficas surgem mais ou menos polarizadas, representadas no contraste entre correntes linguísticas mais fortemente empiristas como, por exemplo, o estruturalismo norte-americano, emblematicamente representado por Leonard Bloomfied,[12] e vertentes racionalistas, que têm como principal expoente a gramática gerativa, proposta por Noam Chomsky, cuja hipótese fundamental, como já foi apontada aqui, é a da existência de uma faculdade de linguagem inata.

140 A Línguística no século XXI

Em sua clássica resenha do trabalho do psicólogo behaviorista Skinner, Chomsky (1959) argumenta, de modo convincente, que a capacidade da linguagem não pode ser inteiramente explicada por uma teoria baseada em comportamentos condicionados através de estímulos. No seu entendimento, que se encontra delineado no Texto de apoio 1, dada a natureza inconsistente e parcial dos dados linguísticos a que a criança tem acesso (*O problema da pobreza do estímulo*), apenas a existência de uma herança biológica específica para a linguagem seria capaz de garantir a aprendizagem de qualquer língua por crianças até por volta de três anos de idade. Assim, a hipótese de que os seres humanos nascem equipados com uma gramática universal inata constitui o pilar fundamental para a explicação ontogenética da aquisição. Dado o impacto dessa abordagem no panorama linguístico do século XX, o inatismo é uma das hipóteses que mais têm suscitado debate entre os linguistas, reunindo tanto ferrenhos defensores quanto contundentes opositores e constituindo um dos tópicos privilegiados das chamadas *guerras linguísticas* a que fizemos menção no capítulo "Métodos de investigação linguística".

Entre os pesquisadores que reagem à ideia de uma Faculdade da Linguagem inata e ao *argumento da pobreza do estímulo* nos moldes propostos por Chomsky, há os que ressaltam que, mesmo que a palavra *inata* possa ser usada para indicar o equipamento genético dos seres humanos, a complexidade das interações envolvidas na expressão dos genes torna o conceito impreciso. A questão, portanto, nem sempre é de oposição pura e simples à hipótese de uma herança biológica, mas à maneira vaga com que o assunto tem sido tratado. Até recentemente, os cientistas concebiam o código genético como um modelo para produção de proteínas necessárias às várias funções corporais. Atualmente, já se sabe que a questão é muito mais complexa. Na síntese de proteínas, importam não apenas os genes envolvidos, mas também os que são *expressos* e efetivamente usados. Em geral, o papel de uma proteína é facilitar ou bloquear a expressão do material genético na síntese de algumas outras proteínas. O código genético estaria mais próximo de um programa de computador do que de uma matriz de reduplicação pura e simples.

De qualquer modo, não resta dúvida de que as crianças humanas são capazes de aprender, em seu percurso ontogenético, um conjunto de convenções linguísticas, estimado em dezenas de milhares de palavras, expressões e construções, utilizadas na comunidade linguística da qual fazem parte. Essa constatação por si só sugere que a espécie humana, diferentemente de outras espécies, está biologicamente equipada para essa tarefa. Por outro lado, é verdade também que o equipamento biológico não pode ser excessivamente específico; ao contrário, deve ser suficientemente flexível para que as crianças aprendam as convenções linguísticas de qualquer língua a que sejam expostas.

Em que pese o enorme impacto que a hipótese do inatismo causou nos estudos de aquisição de linguagem, o campo não tardou a se deparar com uma importante questão: como as crianças chegam à gramática adulta a partir das representações linguísticas concretas que dominam nos estágios iniciais da aquisição? Mais especificamente, como é possível que representações como *Mais suco* ou *Au-au sumiu* cheguem às complexas estruturas linguísticas formais utilizadas pelos adultos? Os estudiosos da área não tardaram a cunhar uma expressão que se tornou usual na abordagem do problema: *You can't get there from here.*[13]

A proposta desenvolvida na área a partir desses questionamentos foi a de que, já em seus estágios iniciais, as estruturas linguísticas apresentam os mesmos tipos de abstrações subjacentes à linguagem adulta. Essa hipótese, conhecida como *presunção de continuidade*, estabelece que as representações linguísticas básicas são as mesmas ao longo de todos os estágios de desenvolvimento linguístico, na medida em que são provenientes de uma gramática universal única.[14]

Resumindo, a perspectiva gerativa entrelaça as hipóteses de que as crianças nascem equipadas com uma gramática universal inata, e de que os princípios abstratos da gramática universal se manifestam já nas representações linguísticas iniciais do processo de aquisição de linguagem.

Nas últimas décadas do século XX, entretanto, a parceria entre Psicologia do Desenvolvimento, Linguística e Ciências Cognitivas motivou a reavaliação dessas hipóteses, principalmente a partir da constatação de que as crianças dispõem de mecanismos de aprendizagem muito mais poderosos do que a simples associação ou indução cega. Além disso, surgiram teorias linguísticas que, diferentemente da gramática gerativa, caracterizam a *competência linguística* adulta de forma mais próxima à *competência linguística* das crianças, fazendo com que o ponto final da aquisição pareça bem menos distante. Assim, muitos estudiosos passaram a trabalhar com a hipótese de que *You can get there from here.*

Embora a crítica de Chomsky ao Behaviorismo de Skinner seja irretocável, visto que as crianças, de fato, não aprendem com base em mecanismos de associação e indução isolados, pesquisas recentes reconhecem que essa constatação não implica necessariamente a conclusão de que todos os mecanismos de aprendizagem na aquisição de linguagem devam ser descartados.

Pesquisas em Psicologia do Desenvolvimento, coordenadas principalmente por Michael Tomasello, codiretor do Instituto Max Planck de Antropologia Evolutiva, na Alemanha, sustentam que a aquisição de linguagem pode ser concebida como integrada a outras habilidades cognitivas e sociais, tais como *leitura de intenções* (Teoria da Mente, em sentido amplo) e *busca de padrões,* associada à categorização, que serão detalhadas a seguir.

Leitura de intenções

As pesquisas em aquisição de linguagem já reuniram fortes evidências de que entre 9 e 12 meses os bebês já demonstram habilidades tais como:

a. *participar de cenas de atenção conjunta* – compartilhar atenção com outras pessoas em relação a objetos e eventos de interesse mútuo.
b. *compreender que os outros são agentes intencionais* – o que, por sua vez, permite a compreensão de intenções comunicativas em cenas de atenção conjunta.
c. *aprender culturalmente, por imitação baseada em inversão de papéis* – a criança utiliza um símbolo em relação ao adulto do mesmo modo que o adulto dirige o símbolo a ela.

Cenas de atenção conjunta

Para ilustrar essas habilidades, imaginemos uma cena em que um adulto e uma criança estão ao ar livre e focam a atenção no objeto que permite a produção de bolhas de sabão. A cena de atenção conjunta inclui o objeto e a atividade que desempenham, mas não o gramado, as árvores e quaisquer outros objetos que estejam próximos, mesmo que a criança os perceba continuamente.

Em termos gerais, portanto, as cenas de atenção conjunta podem ser definidas pela intencionalidade, e ganham identidade e coerência pelo entendimento que tanto o adulto quanto a criança têm com relação àquilo que estão fazendo em termos de atividade direcionada a um objetivo. Assim, as cenas de atenção conjunta permitem que a criança crie uma *base-comum* (*common ground*), a partir da qual possa compreender as intenções comunicativas do adulto no momento em que uma expressão linguística nova surge na interação.

Compreensão do outro como agente intencional

Em experimentos envolvendo crianças de dois anos e macacos, Tomasello, Call e Glukman (1997) usaram signos comunicativos que eram totalmente novos para os sujeitos. Em um dos experimentos, os pesquisadores utilizaram três contêineres distintos, e colocaram uma recompensa em um deles. Em seguida, seguravam uma réplica do contêiner no qual havia a recompensa, para indicar a opção correta. Os resultados demonstraram que todas as crianças, que não haviam sido treinadas no uso de réplicas como signo comunicativo, usaram esses novos signos para achar a recompensa, ao passo que nenhum dos macacos fez isso.

Os pesquisadores propuseram, como explicação, que os macacos não foram capazes de entender que os seres humanos tinham intenções relacionadas a seus estados de atenção, enquanto as crianças entenderam a intenção comunicativa do adulto de dirigir seus estados de atenção de forma relevante para a situação em curso.

A compreensão de intenções comunicativas, como já apontado pelo filósofo Paul Grice (1975), é um processo mais complexo do que a simples compreensão de intenções. Por exemplo, se um pai desliga o celular do filho para que ele se concentre em seus estudos, o filho reconhecerá que o pai teve a intenção de que ele não utilizasse o celular enquanto estudava. Mas se o pai dissesse *"Desligue o celular!"*, o filho deveria reconhecer a intenção do pai de mudar seu estado intencional a ponto de que ele próprio resolva desligar o celular. O entendimento de uma intenção comunicativa, portanto, é um caso especial e mais complexo do que o entendimento puro e simples da intenção: é a compreensão da intenção do falante com relação aos estados intencionais do ouvinte.

No processo de aquisição da linguagem, a criança compreende as intenções comunicativas do adulto mais facilmente no interior de uma *base intersubjetiva comum* estabelecida pelas *cenas de atenção conjunta*. Essa estrutura dupla – estabelecimento de cenas de atenção conjunta e expressão de intenções comunicativas no interior dessas cenas – é crucial tanto para a aprendizagem básica de símbolos, quanto para a aquisição de habilidades pragmáticas que permitam à criança usar a linguagem apropriadamente em contextos comunicativos diferentes.

Imitação baseada em inversão de papéis

A compreensão do outro como agente intencional acaba por produzir formas de aprendizagem social, que constituem a aprendizagem cultural. Estudos recentes demonstram que as crianças compreendem as ações intencionais dos outros em contextos de aprendizagem imitativa. Em um desses estudos (Meltzoff, 1995), crianças de 18 meses assistiram a adultos realizando uma determinada ação com um determinado objetivo; por exemplo, separar um objeto em duas partes. O primeiro grupo assistia ao adulto realizando a ação com sucesso; o segundo grupo assistia à mesma cena, com a diferença de que o adulto não era bem-sucedido em seu objetivo (isto é, não conseguia separar o objeto em duas partes). Os resultados demonstraram que ambos os grupos realizaram bem a ação-alvo, independentemente do fato de terem visto o adulto obter sucesso ou não. Isso demonstra que as crianças entendiam o que o adulto pretendia fazer e realizavam a ação, ao invés de simplesmente imitar o comportamento real do adulto.

Em outro estudo (Carpenter, Akhtar e Tomasello, 1998), crianças de 16 meses viam um adulto realizando duas ações sequenciais: uma ação era vocalmente marcada como intencional (*There!*) e a outra era vocalmente marcada como acidental (*Oops!*). As crianças eram então estimuladas a produzir o resultado por si mesmas, e o que elas fizeram foi reproduzir as ações intencionais dos adultos, mas não as acidentais.

Em suma, logo depois de seu primeiro aniversário, as crianças já tentam imitar ações intencionais, e não qualquer tipo de ação. No que se refere aos símbolos comunicativos, a situação é um pouco mais complexa. Como observado anteriormente, ao expressar sua intenção comunicativa com um símbolo linguístico, o adulto expressa suas intenções em relação ao estado de atenção da criança. Entretanto, se a criança simplesmente se colocasse no lugar do adulto, ela terminaria por dirigir o símbolo a si mesma – o que não seria desejável. Para aprender a usar um símbolo comunicativo de maneira convencional, a criança precisa se engajar em imitação por inversão de papéis: precisa aprender a usar o símbolo em relação ao adulto do mesmo modo que o adulto o utiliza em relação a ela. Por exemplo, os pronomes pessoais ilustram emblematicamente essa situação: se o adulto se dirige à criança usando o pronome *você*, a criança precisa aprender a também usar esse pronome para se dirigir ao adulto (e não, como ocorreria em uma imitação pura e simples, manter o uso de *você* para referência a si mesma, do mesmo modo que o adulto faria).

Busca de padrões

Além da leitura de intenções, envolvendo cenas de atenção conjunta, compreensão do outro como agente intencional e imitação baseada em inversão de papéis, as pesquisas demonstram que as crianças em fase de aquisição da linguagem apresentam também as habilidades necessárias para o entendimento da dimensão gramatical da comunicação linguística. Essas habilidades podem ser definidas como uma capacidade específica para busca de padrões.

Com relação a estímulos auditivos, experimentos envolvendo crianças entre 7 e 12 meses apresentaram resultados surpreendentes. Em um desses experimentos, crianças de 8 meses foram expostas a sequências sonoras de palavras trissilábicas inexistentes, por dois minutos (ex.: bidakupadotigolabubidaku...). Em seguida, foram expostas a duas sequências sonoras: uma idêntica a que haviam ouvido anteriormente (à direita) e outra em que as mesmas sílabas reapareciam de forma aleatória (à esquerda). Os resultados indicaram que as crianças viravam a cabeça para a direita, isto é, para o lado em que estava a sequência sonora idêntica à ouvida anteriormente (Saffran, Aslin e Newport, 1996). Em outro experimento, crianças de sete meses que foram expostas, por três minutos, a sequências sonoras formadas por palavras trissilábicas com padrão ABB (ex.: wididi) foram capazes de reconhecer o padrão, mesmo que com sílabas totalmente novas (ex.: bapopo) (Marcus et al., 1999).

É interessante ressaltar, entretanto, que as crianças são capazes de encontrar padrões do mesmo tipo em sistemas sonoros não linguísticos e mesmo em sequências visuais. Isso indica que a capacidade de reconhecer padrões não é especificamente linguística. Sendo assim, os bebês de 7 ou 8 meses que identificam padrões em estímulos auditivos e visuais não estão processando construções gramaticais. Na verdade, as habilidades de busca de padrão não são suficientes para que as construções gramaticais usadas na comunicação sejam acessadas, porque as crianças não compreendem ainda a dimensão simbólica dessas construções. Só com base na habilidade sociocognitiva fundamental de leitura de intenções é que a compreensão da dimensão simbólica da comunicação humana se torna possível.

Concluindo, o modelo orientado para o papel da aprendizagem na aquisição de linguagem adota a perspectiva funcionalista, na medida em que se baseia completamente na expressão e compreensão de intenções comunicativas (leitura de intenções). Com base em uma série de evidências experimentais, esse modelo tem sustentado o pressuposto de que não é possível explicar como os seres humanos criam e reconhecem padrões linguísticos sem levar em conta suas funções comunicativas.

Além disso, trata-se de um modelo baseado no uso, que considera as construções, e não palavras isoladas ou morfemas, como unidades básicas da aquisição de linguagem. Cada construção gramatical representa um padrão de uso de símbolos linguísticos, com significado próprio, derivado, em parte, de itens específicos e, em parte, do próprio padrão, ao longo do processo de gramaticalização. Dentro dessa perspectiva, admite-se que as estruturas linguísticas emergem do uso da língua, tanto do ponto de vista histórico quanto ontogenético. Assim, no processo de aquisição da linguagem, a criança ouve e armazena expressões concretas e, então, busca padrões nas expressões armazenadas. O processo é gradual e depende das frequências de *tipo* e *token* com que as estruturas aparecem no contexto linguístico em que a criança interage; durante o desenvolvimento, as representações linguísticas da criança se tornam mais abstratas.

A proposta dos modelos baseados no uso é justamente a de identificar empiricamente as operações sintáticas usadas no processo, e não especificar todas as possibilidades formais abstratas, estabelecendo-as *a priori*. Assim, postula-se que crianças e adultos têm acesso à hierarquia de construções linguísticas em vários níveis de abstração simultaneamente. Algumas vezes, as crianças compreendem e produzem construções relativamente complexas por simples busca de expressões armazenadas; outras vezes, cortam e agrupam esquemas linguísticos armazenados e construções de vários níveis de abstração.

Para concluir, é importante destacar que o enfoque no uso da língua e em operações baseadas no uso traz uma variedade de processos cognitivos e sociocognitivos para a teoria de aquisição da linguagem. A origem desses processos está fora do domínio da linguagem em si, envolvendo percepção, memória, atenção conjunta, leitura de intenções, categorização e analogia, entre outros.

Projetos de pesquisa

- Observe a interação entre uma criança de três anos e um adulto por um período de 10 minutos (se possível, grave a interação em vídeo). Procure identificar: (a) as características estruturais das construções produzidas pela criança (ex.: uma palavra, duas palavras etc.); (b) as características das cenas de atenção conjunta nas quais essas construções se inserem; (c) as relações entre as cenas de atenção conjunta e a compreensão (ou não) das intenções comunicativas do adulto demonstrada pela criança.

- Aplique o seguinte teste a crianças de três anos e a crianças de cinco anos. Coloque em uma mesa um lápis verde e um lápis vermelho e peça à criança que siga a sua instrução, que deve ser como em (1) para metade das crianças e como em (2) para a outra metade:
    (1) Depois de pegar o lápis verde, pegue o lápis vermelho.
    (2) Pegue o lápis vermelho, depois de pegar o lápis verde.

Anote as ações das crianças em resposta às instruções. Houve diferenças entre as crianças de três anos e de cinco anos? Houve diferenças nas respostas dadas às instruções (1) e (2) no grupo de três anos? E no grupo de cinco anos? Como você poderia descrever e explicar as possíveis diferenças encontradas?

- O filósofo grego Platão acreditava que ao nascer o homem já trazia conhecimentos de vidas passadas através de sua alma. Para ilustrar isso, ele escreveu um "Diálogo" em que um aristocrata Mênon estava sendo ensinado por Sócrates. Para fazer Mênon perceber que mesmo sem nos dar conta podemos trazer ao nascermos conhecimentos dentro de nós, Sócrates propõe a Mênon fazer um teste com um escravo que estava trabalhando por perto. Leia uma parte do Diálogo: "*Mênon*: – Seja, Sócrates! Entretanto, o que é que te leva a dizer que nada aprendemos e que o que chamamos de saber nada mais é do que recordação? Poderias provar-me isso?"

Sócrates, então, tenta mostrar a Mênon que o escravo se recorda de conhecimento que nunca lhe fora ensinado, quando lhe é dada a tarefa de, mediante um desenho de um quadrado, fazer outro desenho com o dobro de área. Através de indução, Sócrates desperta no escravo uma geometria que não lhe havia sido ensinada a ele. Sócrates, primeiro, desenha no chão de areia o quadrado ABCD (Figura 8, a seguir), que tem 2m de lado e 4m^2 de área. Diante da tarefa proposta de dobrar a área do quadrado, ou seja, fazer um quadrado com 8m^2 de área, o escravo primeiro tenta dobrar um dos lados do quadrado. Sócrates mostra ao escravo que não adianta dobrar um lado só, porque a área se quadriplica, além de a figura passar a ser um retângulo. Para consertar isso, Sócrates guia o escravo na solução de dobrar os dois lados, resultando no quadrado BEFG, que tem área quatro vezes maior do que o original. Por fim, para reduzir a figura para o tamanho certo, Sócrates induz o escravo a traçar as diagonais ACHI.

Figura 8 – Cálculo do dobro da área do quadrado

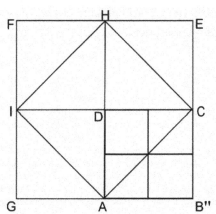

Sócrates (voltando-se para Mênon): Observa como ele foi recordando pouco a pouco, de maneira exata. Reparaste, caro Mênon, os progressos que a recordação fez?

Com base no estudo do presente capítulo, como se poderiam encontrar alternativas científicas para explicar o comportamento do escravo que não sejam baseadas na recordação de vidas passadas? Indique quais caminhos de pesquisa se devem seguir para se obter sucesso nessa investigação.

- Deb Roy, diretor do Laboratório de Máquinas Sociais do MIT, universidade onde é professor associado e pesquisador chefe, queria entender como seu filho recém-nascido iria adquirir linguagem. Protagonizando talvez o maior "Big Brother" da ciência, ele espalhou câmeras que vigiavam cada centímetro da casa, para gravar todos os momentos da vida do seu filho desde que ele chegou em casa do hospital onde nasceu, até os dois anos de idade. Roy presenciou através das gravações os progressos que levaram aos primeiros passos e às primeiras palavras do bebê. Apesar de não ter conhecimento sobre linguística, Roy analisou 90.000 horas de vídeo procurando capturar dados de aquisição de linguagem. Entre muitos flagrantes, ele acredita ter capturado a forma como um "gaaaa", pronunciado pelo bebê, lentamente se transformou em "water" (água em inglês) através de tentativas e erros.

  Levando em conta que todo o experimento está à disposição do público através da série Ted-Talks, e que esse episódio já se encontra traduzido para o português na rede, pesquise e se posicione a respeito da conclusão do autor. Pense se você acha que a aquisição de frases e o processamento de conversas podem ter essa explicação que Roy oferece para a aquisição da palavra "água". Você faria alguma crítica filosófica, metodológica ou científica para o experimento de Roy?

NOTAS

[1] O cérebro é formado por dois grandes tipos de células: neurônios e neuroglias ou glias. A glia (*cola*, em grego) é cerca de 50 vezes mais numerosa do que os neurônios no cérebro. A glia consiste no conjunto de células peculiarmente ramificadas, dispostas numa fina teia de tecido. Tradicionalmente, à glia era atribuída apenas a função de suporte do tecido nervoso. No entanto, hoje se sabe que a glia está envolvida no crescimento neuronal e na migração. O neurônio é o outro tipo de célula do cérebro e também a sua principal unidade funcional. Até recentemente, a estimativa oficial era de que o cérebro possuía 100 bilhões de neurônios. Este número foi contestado por Andersen, Korbo e Pakkenberg (1992), através de pesquisas com técnicas mais avançadas de contagem de células, que estimaram 100 bilhões de neurônios apenas no cerebelo, que é uma estrutura que fica entre o cérebro e o tronco cerebral, ou seja, acoplado à parte posterior do cérebro.

Os neurônios operam em grandes conjuntos, que formam circuitos neuronais ou redes neuronais. A característica mais marcante dessas células é que elas produzem sinais elétricos que funcionam como *bits* de informação. Todos os dados que chegam ao corpo ou o deixam são transformados em sinais elétricos digitais que são transportados por neurônios conectados em um sistema de comunicação fundamental à vida.

[2] Sinapses são estruturas altamente especializadas, que ligam eletroquimicamente um neurônio a outro, possibilitando a transmissão de informações de um lugar para outro no cérebro. Cada sinapse pode integrar, bloquear, ratificar ou modificar a informação que chegará ao próximo neurônio. É um sistema digital de passagem de informação. Um neurônio se liga a vários outros através de sinapses concomitantes.

[3] A mielina é um revestimento de origem glial que se forma no entorno dos axônios, que são processos que se alongam do núcleo da célula neuronal. A mielina tem a função de acelerar a velocidade da condução do impulso nervoso, funcionando como uma membrana condutora, pois contém uma substância lipídica, que é excelente isolante.

[4] Circuitaria é o conjunto de circuitos neuronais, que se formam a partir das ligações entre os neurônios, por meio das sinapses.

[5] Aqui, erosão é o apagamento gradual de conceitos da *long-term memory* (memória de longo prazo).

[6] O cérebro humano utiliza os circuitos neuronais para computar ou processar informações (*input*) e para gerar outras (*output*). Apesar da inevitável analogia com os computadores, é essencial ressalvar que o processo é radicalmente diferente, especialmente em dois itens cruciais. Primeiro, o processamento cerebral consome pouquíssima energia e é muito mais poderoso do que o do computador. Por exemplo, a retina humana é capaz de processar dez imagens de um milhão de pontos por segundo. Estendendo-se este processamento da retina para o volume do cérebro, que é 100.000 vezes maior do que a retina, se pode estimar que um cérebro médio tem a capacidade de processar 100 milhões de MIPS (*Million Instructions Per Second* – um milhão de instruções por segundo). Este poder de processamento seria equivalente a 20.000 processadores de um computador Core 2 Duo de 3 GHz. Em segundo lugar, o computador é bom em achar sequências de símbolos, como palavras, em contar itens selecionados, mas é drasticamente pior do que o cérebro humano para falar, fazer reconhecimento visual, controlar acuidade motora etc.

[7] Crianças selvagens são aquelas que, por alguma razão, não tiveram exposição cabal a uma sociedade e apresentam algumas deficiências que não conseguem amenizar mesmo depois de retomar o contato com a sociedade. O caso mais famoso é o de Genie, uma menina estudada por Susan Curtiss (1977), que foi achada na adolescência depois de haver sido extremamente privada de contato social. Genie nunca aprendeu a falar, somente palavras soltas e nunca adquiriu sintaxe, o que foi indicativo para Curtiss de que a aquisição de linguagem depende de exposição aos dados durante o período crítico.

[8] A luz da tuba auditiva corresponde ao espaço interno deste tubo que deve ser livre para a passagem da onda sonora.

[9] O carretel é uma pequena prótese de material maleável, introduzido na orelha média a fim de garantir que as paredes da tuba não colapsem e permitam a passagem livre da informação sonora. Quando a criança fica mais velha, a tuba cria uma luz de maior diâmetro, e o carretel sai naturalmente junto com a cera natural. Não precisa ser retirado cirurgicamente.

[10] *Loci* (do latim vulgar [locais], plural de *locus* [local]) são as posições fixas em um cromossomo onde estão localizados determinados genes ou marcadores genéticos. A lista organizada de *loci* conhecidos para um cromossomo é chamada de mapa genético. O mapeamento genético é o processo de determinação do *locus* para um determinado caráter fenotípico.

[11] A Teoria da Ligação trata da correferência que se estabelece canonicamente entre expressões-R (expressões referenciais) e anáforas ou pronomes. Por exemplo, em *João cortou-se com a navalha*, a anáfora do tipo reflexivo *se* não significa nada se não se relacionar com um antecedente; no caso, *João*. Em *João cortou ele com uma navalha*, o pronome *ele* não pode ter *João* como antecedente; seu antecedente está no universo discursivo, ou em outra sentença já expressa. Os Princípios da Teoria da Ligação são princípios sintáticos complexos, que não estão expressos de forma explícita e consciente nos dados.

[12] O estruturalismo norte-americano admite que a língua pode ser entendida como resultante de uma série de estímulos condicionantes, de forma que o comportamento linguístico seja redutível a uma espécie de treinamento, e a capacidade criativa reflita a capacidade de produzir novas formas a partir do mecanismo de analogia.

[13] Trad: *Não dá para chegar lá, partindo daqui* (ver Gleitman e Wanner, 1982)

[14] Para detalhamento da hipótese, ver Pinker (1984).

Forma x Função

Quem veio antes, o ovo ou a galinha? O biólogo evolucionário inglês Richard Dawkins resolve o impasse dizendo que "a galinha é a melhor forma que um ovo encontrou para fazer outro ovo". A dicotomia forma-função, tema deste capítulo, é um tipo de impasse ovo-galinha. Através do tema, serão contrastadas propostas formalistas, que caracterizam as relações gramaticais independentemente das propriedades semânticas ou pragmáticas das estruturas sintáticas, e propostas funcionalistas, cuja hipótese fundamental é a de que a forma é influenciada pela função básica da linguagem de transmitir significado. O Texto principal apresenta um panorama dos principais argumentos desenvolvidos por pesquisadores atrelados a cada uma das perspectivas teóricas. Em seguida, o Texto de apoio 1 promove uma discussão mais detalhada da proposta formalista, explicitando fenômenos sintáticos que podem ser explicados com base na noção de *noções estruturais*. O Texto de apoio 2 apresenta propostas desenvolvidas por proponentes do funcionalismo em relação a fenômenos de ilhas sintáticas e correferência pronominal, tradicionalmente tratados como puramente sintáticos.

Texto principal

Esta é uma divergência importante que separa os linguistas em duas orientações distintas: formalistas e funcionalistas. Embora, para alguns estudiosos, essa dicotomia lembre a anedota do ovo que daria origem à galinha, a qual, no entanto, deveria preexistir ao ovo para poder lhe dar origem, o fato é que o debate *forma x função* é central em Linguística e precisa ser bem estabelecido, a fim de que se possam entender os dois pontos de vista, escolhendo-se, conscientemente, um deles.

Para os formalistas, o objetivo fundamental da Linguística é o de caracterizar as relações gramaticais independentemente das propriedades semânticas ou pragmáticas desses elementos ou de seu uso em um contexto específico. Para os funcionalistas, por outro lado, este seria um desiderato impossível, pois a função de transmitir significado seria tão pervasiva, afetando tão profundamente a gramática, que não faria sentido explicitar a forma sem recorrer à sua função.

A alusão ao ovo e à galinha, no primeiro parágrafo, é oportuna, pois, em última análise, o debate se relaciona à Teoria Evolucionária Darwiniana, que procura explicar a complexidade de formas biológicas a partir da seleção natural de traços que poderiam representar vantagens para a sobrevivência das espécies. Os traços favoráveis seriam mais facilmente transmitidos hereditariamente do que os não favoráveis, podendo resultar em *adaptações* e especializações das formas biológicas, eventualmente provocando a emergência de novas espécies.

Um exemplo muito citado de seleção natural é o da mudança de posição dos órgãos respiratórios das baleias. Há evidências de que as baleias evoluíram da vida na terra para a vida no mar, em função da maior abundância de alimentos nos oceanos. Para se tornarem criaturas marinhas, as baleias tiveram de sofrer adaptações em sua forma. Por exemplo, seu orifício respiratório precisou mudar de sua posição lateral para o alto da cabeça, a fim de melhor poder inalar o oxigênio da superfície. Essa mutação se processou ao longo de milhões de anos, iniciando com uma mutação aleatória favorável que foi passada hereditariamente pela seleção natural, pois as baleias com orifício no alto da cabeça estavam mais adaptadas para o ambiente marinho. Nesse caso, a função precederia a forma.

Em contraposição à proposta funcionalista de adaptação, no entanto, a Biologia Evolucionária também produziu o conceito formalista de *exaptação*, em desafio à Teoria de Seleção Natural Adaptativa. Gould (1991) cunhou o termo, explicando que se trata de "um traço, agora útil para um organismo, que não surgiu como uma adaptação para seu papel presente, mas que foi subsequentemente cooptado para sua função corrente" (Gould, 1991: 43). O termo *exaptação* refere-se, portanto, a propriedades de forma que não resultam originalmente da função que desempenham. Um exemplo comumente citado é o desenvolvimento das asas dos pássaros. Os pássaros teriam se originado de répteis anfíbios que, ao sair do meio aquático, acabaram desenvolvendo asas com penas, cuja principal função é a de permitir o voo. Entretanto, não foi a função de voar que determinou o surgimento das asas, que teriam sido originalmente estruturas de refrigeração e controle da temperatura, necessárias no meio terrestre, onde a exposição direta ao sol seria problemática para a sobrevivência da espécie. O uso subsequente da estrutura formal das asas para o voo seria uma cooptação da forma original para esta função, e não determinada por ela.

Os processos exaptativos, envolvendo a cooptação de traços para funções não previstas inicialmente, são tão atuantes na biologia evolucionária que chegam a formar cadeias de múltiplos elos. Um exemplo é o desenvolvimento das mãos nos seres humanos que, de um ponto de vista estritamente adaptacionista, teriam desenvolvido falanges articuladas para facilitar o manuseio de ferramentas. Especula-se que de fato não foi essa função que determinou a forma das mãos que teriam sido exaptações das mãos de primatas que as usavam para se segurarem em galhos de árvores. Por sua vez, as mãos dos primatas já teriam sido exaptações de patas dianteiras usadas antes para a locomoção no solo. A cadeia exaptativa prossegue quase que indefinidamente, podendo-se rastrear, no meio aquático, a origem das patas nas nadadeiras de répteis e peixes em uma profusão de formas capazes de serem aproveitadas em funções imprevisíveis originalmente.

Este aproveitamento ou cooptação formal não é exclusivo da Biologia Evolucionária. Gould e Lewontin (1979) citam um exemplo vindo da arquitetura. Trata-se do *spandrel*, o espaço que surge quando se constroem dois arcos arquitetônicos interligados para estruturar o teto de um edifício. Especialmente na era clássica, era comum os escultores famosos encaixarem esculturas maravilhosas nesses espaços sem importância estrutural. Após terminada a obra, poder-se-ia perguntar: "Em relação à parte superior dessa edificação, o que é mais importante: a estrutura em arcos ou o *spandrel* entre eles?" Mas, na verdade, o espaço entre os arcos é um subproduto necessário de sua construção, não tendo sido resultado proposital de qualquer função anterior que o determinasse. Entretanto, conforme dizem Gould e Lewontin (1979), o *spandrel* permite um "*design* tão elaborado, harmonioso e significativo que nós somos tentados a vê-lo como ponto de partida de qualquer análise, como a causa, em algum sentido, da arquitetura envolvente". (Gould e Lewontin, 1979: 281).

Observe-se, no entanto, que tomar como foco da análise a função decorativa posterior dada ao espaço trabalhado entre os arcos seria uma inversão dos fatos. Na realidade, a função conferida ao *spandrel* resulta de um aproveitamento colateral de uma forma que não foi originalmente criada para servir a essa função.

Tanto nos casos das asas, das mãos, quanto no caso do *spandrel*, a forma parece preexistir à função. De fato, conforme avalia Gould, as adaptações ocorrem em progressão aritmética, enquanto as exaptações ocorrem em progressão geométrica. Para cada forma pretendida pode-se sempre gerar um número exponencialmente maior de usos cooptados não pretendidos. Do mesmo modo, a orientação formalista em Linguística pressupõe que a faculdade de linguagem humana teria surgido na espécie como resultado de propriedades do cérebro que teriam se desenvolvido por razões que nada têm a ver com a linguagem em si mesma. A linguagem teria sido, desse ponto de vista, uma exaptação de estruturas cognitivas que nossos ancestrais pré-humanos já haviam desenvolvido para outras tarefas, tais como a coleta de alimentos, a caça, a aprendizagem de regras, a fabricação de alimentos etc.

A *proposta exaptacionista* encontra apoio nas descobertas recentes de que muitos processos neurológicos subjacentes à linguagem estão relacionados a estruturas cerebrais que não são exclusivas dos hominídeos, mas que também estão presentes em primatas não humanos.

Pesquisadores como Marc Hauser, Weiss e Marcus (2002), por exemplo, demonstraram que alguns saguis parecem capazes de fazer generalizações uti-

154 A Línguística no século XXI

lizando regras algébricas complexas, que também seriam utilizadas pelos bebês humanos no processo de aquisição da linguagem.

Por outro lado, a *proposta selecionista* sugere que o desenvolvimento das estruturas cerebrais relacionadas à linguagem resultou de mudanças evolucionárias provocadas pela seleção natural de traços que representavam vantagem para a sobrevivência da espécie. Derek Bickerton, da Universidade do Havaí, propõe que a linguagem humana teria se desenvolvido a partir de um sistema rudimentar de comunicação em que as palavras eram utilizadas sem gramática, há cerca de 120 mil anos, quando alguns primatas hominídeos deixaram as florestas para explorar as savanas. Esta linguagem primitiva é que teria fornecido os meios para desenvolver atividades comunais, representando uma vantagem adaptativa que, rapidamente, teria se espalhado para toda a população (Bickerton, 2007).

A dicotomia forma e função parece, portanto, irremediavelmente cristalizada em dois polos antagônicos com seguidores e argumentos apaixonados de ambos os lados. Mas na Linguística há esforços de superação desse antagonismo. Para além da dimensão estritamente biológica, em uma tentativa de transcender essa polarização *forma x função* nos estudos linguísticos, que avaliam como promovendo "uma super-simplificação infeliz de questões fundamentais complexas", Carnie, Andrew e Harley (2003) propõem que se pense a distinção ao longo de seis dimensões fundamentais, baseadas em ideias de Croft (1995) e Newmeyer (1998). A caracterização de uma teoria como funcionalista ou formalista dependeria de em quantas dessas dimensões a teoria se posicionaria de um lado mais formalista ou de um lado mais funcionalista, estabelecendo-se uma espécie de gradiência entre os dois polos. As dimensões sistematizadas por Carnie e Harley (2003) seriam as seguintes:

- **O papel da estrutura na teoria gramatical**: menos dependência da estrutura aumentaria o grau de funcionalismo da teoria, enquanto maior dependência da estrutura tornaria o modelo mais formalista.
- **O papel da arbitrariedade na gramática**: enquanto os formalistas, de modo geral, adotam a proposta saussuriana estrita de arbitrariedade no léxico e na gramática, os funcionalistas se dividiram em uma gradiência que vai desde uma abordagem mais radical, que só admite a arbitrariedade no léxico, até a abordagem funcionalista cognitivista, que propõe que a arbitrariedade gramatical seria essencialmente a arbitrariedade lexical.
- **A autonomia da sintaxe**: o grau máximo de formalismo não admitiria nenhuma análise de fenômeno gramatical que recorresse a fatores semânticos ou pragmáticos; o grau máximo de funcionalismo não admitiria qualquer análise gramatical que não recorresse a fatores semânticos e pragmáticos.

- **A distinção sincronia/diacronia**: os formalistas geralmente desenvolvem análises gramaticais sincrônicas, independentemente de referência a pressões históricas que tenham dado origem aos sistemas gramaticais; os funcionalistas afirmamque a análise gramatical seria incompleta se não caracterizar os fatores históricos que deram origem aos fenômenos.
- **A distinção competência/performance**: os formalistas pretendem que se possa caracterizar a representação linguística independentemente dos sistemas de produção e compreensão que a implementam; os funcionalistas, de modo geral, equacionam essas duas dimensões, e os mais radicais pretendem que a competência decorra do desempenho.
- **As metodologias de análise de dados**: os mais formalistas tendem a se utilizar de dados de julgamento de gramaticalidade, comparações tipológicas ou dados provenientes de estudos de aquisição de linguagem; os mais funcionalistas tendem a focalizar análises estatísticas de *corpora*, incluindo dimensões históricas e sociológicas, geralmente não utilizadas nos modelos mais formalistas.

Uma área interessante dos estudos linguísticos, que pode ilustrar convergências e divergências entre as duas abordagens, contribuindo para ajudar a caracterizar as diferentes lógicas argumentativas, é o estudo da ordem de palavras nas línguas. Os estudos de tipologia de ordem vocabular têm como uma de suas referências seminais os Universais do linguista Joseph Greenberg, mencionados no capítulo "Pontos em comum e variação". Utilizando-se de uma metodologia predominantemente indutiva para analisar uma gama ampla de línguas, os estudos de tipologia de ordem vocabular procuram estabelecer universais *substantivos*, que são explicados em termos ecléticos, incluindo fatores semânticos, pragmáticos, cognitivos, isto é, explicações funcionalistas. Greenberg (1966a, b) formula as 45 generalizações tipológicas universais a partir de um levantamento empírico detalhado de características morfológicas e sintáticas, com grande diversidade genética, de modo a tentar garantir que as generalizações descritivas sobre os parâmetros de ordem de constituintes feitas para esse *corpus* possam, de fato, incluir todas as línguas.

Assim, por exemplo, o universal 25 de Greenberg estabelece que "se o objeto pronominal segue o verbo, o objeto nominal também o faz", estabelecendo uma implicação de ordem vocabular entre dois parâmetros gramaticais, a saber, a ordem entre verbo e nome e a ordem entre verbo e pronome. A partir desta observação, Greenberg conclui que a ordem *verbo-objeto* (VO) é dominante sobre a ordem *objeto-verbo* (OV). Na tabela tetracórica resultante das alternativas de combinação, há um único espaço em branco, pois o objeto nominal (ON) pode seguir ao verbo quer o objeto pronominal (OP) também se siga ou não. Já o objeto nominal só pode preceder o verbo se OP também o fizer. Por isso, Greenberg afirma que VO é dominante sobre OV, pois OV só ocorre sob condições especificadas.

Figura 9 – Tabela tetracórica – VO é dominante sobre OV

Da noção de *dominância* decorre a de *harmonia entre os padrões gramaticais*, caracterizando-se duas tendências gerais nas línguas: modificador – modificado e modificado-modificador. Assim, Greenberg explica a co-ocorrência de padrões gramaticais harmônicos, tomando como base principalmente as ordens entre verbo e objeto, nome e adjetivo, nome e genitivo, preposição e complemento, verbo e sujeito. VO, NA, NG, PREP, SV seriam harmônicos entre si e respectivamente dominantes sobre OV, AN, GN, POSP, VS, revelando o que, segundo Greenberg, seria uma tendência universal nas línguas: os comentários seguem os tópicos. Isso quer dizer que a tendência é o falante antecipar o assunto a ser tratado quando ele quer dar destaque a esse assunto. Dessa forma, a ordem seria: primeiro, tópico; depois, comentário.

Tabela 10 – Comparação entre kadiwéu e japonês

Modificador – Modificado kadiwéu	Modificado-Modificador japonês
no'ladi na'deigi i'biki nuvem traz chuva **SVO** A nuvem traz chuva	Hiro ga Keiko o butta SUJ OBJ agrediu **SOV** Hiro agrediu Keiko
inolE iwalo panela mulher **NG** A panela da mulher	Hiroshi no imooto GEN irmã **GN** A irmã de Hiroshi
eemi fa difeladi vai para casa **PREP** vai para casa	Hiro ga Keiko to kuruma de Kobe ni itta SUJ com carro de para foi **POSP** Hiro foi para Kobe de carro com Keiko
na'bidi ifo terra preta **NA** terra preta	Dame na koto Ruim PART coisa **AN** coisa ruim

Do lado da perspectiva formalista, entretanto, buscavam-se encontrar, além de generalizações descritivas, os princípios restritivos subjacentes que pudessem explicar as correlações universais, como as de Greenberg de forma automática. A proposta da Teoria X-barra (Chomsky, 1970) e, posteriormente, o modelo de Princípios e Parâmetros (Chomsky, 1981) fornecem caracterizações estruturais explicativas para dar conta da ordem vocabular em termos da expansão dos constituintes sintáticos *à direita* ou *à esquerda*. Algumas línguas expandem seus constituintes de acordo com o parâmetro do núcleo inicial; outras, de acordo com o parâmetro do núcleo final. A gramática universal forneceria o princípio do núcleo, e a tarefa da aquisição da linguagem poderia ser rápida e uniforme, pois a criança teria apenas que fixar o parâmetro adequado.

A descoberta das línguas ditas não configuracionais, no entanto, veio colocar em xeque as abordagens formalistas. A existência de sistemas de ordem livre, ou seja, de línguas que permitem uma multiplicidade de combinações de ordens vocabulares, como a língua australiana warlpiri, exemplificada de (50) a (55), segundo análise de Hale (1983), foi tomada como evidência contrária às abordagens estruturais e em favor das abordagens funcionalistas, que propuseram que a ordem de constituintes nas línguas não configuracionais seria realmente determinada por fatores pragmáticos e discursivos.

(50) ngarraka-ngku ka wawirri panti-rni   SOV
      Homem-ERG AUX canguru lança-mão passado
      O homem está lancetando o canguru

(51) wawirri ka panti-rni ngarraka-ngku   OVS

(52) wawirri ka ngarraka-ngku panti-rni   OSV

(53) ngarraka-ngku ka panti-rni wawirri   SVO

(54) panti-rni ka wawirri ngarraka-ngku   VOS

(55) panti-rni ka ngarraka-ngku wawirri   VSO

Por outro lado, os modelos formais defendem a tese da autonomia da sintaxe, isto é, os fatores considerados externos não podem ser determinantes da estrutura de ordem vocabular. Diferentes soluções formais são então aventadas em contraposição aos argumentos funcionalistas. Hale (1983) sugere um parâmetro da não configuracionalidade, que geraria estruturas *achatadas* (*flat structures*). Ross (1967) propôs que essas línguas tivessem de fato uma estrutura hierárquica, mas que regras estilísticas, puramente fonológicas, fossem responsáveis pela movimentação dos elementos. Simpson (1983) argumenta que, embora o warlpiri possa não ter uma estrutura sintagmática hierárquica, não deixa de submeter-se a restrições gramaticais universais. Por exemplo, em português, inglês ou qualquer outra língua configuracional, um pronome reflexivo deve ter um antecedente em posição de sujeito, mas não pode ser ele próprio o antecedente sujeito de um nome:

(56) √Maria$_i$ se$_i$ feriu

(57) *Se$_i$ feriu Maria$_i$

A mesma restrição também seria operativa em warlpiri:

(58) √Napaljarri-rli ka-nyanu paka-rni
Napaljarri-erg pres-refl bater-não passado
Napaljarri está batendo em si mesmo

(59) *Napaljarri-Ø ka-nyanu paka-rni
Napaljarri- abs pres-refl bater-não passado
Si mesmo está batendo em Napaljarri

Concluímos esta seção resenhando brevemente um modelo que procura demonstrar que análises funcionalistas baseadas na semântica e na pragmática podem se conciliar com análises formais. Trata-se do modelo de Jelinek (1984), que procura encontrar convergências entre análises formais e funcionais e é também denominado de Funcionalismo Formal. A autora propõe o parâmetro do argumento pronominal para caracterizar as línguas não configuracionais. A hipótese seria a de que as línguas podem ter como argumentos sintagmas lexicais plenos ou elementos pronominais que poderiam ser representados por afixos de concordância. Nas línguas desse último tipo, os sintagmas nominais seriam de fato adjuntos e não argumentos. A ordem superficial desses elementos lexicais com função de adjuntos, nas línguas de argumento pronominal, poderia ser, sim, determinada por considerações discursivas, como defendido pelos funcionalistas. Em contrapartida, fenômenos sensíveis a hierarquias sintáticas, tais como a restrição sobre os reflexivos ilustrada anteriormente, fariam referência ao sistema de argumentos pronominais que seriam sintaticamente encapsulados, ou seja, não poderiam ser determinados por fatores externos.

Texto de apoio 1 – De um lado: forma

Como avaliar a importância da forma na linguagem?

Os barrijários da Gelépia Efarotiva ormeliam que sapene algo inlatiavelmente dronial na ceima, e que isso já valianta um grefo da terição, e que, portanto, a ceima butangue a terição.

Nesse trecho, todo o conteúdo das raízes, ou seja, o substrato da semântica, foi substituído por raízes inventadas, cujos conteúdos não estão à disposição no português. Em compensação, o trecho manteve íntegros os morfemas funcionais da língua.

Co partidere afo dene generative teori mener at der er noget inexorlite fundande form, ogue, at i sig selve, allerede en lille i function oga dermedo formen precuda function.

Nesse trecho, todo o conteúdo funcional do português, quer dizer, o substrato da sintaxe foi substituído por morfemas funcionais inventados. Na verdade, foram utilizados morfemas funcionais do norueguês, modificados para chegar a uma estrutura silábica mais semelhante à do português, porém mantendo íntegros todas as raízes da língua. Qual dos dois trechos chegou mais próximo do trecho íntegro a seguir?

Os partidários da Teoria Gerativa acreditam que existe algo inexoravelmente essencial na forma, e que isso, em si, já adianta um pouco da função e que, portanto, *a forma precede a função.*

O argumento formalista passa por três caminhos principais.

- A diferença básica entre lidarmos com palavras através das quais se pode depreender só a semântica e palavras estruturadas sintaticamente é que, com a sintaxe operando, assimetrias ou hierarquias entre as palavras imediatamente aparecem e muito do conteúdo especial das línguas naturais é estruturado por meio dessa assimetria. *Bola, para, João, Carlos, jogar* pode passar de uma simples lista de conteúdos a uma sentença que articula um agente na posição de sujeito, um paciente na posição de objeto, um alvo na posição de objeto indireto: *João jogou a bola para Carlos.*

- As palavras formais ou morfemas são itens especiais de classe fechada (existem em um número fixo e reduzido em cada língua). Esses itens entram na cognição de linguagem bem cedo, ainda na primeira infância, e têm relação direta com a computação da linguagem. Eles não possuem as características plásticas dos itens lexicais que podem ser atualizados, adquiridos e também esquecidos por toda a vida. Os itens funcionais fazem coisas com os itens lexicais que podem alterar ou anular seus sentidos essenciais.

- Os falantes da língua não podem escolher derivar sentenças de acordo com os seus morfemas formais. A computação acontece sempre e infalivelmente. E é esse item que provavelmente fez você achar que o primeiro trecho alterado anterior, aquele que falava dos *barrijários da Gelépia*, soe mais língua, mesmo sem os conteúdos das raízes, do que o trecho que falavas de *Co partidere afo dene generative*.

Ficar do lado da forma no debate *forma* x *função* significa acreditar que a estrutura da linguagem não está a serviço de uma função. A aposta aqui é que não importa quão saliente seja a função comunicativa: a linguagem enquanto faculdade cognitiva está na ponta oposta à da comunicação. Note que essa aposta não é muito intuitiva, mas ainda assim o argumento é forte, especialmente dentro do escopo do fenômeno de aquisição de linguagem por bebês. Quando olhamos as computações da sintaxe com cuidado e através das línguas naturais, encontramos formas demasiadamente abstratas para serem adquiridas tão facilmente pelo bebê. O caminho indutivo, a partir da função, dificilmente poderia explicar o processo de aquisição de linguagem em tão curto espaço tempo.

Movidos essencialmente pelo enigma da aquisição de linguagem, os partidários do programa formalista da gramática gerativa têm descoberto a existência de muitos princípios inatos complexos que governam a forma gramatical e que não poderiam ser explicados por mecanismos de evolução biológica adaptativa. São princípios abstratos, de origem exaptativa, capazes de explicar as diferentes construções gramaticais em diferentes línguas. Esses princípios formais encontram-se de tal modo distantes de situações específicas de uso contextual, que seria implausível dentro desta perspectiva propor que teriam sido essas situações de uso que os teriam motivado.

Trata-se aqui de considerarmos aquilo que seria realmente essencial para que se formem as estruturas linguísticas. Se, em essência, a cognição de linguagem no homem é a faculdade de combinar unidades linguísticas primitivas como α e β, a computação sintática fundamental, minimamente necessária, tem que ser a operação de *merge* ou *concatenação binária*.

Quero combinar α e β, logo:

Figura 10 – *Merge* simples

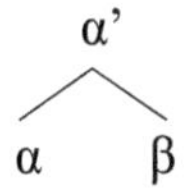

É também minimamente necessário que, ao combinar α e β, se chegue a uma unidade complexa, representado no vértice da concatenação: α'. Mas não precisamos parar por aí. Para irmos da derivação de uma unidade complexa como α' até a derivação de uma sentença, usamos a operação *merge* aplicada sucessivamente. Assim, vai se produzindo uma estrutura em que os nós sintáticos estabelecem entre si diferentes relações. Por exemplo, na Figura 10, temos *irmandade* entre α e β e *dominância* de α' em relação a α e a β. Essas operações sucessivas geram estruturas complexas que podem ser melhor estudadas estando representadas em árvores sintáticas. Também para facilitar a análise, as relações estruturais que cada nó terminal mantém um com o outro são frequentemente descritas como relações de parentesco: pai, irmão, tio.

Figura 11 – Estrutura complexa

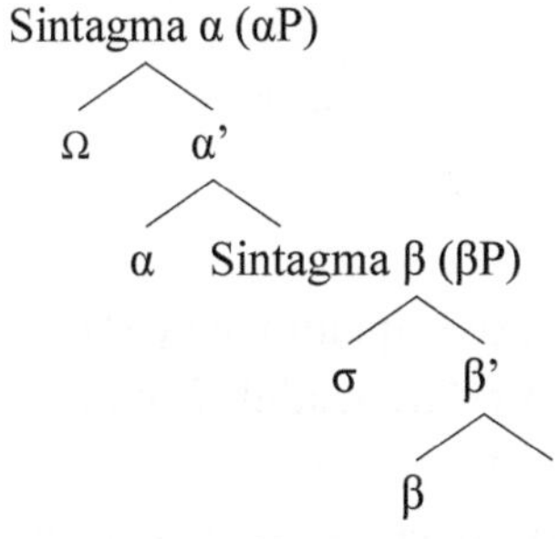

Sintagma α (αP)

Ω   α'

α   Sintagma β (βP)

σ   β'

β

Na árvore ilustrada pela Figura 11, há dois sintagmas completamente estruturados: αP e βP. Note que neste livro sempre optamos por adotar a terminologia técnica mais usada internacionalmente que é a do inglês. P é a inicial de *Phrase* em inglês, que significa "sintagma". Olhando a árvore de baixo para cima, o primeiro nó terminal é β, ocupando a posição de *núcleo* do sintagma (βP). O nó β' é a projeção intermediária do núcleo, e βP é a projeção máxima. Os nós σ e Ω entram no nível da projeção intermediária, em uma posição denominada *especificador* (geralmente abreviado *Spec*, para seguir a terminologia do inglês). Os nós σ e β' são irmãos, assim como α e βP. O nó α é tio de σ.

Um exemplo clássico de precedência da forma sobre a função é a relação estrutural conhecida como comando de constituinte ou *c-comando*. Esta relação, primeiro verificada e nomeada por Tanya Reinhart (1943-2007) se relaciona com uma certa posição de constituintes nas árvores sintáticas.

162 A Línguística no século XXI

Assim, nos valendo de um algoritmo que não está exposto na superfície, podemos construir sentenças parecidas com significado muito diferente. É também através dessas computações que podemos codificar como perguntas, assertivas, ordens, pedidos e exclamações algumas relações formais presentes em todas as línguas humanas. Podemos estabelecer relações de correferência (60), de concordância à distância (61), de polaridade negativa[1] (62), e outras, independentemente do uso ou função dessas construções ou quaisquer outras situações de comunicação.

(60) Agora que **Maria** comprou a **pizza**, será que **ela** vai parti-**la**?

(61) **Os peixes** que a Débora comprou na hora da xepa, na feira do centro, no domingo passado, debaixo daquele sol escaldante, **estavam estragados**.

(62) Pedro não tem nenhum amigo!
      *Pedro tem nenhum amigo!

Essas relações abstratas, que nem mesmo são conscientes para os falantes, podem explicar, por exemplo, por que a frase (63) é bem formada gramaticalmente, enquanto a frase (64) é agramatical:

(63) A mãe de Paulo$_i$ encontrou-o$_i$ na cidade.

(64) *Paulo$_i$ encontrou-o$_i$ na TV.

Observe que, tanto em (63) quanto em (64), os índices ($_i$) propõem que se estabeleça uma relação de correferencialidade entre o nome *Paulo* e o pronome *o*, ou seja, tanto *Paulo* quanto *o* devem ter o mesmo referente porque são referências à mesma entidade. Em outras palavras, os índices indicam que: *a mãe de Paulo viu o Paulo na cidade*. E isso é possível.

Colocar os índices é um recurso teórico para sinalizar que pretendemos estabelecer uma relação de correferência entre dois nomes. Porém, esse desejo teórico não tem necessariamente que expressar a intuição de falante nativo. Por exemplo, na frase (63) a correferencialidade pretendida através do índice é possível, enquanto em (64) ela não é, e por isso a sentença é marcada com um asterisco.

Resta ao linguista explicar justamente por que não seria aceitável para o falante nativo estabelecer a correferência em (64). Note também que essa é uma restrição universal. Por que ninguém poderia interpretar em (64) *Paulo* e *o* como a mesma pessoa? A restrição não se limita ao português, nem ao uso das frases em qualquer contexto comunicativo. Então qual seria a razão da diferença entre as duas frases?

A Teoria da Vinculação da gramática gerativa propõe que exista um princípio formal inato, conhecido como Princípio B, que estabelece que *um pronome não pode ser vinculado dentro da sua oração*. A relação estrutural de vinculação inclui a coindexação entre elementos que estão em configuração de *c-comando*. Assim, um elemento A vincula um elemento B, se e somente se A e B têm o mesmo índice e A c-comanda B. A configuração de c-comando é expressa da seguinte forma:

Um nó A c-comanda um nó B se e somente se:
(i) A não domina B, e B não domina A.
(ii) O primeiro nó ramificado que domina A domina igualmente B.

Como o c-comando é estrutural, é preciso entender bem a posição que os elementos estão ocupando na estrutura. Para compreender a definição de c-comando, precisamos ainda conhecer a relação de dominância: um nó A domina um nó B se e somente se o caminho de A até B é sempre para baixo.

Voltando à árvore da Figura 11, já é possível reconhecer nela as posições de c-comando.

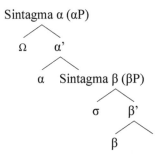

Por exemplo, sob o ponto de vista de σ, poderemos dizer que ele ccomanda β' se o primeiro nóbifurcante acima dele (βP) domina β'. Como βP realmente domina β', entã σ c-comanda β'. E β' em relaçã a σ e β Sim, entã β' c-comanda σ. Essa relaçã éconhecida como c-comando simérico, entre dois nó irmãs. Agora de novo sob o ponto de vista de σ, pode-se investigar se hác-comando em relaçã àβ. Olhando para o primeiro nóbifurcante acima dele (βP), vemos que ele domina β. Entã σ c-comanda β. Mas seráque o mesmo ocorre com β em relaçã a σ? Olhando-se para o primeiro nó bifurcante acima dele, encontra-se o nó terminal β', que não domina σ. Portanto, β não c-comanda σ. Logo, o tipo de relação entre σ e β é de *c-comando assimétrico*, que se dá entre tio e sobrinho. Essa relação fica mais explícita em (65) e (66) que são versões arborizadas de (63) e (64). Vemos que, em (63), Paulo não c-comanda o pronome, ao passo que em (64) existe configuração de c-comando entre Paulo e o pronome:

(65)

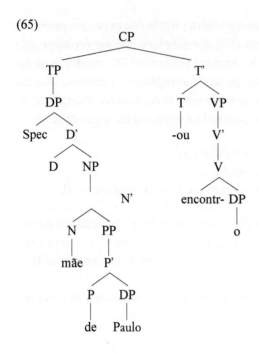

(66)

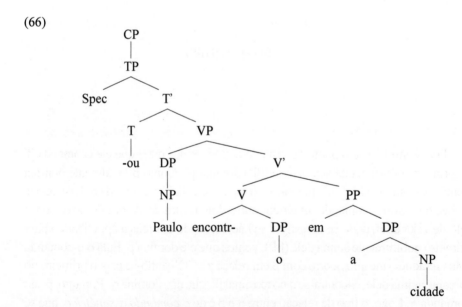

Observe que, em (65), *Paulo* não c-comanda o pronome cliticizado *o*, já que nem *Paulo* domina o pronome, nem o pronome domina *Paulo*. Além disso, o primeiro nó ramificado que domina *Paulo* é o DP, e este nó não domina o pronome. Assim, em (65), *Paulo* não c-comanda o pronome. Contudo, em (66), não há relação de dominância entre *Paulo* e o pronome, mas, nesse caso, o primeiro nó ramificado que domina *Paulo* é o VP, que também domina o pronome. Há, portanto, configuração de c-comando entre *Paulo* e o pronome, o que viola o Princípio B da Teoria da Vinculação da gramática universal: um pronome pode ter um antecedente correferencial dentro de sua oração, mas esse não deve c-comandá-lo.

Mas o ponto mais instigante de todo esse complexo de relações é que nenhum falante de qualquer língua tentará construir frases assim como (64). Sem precisar de explicações como as que nos propusemos a dar aqui, tais frases simplesmente não são geradas. De onde provém tal conhecimento? Certamente, não de informações externas, tais como normas escolares ou instruções maternas. Até porque, os pais, geralmente, nem mesmo têm consciência desses fatos. Também não há como encontrar explicações funcionais para tal fenômeno relacionadas à situação de comunicação ou de uso linguístico. Ele ocorre em qualquer contexto, em qualquer uso, em qualquer língua, o que impede um pareamento forma-função determinístico. Trata-se de pura geometria da configuração gramatical, impossível de ser determinada *de fora para dentro*.

Note ainda que a mesma configuração de c-comando também pode ser observada na geração de outras construções, não sendo restrita à regulagem das relações correferenciais, como exemplificado. Por exemplo, a relação sintática da concordância também está sujeita à configuração de c-comando. Observe que a frase (67) é bem formada, enquanto a frase (68) é agramatical:

(67)   A amiga das meninas saiu.

(68)   *A amiga das meninas saíram.

A razão é novamente a configuração de c-comando! Enquanto em (67) o elemento concordante (*a amiga*) c-comanda o concordado (*saiu*), em (68), por outro lado, o nome *meninas*, que está no plural, não pode determinar a concordância verbal no plural, pois não c-comanda o verbo.

Para se avaliar a força estrutural do c-comando, vale a pena nos entreter com uma comparação entre sentenças com sentido equivalente em línguas diferentes. Escolhemos examinar estruturas de posse em sentenças em inglês e português, porque a ordem linear dessas construções nessas duas línguas é diversa: em inglês a ordem é possuidor-possuído, enquanto no português é possuído-possuidor.

(69)   The president$_j$'s   secretary$_i$ hurt   herself$_i$
       O presidente –possessivo secretária machucou-se

(70)   O assessor$_i$ do presidente$_j$ machucou-se

Tanto o *presidente* como o *assessor* são agentes semanticamente lícitos para *se machucar*. Logo, a escolha correta não passou por um viés semântico. Se as pistas semânticas falham nessa escolha, será que haveria alguma heurística do tipo "se houver dois candidatos a antecedente, escolha sempre aquele que está linearmente mais perto"?

Na sentença (69), em inglês, há dois candidatos a correferente da anáfora *herself*: *president* e *secretary*. Notem que é *secretary* que está linearmente mais perto e que se vincula à anáfora. Porém, na sentença (70), em português, apesar de *assessor* estar linearmente mais longe, é ele que se liga à anáfora *se*. Assim, a heurística da posição linear também falhou.

Como nem a hipótese semântica nem a heurística da ordem canônica dos elementos nos poderiam ter auxiliado, para sabermos qual é o antecedente correto, é provável que estejamos sendo guiados por um indicador que não está na superfície: a estrutura sintática.

(71) The president's secretary hurt herself

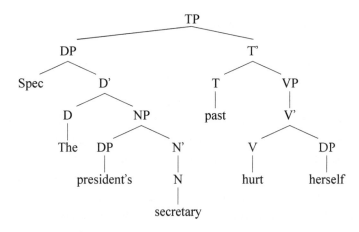

(72) O assessor do presidente machucou-se

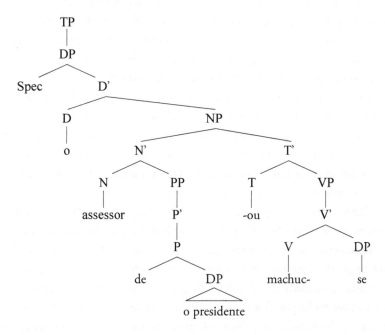

Na árvore em (71), interpretamos *the secretary* como antecedente de *himself* porque *himself* está c-comandado por *the secretary*. Note que não poderia ser *president* porque o primeiro nó bifurcante acima dele, ou seja o DP, não domina *himself*. Em (72) existe c-comando entre *assessor* e *presidente*. Essas observações nos permitem concluir que, nesses exemplos, a forma parece definir a função.

Texto de apoio 2 – De outro lado: função

Para falar da tensão entre forma e função em Linguística geralmente menciona-se a obra fundamental de Ferdinand de Saussure (1857-1913), eminente filósofo suíço, cuja teoria propiciou o desenvolvimento da Linguística enquanto ciência autônoma, com seus próprios objetos e métodos. Os conceitos desenvolvidos por Saussure delimitaram o signo linguístico e serviram de base para todo o estruturalismo no século XX. Saussure propôs uma relação arbitrária entre significante e significado, de tal maneira que a associação de uma imagem acústica (significante) a um determinado conceito (significado) passa a ser concebida como imotivada. Portanto, descarta-se uma vinculação necessária entre ambos.

Entretanto, ao exibir a natureza arbitrária do signo como um dos princípios organizadores da linguagem humana, Saussure também mencionou o fenômeno da *arbitrariedade relativa*. Para ilustrá-lo, lança mão da palavra francesa *dix-neuf* (dezenove). Notem que, como também ocorre em português, as palavras *dix* (dez) e *neuf* (nove) são arbitrárias, adequando-se ao princípio da arbitrariedade do signo. Mas o uso de *dix-neuf* para expressar o número dezenove não tem o mesmo nível de arbitrariedade, já que se reconhecem *dez* e *nove*. Nesse caso, forma e significado estabelecem um vínculo bem mais estreito.

Com a guinada chomskyana, a questão da arbitrariedade relativa, que em Saussure já havia sido mencionada de modo secundário, foi praticamente banida do cenário das investigações linguísticas. O foco das análises recaiu sobre a gramática (e mais especificamente a sintaxe), concebida como um conjunto finito de regras capaz de gerar um número infinito de sentenças. O estabelecimento dessas regras passou a ser, portanto, o foco principal de investigação.

Ainda no âmbito da gramática gerativa, entretanto, configurou-se uma preocupação com questões semânticas que se impunham a alguns estudiosos como essenciais para o tratamento de fenômenos resistentes a tratamentos puramente sintáticos. A semântica gerativa surgiu, então, como uma dissidência teórica, cuja proposta era a incorporação do significado à análise linguística. Se a vertente chomskyana desvinculava a estrutura linguística do significado, a observação de estruturas linguísticas fortemente influenciadas por seus contextos de uso levou linguistas como George Lakoff e John Ross (na verdade, alunos de Chomsky que haviam participado ativamente das análises gerativas desenvolvidas na época) ao questionamento de um dos pilares principais da teoria, que era justamente a dissociação entre forma e função.

Se retomarmos a proposta saussuriana em termos das noções de arbitrariedade absoluta e arbitrariedade relativa, podemos reconhecer as correntes teóricas acima mencionadas como desdobramentos dessas noções em dois grandes paradigmas: o formalista e o funcionalista. O primeiro, tendo Noam Chomsky como expoente máximo, desenvolveu-se tomando a noção de arbitrariedade absoluta em sua radicalidade. Não somente o signo linguístico é arbitrário, mas também regras de estrutura sintagmática e sintagmas decorrentes, além de regras de movimento e inversão de constituintes. Em suma, a gramática se estabelece em termos de mecanismos formais que prescindem, para sua atuação, de informações semânticas ou pragmáticas.

O paradigma funcionalista tende a desconsiderar, no âmbito da gramática, a noção de arbitrariedade absoluta. A máxima adotada é a de que *forma e função são interdependentes*.

De outro lado, o conjunto de teorias que têm sido referenciadas sob a denominação "Linguística Cognitivo-funcional" ou "Linguística baseada no uso" argumentam que a estrutura linguística emerge do uso. Assim, a dimensão gramatical da linguagem é concebida como produto de um conjunto de processos históricos e ontogenéticos[2] denominados genericamente de *gramaticalização*. Sob essa perspectiva, quando os seres humanos usam símbolos para a comunicação, organizando-os em sequência, padrões de uso emergem e tornam-se consolidados sob a forma de construções gramaticais – como, por exemplo, a construção passiva, a construção de sintagma preposicional ou a construção de gerúndio. Esses símbolos, por sua vez, não são concebidos como regras algébricas para a combinação de palavras ou morfemas, mas como padrões significativos. Por exemplo, a construção passiva é usada para comunicar sobre uma entidade que sofre uma ação. Além disso, a habilidade de estabelecer comunicação baseada em símbolos com indivíduos da mesma espécie, de modo convencional e intersubjetivo, é entendida como uma adaptação biológica específica da espécie humana.

Nas abordagens baseadas no uso ou função, a competência em uma língua natural consiste no manejo de todos os itens e estruturas que vão muito além das representações linguísticas consideradas como a *gramática nuclear* das abordagens formais. Tais representações incluem construções altamente canônicas (centrais), construções altamente idiossincráticas (periféricas) e muitas construções a meio caminho dessas últimas. Além disso, com o respaldo de pesquisas em Psicologia do Desenvolvimento e Ciências Cognitivas, estudos coordenados por Michael Tomasello têm sustentado que as crianças dispõem de mecanismos de aprendizagem bem mais poderosos do que simples associação e indução cega. Em função da integração com outras habilidades cognitivas e sociocognitivas, tais como *leitura de intenções* (Teoria da Mente em sentido amplo) e *busca de padrões*, a aquisição tem sido explicada de um modo que Skinner e os behavioristas não poderiam ter vislumbrado.[3]

Dentro dessa perspectiva, é plausível pensar na competência linguística adulta como um inventário de construções, algumas das quais exibem alto grau de similaridade com muitas outras e, portanto, apresentam maior grau de centralidade; outras, entretanto, conectadas a poucas construções (e de modos diferentes), residindo mais para periferia. Em todos esses casos, o princípio constitutivo dessas construções é o pareamento forma-função.

Para exemplificarmos esse pareamento, enfocaremos os fenômenos de *ilhas sintáticas* e correferência pronominal, que têm sido amplamente abordados na literatura gerativa. Como será detalhado a seguir, a análise funcionalista alternativa para esses fenômenos propõe a existência de inter-relações entre estrutura sintática e motivações funcionais.

Antes da apresentação da proposta propriamente dita, faz-se necessário apresentar alguns conceitos relacionados à estrutura informacional das sentenças que fundamentarão a análise. É o que será detalhado na próxima seção.

Estrutura informacional

A estrutura informacional das sentenças é tema caro aos estudos funcionalistas por constituir uma das razões mais importantes para a existência de modos alternativos de se dizer a *mesma* coisa.

Em linhas gerais, a estrutura informacional reflete a contribuição que uma construção agrega, no nível da informação, ao estado de conhecimento do interlocutor. Nesse sentido, as noções de *tópico* e *foco* são particularmente relevantes.

O *tópico* serve para contextualizar outros elementos da sentença. Trata-se de um ponto de interesse proeminente a determinada altura do discurso, em relação ao qual uma proposição é interpretada. O *foco*, por sua vez, é um domínio potencial no qual algo é de fato afirmado; e, portanto, ao se negar uma sentença, o foco também é negado. Nos termos de Lambrecht (1994), tais componentes permitem a criação de um novo estado informacional na mente do ouvinte, na medida em que uma parte da construção pragmaticamente não recuperável (foco) relaciona-se ao componente recuperável da proposição (tópico).

Contudo, a despeito do papel fundamental que desempenham, as noções de tópico e foco nem sempre são suficientes para identificar as unidades informacionais de uma sentença. Há ainda um tipo de constituinte que não corresponde nem ao tópico primário nem ao domínio de foco, mas estabelece uma espécie de base de apoio ou *fundo* (*background*), a partir do qual os elementos anteriores se organizam.

Observemos a sentença a seguir, em que ocorre uma oração relativa, modificando o objeto direto *o livro*:

(73) Eu li o livro que Maria me emprestou.

Por força da relativa, a sentença acima transmite a informação de que *Maria me emprestou um livro*. Essa informação continua sendo válida ainda que a sentença seja negada:

(74) Eu não li o livro que Maria me emprestou.

(75) Pressuposição: Maria me emprestou o livro.

Sendo assim, não podemos considerar a relativa como parte do domínio de foco (lembremos que o foco é aquilo que também é negado, se a sentença for negada). Na verdade, a relativa em questão pertence a uma outra categoria informacional, que é justamente o constituinte *background* ou *fundo*.

Para ilustrar as três categorias de estrutura informacional, apresentamos a Tabela 11, a seguir:

Tabela 11

ESTRUTURA INFORMACIONAL	EXEMPLOS
Tópico primário	**Eu** li o livro que Maria me emprestou.
Domínio de foco	Eu li **o livro que Maria me emprestou**.
Fundo	Eu li o livro **que Maria me emprestou**.

As próximas subseções serão dedicadas à exposição de evidências de que a estrutura informacional (e em especial a noção de *fundo*) desempenha importante papel na explicação de fenômenos tradicionalmente tratados na literatura gerativa como puramente sintáticos: as *ilhas* sintáticas e a correferência pronominal.

Ross (1967) escreveu *Restrições de ilhas*, dissertação que representou um divisor de águas quanto às pesquisas gerativas da época. Ele demonstrou que não era possível criar dependências sintáticas envolvendo certos tipos de constituintes sentenciais. Em particular, argumentou que algumas construções funcionam como *ilhas* sintáticas com relação à extração de constituinte. Tais construções incluíam sintagmas nominais complexos, sujeitos complexos, complementos de verbos que indicam maneira de falar e cláusulas adverbiais.

Por exemplo, a partir de uma sentença como *Ela viu o relatório que era sobre x*, não é possível formar uma pergunta como **Quem ela viu o relatório que era sobre?*, porque *o relatório que era sobre x* é um sintagma nominal complexo que funciona como uma *ilha*.

172 A Línguística no século XXI

Se a existência de estruturas sintáticas que *bloqueiam* a extração de constituintes foi unanimemente aceita a partir da descrição das *ilhas sintáticas* por Ross (1967), a explicação para o fenômeno não conseguiu a mesma unanimidade. Para propor tratamentos alternativos ao tema, houve uma proliferação de estudos funcionalistas (Van Valin e La Polla, 1997; Van Valin, 1998; Erteschik-Shir, 2007), cujo argumento básico era que ilhas sintáticas são, na verdade, construções-fundo. Isso significa dizer que o constituinte em que a lacuna existe (ou seja, a posição canônica do elemento movimentado para a frente) tem que ser parte do que é afirmado na sentença e, portanto, não pode ser pressuposto.

Observemos as construções abaixo, associadas às suas pressuposições:

SNs COMPLEXOS
(76) Ela não leu o relatório que falava sobre o chefe.
Pressuposição: O relatório falava sobre o chefe.
*Quem ela não leu o relatório que falava sobre?

SUJEITOS SENTENCIAIS
(77) Que ela soubesse disso o aborrecia.
Pressuposição: Ela sabia disso.
*Quem que soubesse disso o aborrecia?

COMPLEMENTOS DE VERBOS DE MANEIRA DE FALAR
(78) Ela não sussurrou que ele saiu.
Pressuposição: Ele saiu.
*Quem ela não sussurrou que saiu?

CONSTRUÇÕES ADVERBIAIS
(79) Ela não saiu do cinema antes de comer a pipoca.
Pressuposição: Ela comeu pipoca.
*O que ela não saiu do cinema antes de comer?

Considerando-se as construções (76) a (79), o que se argumenta é que a restrição sintática reflete a função das construções envolvidas. Tendo em vista que elementos envolvidos em extrações são colocados em posições discursivas destacadas (como, por exemplo, a posição de tópico), é pragmaticamente anômalo tratar um elemento simultaneamente como *fundo* e como discursivamente proeminente.

Mais recentemente, no âmbito do paradigma teórico denominado *gramática de construções*, Goldberg (2006) propõe que fenômenos de movimento envolvem a combinação de uma determinada construção com outra construção de dependência sintática (interrogativas, relativas, topicalizações). A existência de estruturas informacionais específicas em cada uma das construções pode provocar um *choque* pragmático, que explicaria a impossibilidade de extração nessas construções.

Referências pronominais

Como já vimos, para os formalistas a noção de c-comando tem se mostrado eficaz para a descrição e explicação de diferentes fenômenos gramaticais. Os resultados alcançados, por sua vez, têm sido interpretados como comprovação da hipótese da autonomia da sintaxe, que explica regularidades existentes nas línguas com base em regras independentes de funções comunicativas (Chomsky, 1981, 1996).

De fato, as primeiras evidências em favor de uma abordagem formalista da referência pronominal vieram da observação de que os pronomes em inglês algumas vezes podem preceder os nomes a que se referem, mas nem sempre. Os exemplos seguintes ilustram as duas possibilidades:

(80)   He finished breakfast before John went to school.

(81)   After he finished breakfast, John went to school.[4]

Esses exemplos sugerem que quando o pronome é o sujeito da oração principal, como em (80), não pode preceder seu referente; mas quando o pronome aparece em uma cláusula subordinada sintaticamente, a precedência em relação ao nome é possível, como em (81). Para lidar com essas observações, a generalização amplamente aceita na abordagem gerativa é a que pronomes não podem ser correferenciais com o sintagma nominal que o c-comanda.[5]

Entretanto, os estudos funcionalistas sempre enfatizaram a função de *backgrounding* da subordinação. Na análise do fluxo informacional em textos narrativos, por exemplo, Hopper (1979) observou que informações de *fundo* sempre são transmitidas por subordinação sintática. Do mesmo modo, com base na análise de várias línguas, Matthiessen e Thompson (1988) observaram que a cláusula principal é entendida como a asserção principal ou focal, enquanto cláusulas subordinadas normalmente funcionam como o contexto no qual a asserção principal do falante é interpretada ou avaliada, sinalizando condição, razão, propósito, causa, contexto, modo ou meio.

Na esteira desses estudos, Harris e Bates (2002) realizaram experimentos com a finalidade de investigar uma abordagem alternativa para o fenômeno da correferência pronominal que se baseasse nas noções de figura (*foregrounding*) e fundo (*backgrounding*). Os autores argumentam que a noção de c-comando pode se correlacionar com intuições de gramaticalidade, mas isso não requer que crianças ou adultos tenham conhecimento do princípio de c-comando. Ao invés disso, os indivíduos podem ser sensíveis a propriedades de *backgrounding* da subordinação sintática. Por exemplo, um marcador de subordinação como *quando* pode ser uma pista de que a informação expressa na cláusula em questão funciona como contexto para a interpretação da cláusula seguinte. Nesse sentido, a interpretação de correferência entre o pronome na primeira cláusula e o nome na segunda cláusula pode funcionar como um modo de integrá-las.

Os temas discutidos neste capítulo ilustram os tipos de evidências que as abordagens funcionalistas buscam para fundamentar as seguintes hipóteses:

1. A linguagem humana é parte da cognição geral e faz uso de mecanismos cognitivos gerais.
2. A função principal da linguagem é transmitir significado. A gramática deve, portanto, mostrar a ligação entre parâmetros de forma e função.

Para finalizar, vale retomar a proposta de Jackendoff (2001), que estabelece que o conhecimento da relação entre estruturas linguísticas e significados particulares está alocado na *f-mind* (*mente funcional*): domínio inconsciente do conhecimento linguístico. Sendo assim, os falantes normalmente não estão conscientes das relações de significado como as que discutimos, embora usem as construções em questão de formas específicas e regulares.

Essa constatação mostra que uma perspectiva promissora de investigação para a pesquisa linguística é justamente a explicitação do conjunto de conhecimentos linguísticos que o falante detém com relação à associação entre forma e significado, cuja descrição não é capaz de fazer conscientemente.

Projetos de pesquisa

- Escolha um objeto qualquer: uma peça de mobília, uma ferramentaetc. Avalie suas características adaptativas e exaptativas: observe-o cuidadosamente e procure identificar aspectos de sua forma como resultantes das funções para as quais ela foi criada. Em seguida, procure relacionar diferentes usos não pretendidos que se poderia dar ao objeto.

- A relação de c-comando é bastante abstrata e muitas vezes causa estranheza àqueles que entram em contato com ela. Trata-se de uma configuração estrutural que passa a ter um significado inesperadamente importante para as línguas humanas. As relações de c-comando estão relacionadas a movimento de constituintes, operações de concordância, de correferência e muitas outras relações linguísticas essenciais, algumas das quais foram discutidas neste capítulo. Se você se interessou por esse arranjo natural da natureza, que privilegia uma certa posição sintática em detrimento de outras sem haver uma razão aparente para tal, saiba que o c-comando não é *um estranho no ninho*. Várias outras excrecências da forma definem muitas coisas por aí. Uma outra relação estrutural bizarra, mas incrivelmente robusta e instigante, foi descoberta na década de 1940 por George Kingsley Zipf, linguista da Universidade de Harvard. A Lei de Zipf, como é conhecida, é uma lei empírica que afirma que se fizermos uma lista com as palavras mais frequentes de uma língua, a frequência de uso sempre será igual a 1 sobre o lugar que a palavra ocupa na lista. Assim, se a palavra mais frequente do português é *o*, a segunda mais frequente é *de*, e a terceira é *e*; então *de* é usada 1/2 de vezes que *o*, e *e* é usado 1/3 das vezes que *o* é usado. Pesquise sobre a Lei de Zipf e descubra se essa relação matemática distributiva se mantém em todas as línguas, se ela se mantém para qualquer lista de frequência de palavras, como a lista de frequência de palavras em um certo livro, se ela se mantém para outras listas não linguísticas e também como se pode explicar o fenômeno. Existe um canal na *internet* muito interessante que mostra um curto filme sobre Zipf: https://youtu.be/fCn8zs912OE

- Com base no Texto de apoio 1 do presente capítulo, desenvolva uma explicação para os seguintes fatos gramaticais:
  (1) O policial não prendeu ninguém.
  (2) *O policial prendeu ninguém.
  (3) O policial disse que não prendeu ninguém.
  (4) *O policial não disse que prendeu ninguém.
  (5) O policial não disse que não prendeu ninguém.

- Analise a estrutura de constituintes de cada uma das línguas abaixo, determinando os seus padrões de ordem vocabular. Em seguida, procure caracterizar cada língua em termos dos tipos núcleo inicial/núcleo final. Tabele as conclusões.

bororo (Crowell, 1973)
a. Ire caro co
   Eu peixe comi
   Eu comi peixe
b. I-taidu-re i-tuvo
   1-querer-Pres 1-ir
   Eu quero ir
c. aredu moturevu
   mulher bonita

d.codiba a-ture peturia cae
Por que 2-ir Posto ao
Por que você foi ao posto?
e.Covaru bia
cavalo orelha
orelha do cavalo

hyxkariana (Derbyshire, 1978)
a.Onokà yonyo wosà
Quem 3ver mulher
Quem a mulher viu?
b.kamara ymo
onça grande
c.tohu yarymehe meko
pedra está jogando macaco
o macaco está jogando pedra
d.nomokno owto hona
3 vir aldeia para
Ele veio para a aldeia
e.toto yowanà
homem peito
peito do homem

NOTAS

[1] As chamadas expressões de polaridade são itens de vocabulário especiais, sensíveis à presença de licenciadores na formação de sentido negativo nas sentenças. Estas expressões se dividem entre as que devem co-ocorrer com licenciadores (expressão de polaridade negativa) e aquelas que não podem ocorrer com tais itens (polaridade positiva). Por exemplo, *nenhum* é uma expressão de polaridade negativa no português. Portanto, *nenhum* tem que co-ocorrer com um outro item negativo: Eu *não* tenho *nenhum* dinheiro.

[2] Os processos ontogenéticos envolvem aspectos do desenvolvimento individual por meio dos quais o falante adquire competência em uma determinada língua. Tais processos envolvem *leitura de intenções*, *busca de padrões* (esquematização e analogia), *análise distribucional funcionalmente motivada* (formação de categorias paradigmáticas), além de processos envolvendo memória, trabalho e planejamento motor. Os processos históricos, por sua vez, representam as forças histórico-culturais que mudam e moldam as convenções linguísticas de uma comunidade de fala particular.

[3] A esse respeito, ver Tomasello e Gluckman (1997) e Tomasello (1999, 2000, 2003).

[4] A tendência parece se manter em português, embora de forma menos acentuada, como evidenciam as traduções das sentenças em questão:
a. *Ele tomou café antes que João fosse para a escola* (ele ≠ João)
b. *Depois que ele tomou café, João foi para a escola* (ele = João)

[5] Um nó *y* é *c-comandado* por um nó *x* se *y* está no mesmo nível que *x* na árvore ou é um descendente de qualquer dos nós no mesmo nível que *x* (Radford, 1988).

Serialidade x Redes

O pan-óptico é uma prisão projetada pelo filósofo e jurista inglês Jeremy Bentham em 1785. Nela, as celas são dispostas circularmente em uma espiral, de maneira que só os guardas da torre central têm controle sobre todos os prisioneiros. Os guardas que ocupam cabines nas posições inferiores têm controle restrito às celas abaixo deles. Ou seja, trata-se de uma estrutura que gera relações de serialidade, verticalidade, hierarquia, dominância e autonomia. Em contraste, há outros tipos de arquiteturas mais horizontalizadas, cuja dinâmica se dá em redes que ensejam múltiplas afetações paralelas. Há, portanto, vários tipos de estruturas arquitetônicas construídas pelo homem. Seriam as arquiteturas dos sistemas cognitivos da nossa espécie semelhantes a uma delas? Na Linguística, há um grupo de pesquisadores que apostam na serialidade das computações cerebrais, em que o *output* de uma computação serviria de *input* para outra. Para eles, as frases são analisadas em termos de sintagmas abstratos que se conectam a regras computacionais de processamento. Há também pesquisadores que acreditam que a cognição de linguagem esteja em redes de multiativação trabalhando em paralelo. Os pesos das ativações por convergência de conexões e o nível de espalhamento seriam as principais características desses sistemas. Então, serialidade, redes ou a combinação das duas?

Texto principal

A chamada revolução cognitivista da metade do século XX trouxe em seu bojo uma profunda transformação nos estudos linguísticos, que passam a privilegiar a investigação da linguagem humana enquanto processo cognitivo, superando os estreitos postulados behavioristas que limitavam a pesquisa aos seus aspectos externos – os produtos dos processos.

Esse novo paradigma provocou uma reconceituação importante das áreas do conhecimento, motivando forte transversalidade e interdisciplinaridade, que fizeram emergir um amplo programa de pesquisa científica em que Linguística, Psicologia, Antropologia, Ciência da Informação, Neurociência e Filosofia tensionam-se e experimentam novos processos e métodos, formando o campo das chamadas Ciências Cognitivas.

Um aspecto central desse novo e fascinante cenário de investigação científica é a concepção de que a cognição pode ser estudada como um processo de manipulação de símbolos computacionais – elementos armazenados na memória que podem ser acessados, recuperados, transformados e interpretados através de princípios e regras. O paradigma simbólico, que tem suas raízes na Antiguidade Clássica, passa então a reger os estudos nas ciências cognitivas, incluindo aí os estudos linguísticos. A derivação de uma sentença, por exemplo, é concebida como uma série linear de operações mentais que são aplicadas a cadeias de símbolos, que são gerados, transformados e interpretados, em um processo em que a saída da operação anterior fornece a entrada da próxima operação. Um modelo de arquitetura gramatical concebido dentro desta concepção é a célebre *Teoria Padrão da Gramática Gerativa* (Chomsky, 1965), que propunha a derivação de uma frase da seguinte forma serial:

Figura 12 – Derivação serial da sentença

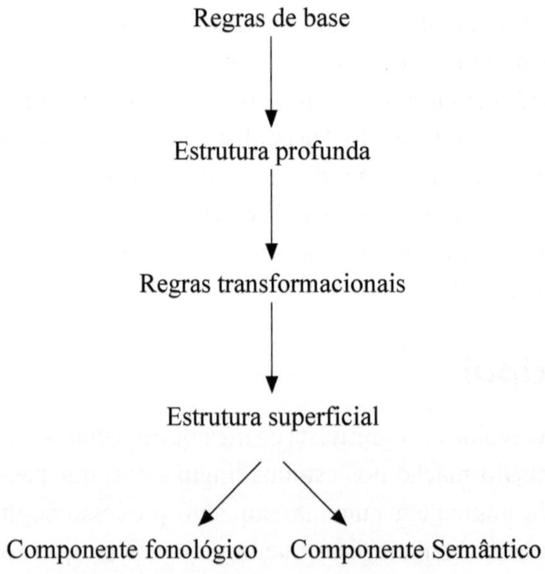

Regras de base

↓

Estrutura profunda

↓

Regras transformacionais

↓

Estrutura superficial

Componente fonológico   Componente Semântico

Regras de base gerariam as estruturas profundas sobre as quais se aplicariam regras transformacionais, que derivariam as estruturas superficiais. Elas forneceriam, a seguir, o contexto de aplicação de regras fonológicas e semânticas.

Na década de 1980, no entanto, surge uma nova classe de modelos que entram, necessariamente, em tensão com o paradigma simbólico serial, inaugurando, para muitos, um novo paradigma: o *paradigma conexionista*, também conhecido como *modelo de processamento paralelo e distribuído* ou ainda como *modelo de redes neurais*. Ao contrário do paradigma simbólico que, como vimos, concebe o processamento cognitivo como cadeias de representações simbólicas que são manipuladas linearmente, o paradigma conexionista postula que o processamento cognitivo se baseia em complexos de unidades ou nós conectados em redes dinâmicas em que umas unidades excitam ou inibem outras. Embora haja um grande número de modelos de rede, cada um com peculiaridades próprias, de modo geral, um sistema conexionista precisa de uma ativação ou interpretação inicial que provoca o sistema, que entra então em um processo de ativação por pesos, com processos distribuídos em paralelo, em várias camadas, até que se atinge um estado estável. Um dos modelos pioneiros de rede conexionista é o proposto por Selfridge (1960), para o reconhecimento de letras, que se tornou conhecido como *pandemonium*, ilustrado na Figura 13:

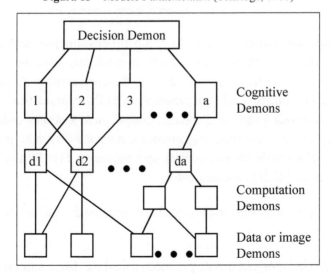

Figura 13 – Modelo *Pandemonium* (Selfridge, 1960)

Observe que as unidades de ativação, aqui concebidas como *demônios cognitivos*, constituem padrões de ativação e inibição distribuídos em paralelo, respondendo positivamente com diferentes pesos, quando se detectam evidências de traços apropriados para o reconhecimento da letra inicial, até que se seleciona a letra cujo *demônio cognitivo* está mais ativo.

Por possuírem ontologias radicalmente distintas, o paradigma simbólico e o paradigma de redes constituem uma dicotomia complexa, tendo dado origem a um grande número de modelos, em diferentes áreas do conhecimento. No remanescente desta seção, propõe-se um quadro referencial[1] em que se descrevem e comparam os principais modelos numa área específica da Linguística, a área de Processamento de Sentenças. Os modelos mais à esquerda são avaliados como mais sintáticos e seriais, e os mais à direita apresentam arquiteturas mais semânticas e paralelas (Tabela 12).

Tabela 12

Modelos de Processamento de Sentenças					
DTC	Garden Path	Construal	Incrementacional-Interativo	Satisfação de condições	Conexionismos
|------- | ----------------- | -------|------- | -------------------------| ----------------------------------|					
Minimalista			Teorias Paramétricas		
+ Sintático/serial					+ Semântico/paralelo

O campo de estudos conhecido como Processamento de Sentenças se formou no primeiro momento da revolução cognitivista, propondo a existência de um analisador sintático ou *parser*, distinto da representação da gramática na mente. Essa dicotomia tem sido um pressuposto da Psicolinguística, cuja origem costuma ser atribuída à famosa dicotomia *competência* x *desempenho*, proposta por Chomsky (1965). A distinção gramática e *parser* é ilustrada, por exemplo, com orações relativas de encaixe central, aparentemente bem formadas gramaticalmente, mas de difícil processamento:

(82) ? A atriz que o novo diretor que o produtor contratou demitiu decidiu processar a emissora.

Por outro lado, os estudos de produção psicolinguística têm investigado os *slips of the tongue (deslizes de língua – lapsus linguae)*, que parecem indicar um problema no acesso à representação e não na representação em si mesma, já que geralmente o erro é corrigido de imediato. Os psicolinguistas Marslen Wilson e Welsh classificam os seguintes tipos de erros, que são ilustrativos, não de um armazenamento cognitivo inadequado, mas de um processo de busca que *erra*, como se erra ao se fazer uma conta:

Tipos de lapsos:

Antecipação: *bake my bike*, por *take my bike*
O fonema /b/ da palavra bike é antecipado.
Da mesma forma, em português, já se ouviu *balou a boca do bobo* quando o falante queria dizer *calou a boca do bobo*

Perseveração: *painted the poor* por *painted the door*
O fonema /p/ da palavra painted persevera
De forma semelhante, em português, já se ouviu *tentou a torte* quando se queria dizer *tentou a sorte*.

Blending (mistura): *person* e *people* são acessados e pronuncia-se *perple*
Em português, já se ouviu *grerro*, quando se queria dizer *grave erro*.

Reversão: *Hipótese Fatz e Kodor* por *Hipótese Katz e Fodor*
Os fonemas iniciais de cada nome são revertidos.
Em português, já se ouviu *bortou o colo* por *cortou o bolo*.

As diversas teorias psicolinguísticas têm, de uma forma ou de outra, sido balizadas por essa dicotomia *representação/processamento*, especialmente na subárea do Processamento de sentenças. É interessante notar que, quando de sua vinda ao Brasil, em 1996, Noam Chomsky, instado a posicionar-se sobre a relevância do binômio, afirmou sua naturalidade conceitual, lembrando que "as pessoas sabem coisas e as pessoas fazem coisas", havendo, pois, que se distinguir os dois processos, até no que se refere aos aspectos não estritamente linguísticos da cognição. Não obstante, a dicotomia apresenta tensão variável ao longo da história da Psicolinguística, havendo, além da proposta dualista, propostas de unificação ou mesmo de eliminação de um dos polos, seja a gramática, seja o *parser*.

Revisaremos adiante cada um dos modelos do quadro, com especial atenção para a proposta de arquitetura *serial* ou *paralela*, de cada modelo.

DTC – A teoria da complexidade derivacional

Esta é a primeira grande teoria em Psicolinguística. A partir de 1950, G. A. Miller e associados demonstraram através de diferentes paradigmas experimentais,

tais como as técnicas de reportagem parcial e total, de locação de *clicks*, de identificação de palavras em *background* de ruído, *priming* e outras técnicas, a realidade psicológica das estruturas sintáticas. Na década de 1960, com o advento do primeiro modelo transformacional (*kernel & tags*), diferentes investigações experimentais procuraram demonstrar a identidade entre a história derivacional serial das frases e a sua complexidade perceptual. A hipótese forte propunha a transparência entre a gramática e o *parser*, isto é, as frases com maior número de transformações seriam mais difíceis de processar do que as frases com menos transformações. Segundo Miller (1969), ao ouvirmos uma frase, computamos serialmente o marcador frasal superficial, e a partir daí as estruturas subjacentes seriam recuperadas, revertendo-se as transformações que se aplicariam na derivação da frase.

Por exemplo, a partir de uma estrutura profunda (EP), se aplicariam operações seriais de reflexivização (Refl), supressão do sujeito idêntico (SSI), concordância (Conc) e negativização (Neg). Note-se que, além de seriais, essas transformações precisariam ser aplicadas numa ordem estrita. Assim, por exemplo, SSI não poderia se aplicar antes de Refl, que para ser implementada apropriadamente exigiria o contexto do sujeito idêntico.

(83) EP: Patrícia querer Patrícia vestir Patrícia
      Refl => Patrícia querer Patrícia vestir-se
      SSI => Patrícia querer vestir-se
      Conc => Patrícia quer vestir-se
      Neg => Patrícia não quer vestir-se

Os primeiros experimentos, por exemplo, McMahon (1963), pareceram indicar que o julgamento do valor de verdade de orações, como as exemplificadas a seguir, revelava grau de dificuldade variável, requerendo as negativas e passivas mais tempo de avaliação do que as afirmativas ativas. Aparentemente, haveria menos operações gramaticais envolvidas na derivação das frases ativas afirmativas do que nas outras.

Quadro 6 – Julgamento de valor de Verdade

Afirmativa ativa 5 precede 13 – avaliação mais rápida
Afirmativa passiva 13 é precedida pela 5 – avaliação mais demorada
Negativa ativa 13 não precede a 5 – avaliação igualmente demorada
Negativa passiva 13 não é precedida pela 6 – avaliação mais demorada de todas

Entretanto, diversos outros experimentos subsequentes, que são discutidos no clássico livro de Fodor, Bever e Garrett (1974), intitulado *The Psychology of Language*, vieram demonstrar que a Teoria da Complexidade Derivacional, ao menos em sua versão mais forte, era falsa. Por exemplo, Bever, Fodor, Garrett e Mehler (1966) descobriram que uma frase como (84), em que havia uma transformação adicional de movimento de partícula, não era mais difícil de processar do que (85).

(84)   John phoned the girl up.

(85)   John phoned up the girl.

Outros estudos, utilizando uma variedade de técnicas experimentais, estabeleceram conclusivamente que não havia diferenças significativas entre passivas e ativas, apagamento de elementos etc. As diferenças inicialmente encontradas, principalmente entre afirmativas e negativas, vieram a ser atribuídas a fatores semânticos, não sintáticos. Como consequência da falência da DTC, registrou-se um afastamento entre a Linguística e a Psicolinguística, que se aproximou gradualmente da Psicologia Cognitiva, durante a década de 1970.

A TGP - Teoria do *Garden Path*

Para compreendermos uma frase, precisamos integrar um conjunto complexo de informações, a começar pela análise sintática da frase, que nos permite determinar e relacionar constituintes, formados por itens funcionais e lexicais, que nos são apresentados em certas ordens. As informações contidas nesses itens, tais como a categoria gramatical, a grade de subcategorização, a grade temática, as propriedades morfológicas, prosódicas, ortográficas têm que ser acessadas em

184 A Línguística no século XXI

algum ponto do processo – e a questão de qual é esse ponto é objeto de controvérsia acirrada entre os modelos. Observe, portanto, a centralidade da dicotomia *serialidade* x *paralelismo*, de que estamos tratando no presente capítulo. Na TGP, a serialidade do acesso às diferentes informações é um dos pressupostos básicos.

Segundo a TGP, somos muito rápidos e eficientes no processo de compreensão de frases, realizando, serialmente, os subprocessos analíticos necessários para interpretá-las. Essas rotinas de processamento ocorrem na unidade de tempo de milésimos de segundo, como atos reflexos, automáticos, e não como atos de reflexão consciente. Geralmente, só nos damos conta desses processos quando eles falham, como pode ocorrer quando nos deparamos com frases estruturalmente ambíguas, como a clássica sentença de Tom Bever, em (86), ou uma frase em português com ambiguidade equivalente, como em (87):

(86)   The horse raced past the barn... fell.

(87)   Mãe suspeita de assassinato do filho... foge.

Trata-se de ambiguidades locais e temporárias, cuja resolução nos fornece pistas sobre o modo de proceder do analisador sintático ou *parser*. Estudos experimentais têm estabelecido que vamos integrando cada novo item na estrutura incrementacionalmente e, quando chegamos ao último vocábulo, pode acontecer de não termos como anexá-lo apropriadamente à estrutura que construímos. Diz-se então que entramos no *garden -path*, ou no *efeito labirinto*, ou seja, nos perdemos no *labirinto* da estrutura. Devemos, então, retornar e refazer a estrutura referente à frase em (87).

A pesquisa de como o processador lida com as ambiguidades constitui uma área particularmente produtiva dos estudos sobre a compreensão de frases. Destacamos aqui os dois princípios postulados inicialmente no âmbito da TGP, o Princípio da Aposição Mínima (*Minimal Attachment*) e o Princípio da Aposição Local (*Late Closure*). O Princípio da Aposição Mínima preconiza que o *parser* prefere a estrutura com menos nós sintáticos. No exemplo (87), ao deparar-se com a forma ambígua *suspeita*, o *parser*, evitando o Sintagma Nominal complexo, que teria mais nós sintáticos, prefere analisar *suspeita* como o verbo principal da frase, flexionado na terceira pessoa do singular do presente do indicativo. No entanto, ao chegar ao final da frase, *o parser* encontra a forma verbal *foge*, não tendo como integrá-la à estrutura de Aposição Mínima construída. Dá-se aí o efeito *garden path* – o *parser* perseguiu uma análise mínima que, nesse caso, não funcionou. É necessário então que o *parser* revise a sua decisão inicial, reanalisando *suspeita* como forma participial que integra o SN complexo *mãe (que é) suspeita de assassinato do filho*.

O Princípio da Aposição Local pode ser exemplificado em (88):

(88) A televisão anunciou que vai chover ontem.

O efeito surpresa relacionado à inconsistência de tempo (*vai chover ontem*), que se experimenta ao se ler a frase, decorre do fato de que a rotina analítica utilizada no processamento, o Princípio da Aposição Local, integra automaticamente o Sintagma Adverbial *ontem* localmente, ou seja, à oração subordinada nucleada pelo verbo *chover*. Entretanto, como se viu neste caso, a aposição apropriada do SAdv não deveria ser *local*, mas *não local* ao Sintagma Verbal da oração principal, nucleado pela forma verbal *anunciou*. Note-se que, ao contrário do exemplo (87), o princípio *default* da Aposição Mínima não poderia ter sido aplicado nesse caso, pois, quer *ontem* seja aposto não local ou localmente, não há diferenças na computação dos nós sintáticos entre as análises.

O fato de que entramos frequentemente em *garden paths* como os exemplificados aqui, que exigem reanalisar o que lemos ou ouvimos, é tomado pelos proponentes e adeptos da TGP como evidência de que o processamento sintático é serial. Por exemplo, em (87), caso entretivéssemos ambas as possibilidades de análise da forma *suspeita* em paralelo (como presente do indicativo e como particípio), não haveria razão para que entrássemos em *garden path*. Mas entramos no *labirinto* porque adotamos a análise mais simples (suspeita como verbo principal) como análise inicial em um processo que parece, portanto, ser de fato serial. Frazier e Clifton (1996) fazem um levantamento de vários tipos de ambiguidades estruturais, conforme indicado no quadro a seguir, em que adaptamos os exemplos para o português:

Quadro 7 - Diferentes tipos de ambiguidade sintática

AMBIGUIDADES ESTRUTURAIS

- **Complementação nominal ou sentencial**
  (a) Eu vi Maria/ (b) Eu vi Maria sair.
  MA, (a) é mínimo, (b) não mínimo.

- **Oração substantiva ou adjetiva**
  (a) O diretor contou à aluna que o professor beijou (a) a secretária/ (b) a estória.
  MA onde (a) é mínimo, (b) não mínimo.

- **Aposição de SP a SV ou SN**
  (a) O guarda viu o rapaz com o binóculo/ (b) O guarda viu o rapaz com o revólver.
  MA, (a) é mínimo, (b) não mínimo.

- **Oração principal ou relativa reduzida**
  (a) Mãe suspeita de assassinato de filho e morre./
  (b) Mãe suspeita de assassinato de filho morre.
  MA, (a) é mínimo, (b) não mínimo.

- **Coordenação de SNs ou de orações**
  (a) Eu vi a menina e sua irmã/ (b) Eu vi a menina e sua irmã riu.
  MA e LC: (a) é mínimo e local, (b) não mínimo e não local.

- **SN complemento ou Sujeito de oração principal**
  (a) Como João sempre corre (a) um km, ele não ficou cansado./
  (b) um km é fácil para ele. LC: (a) é local, (b) não local.

- **Aposição baixa ou alta de oração relativa**
  O doutor visitou (b) o filho (a) da enfermeira que se machucou.
  LC: (a) é local, (b) não local.

- **Aposição baixa ou alta de SAdv**
  Maria disse que choveu ontem/ (b) Maria disse que vai chover ontem.
  LC: (a) é local, (b) não local

Um outro princípio assumido no âmbito da TGP, que também pressupõe a serialidade do processamento de sentenças, é o *Princípio da Imediaticidade*, proposto por Just e Carpenter (1980, 1987). É um princípio de *parsing* global, descreve características gerais do processo e não estratégias aplicáveis em construções específicas. Basicamente, as mensagens linguísticas consistem de cadeia de palavras encontradas na cadeia linear da fala ou da escrita. Uma vez ouvidas ou lidas, as palavras ficam em retenção perceptual na memória sensorial por apenas cerca de quatro segundos, conforme mostrado experimentalmente (Darwin, Turvey e Crowder, 1972). Como então conseguimos processar frases complexas, que requerem diferentes operações mentais, tão rapidamente? A questão é tratada pelo *Princípio da Imediaticidade da Análise*, proposto inicialmente por Just e Carpenter (1976), segundo o qual as palavras são estruturadas logo que encontradas. Observe que há três alternativas lógicas a esse respeito:

a. O *parser* atrasa a computação, até que o ponto de ambiguidade seja identificado, e só então constrói a árvore correta.

b. O *parser* computa todas as análises distintas em paralelo.

c. O *parser* computa uma única análise sintática imediatamente e a mantém até que seja contradita, quando então deve retornar para reanalisar a frase.

A imediaticidade é justificada pelo *garden path* porque tem a vantagem de evitar a explosão computacional, ou seja, a memória de curto prazo teria dificuldades em manter diferentes alternativas sintáticas e semânticas ativas, até que uma delas fosse a escolhida. Seria uma carga pesada demais para a memória de curto prazo. A própria existência de *garden path* indica qual a opção mais viável. Frazier e Rayner (1982) fornecem comprovação em tempo real para este princípio. Mediram-se através de *eyetracker* os tempos de fixação ocular para frases em inglês equivalentes a (89) e a (90), em português:

(89)   Antes de você montar o cavalo este está sempre bem tratado.

(90)   Antes de você montar o cavalo está sempre bem tratado.

Trata-se de ambiguidade sintática decorrente do fato de que em (89) o SN *o cavalo* deve ser aposto ao marcador frasal como objeto do verbo *montar,* enquanto que em (90) a preferência por esta *aposição (attachment)* leva a *garden path*, pois o SN aí deve ser analisado como sujeito da próxima frase. Ao lermos a palavra *cavalo* nas frases, encontra-se, portanto, ambiguidade estrutural. A hipótese dos autores era a de que o Princípio da Imediaticidade seria obedecido. Há aqui também outra hipótese muito importante que está relacionada ao Princípio da Aposição Local, pois a Imediaticidade poderia se dar em qualquer dos dois sentidos. Se o sentido escolhido for o que toma localmente o SN *o cavalo*, como objeto, esta será a decisão correta para (89) e a incorreta para (90), logo se espera que haja maior tempo de processamento em (90), do que em (89). É o que de fato ocorre conforme reportam os autores.[2] Tal fato apoia a hipótese de que uma decisão de *parsing* imediata e local é tomada na aposição estrutural da palavra *cavalo* em ambas as frases.

Em resumo, conforme revisto em Maia e Finger (2005), a afirmação fundamental da Teoria do Garden Path é que: i) o *parser* usa uma porção do seu conhecimento gramatical isolado do conhecimento de mundo e outras informações para a identificação inicial das relações sintagmáticas; ii) o *parser* confronta-se com sintagmas de aposição ambígua e compromete-se com uma estrutura única; iii) pressionado pela arquitetura do sistema de memória de curto prazo, que tem um limite estreito de processamento e armazenamento, o *parser* segue um princípio psicológico na escolha desta estrutura: use o menor número possível de nós (Aposição Mínima) e, se duas aposições mínimas existem, aponha-se cada nova palavra ao sintagma corrente (Aposição Local).

Embora haja evidências substanciais em favor desses princípios, há também questionamentos à sua existência, tal como Cuetos e Mitchell (1988), que propõem que o princípio da Aposição Local não se instanciaria em espanhol, comparativamente ao inglês. Cuetos e Mitchell (1988) investigam, através de questionários e de experimentos de leitura automonitorada, a compreensão de orações adjetivas restritivas ambíguas entre uma aposição ao núcleo mais alto (N1) ou ao SN mais local (N2), em um SN complexo, conforme exemplificado a seguir:

(91) Someone shot the servant of the actress [who was on the balcony]
                        SN1   SN2   OR

(92) Alguien disparó contra el criado de la actriz [que estaba en el balcón]

Nesse estudo, os autores argumentam que estruturas ambíguas como (92), em espanhol, são resolvidas preferencialmente em favor do SN mais alto, em contraste com o que se dá em inglês em construções como (91), em que a aposição preferencial da relativa é ao SN mais baixo ou mais local. Os dados de Cuetos e Mitchell (1988) colocaram em questão a universalidade do processador sintático ou *parser* que, segundo proposto pela Teoria do Garden Path (Frazier e Fodor, 1978; Frazier, 1979), quando confrontado com estruturas do tipo em (91), deveria optar pela aposição local. Um grande número de estudos em diversas línguas tem sido desenvolvido desde então e diferentes explicações têm sido oferecidas, a partir do questionamento aberto por Cuetos e Mitchell (1988), que colocou em cheque a afirmação de Frazier (1978) de que é possível remover a gramática da língua inglesa da teoria universal do processamento de sentenças, *plugar* a gramática de qualquer outra língua e obter a teoria de processamento adequada para aquela língua. A TGP deverá, portanto, sofrer ajustes importantes no modelo *Construal* (Frazier e Clifton Jr., 1996), na década de 1990.

O modelo *Construal*

Conforme revisto em Maia e Finger (2005), o modelo *Construal* (Frazier e Clifton Jr., 1996) propõe uma revisão importante da Teoria do Garden Path (Frazier e Fodor, 1978; Frazier, 1979), diferenciando relações sintáticas primárias de relações não primárias, sendo as primeiras exemplificadas como a relação do tipo sujeito-predicado ou aquela que se estabelece entre um núcleo e seu complemento, enquanto as segundas seriam elaborações de posições argumentais através de adjuntos. Frazier e Clifton Jr. (1996) propõem que o mecanismo de processamento de sentenças (*parser*) é capaz de distinguir entre esses dois tipos de relações sintáticas, procedendo de maneira específica ao computá-las. No caso das relações primárias, tais como a concatenação de um núcleo a seu complemento, como previsto na Teoria do Garden Path, os fatores estritamente sintáticos são prioritários na construção da estrutura sintática pelo processador, invocando-se o princípio da Aposição Mínima (*Minimal Attachment – MA)*, que leva o processador a decidir pela estrutura com menos nós, quando confrontado com ambiguidades sintáticas, ou o princípio da Aposição Mais Baixa (*Late Closure – LC*), quando as estruturas ambíguas apresentam o mesmo número de nós. Os fatores semânticos e pragmáticos não seriam capazes de influenciar a decisão do *parser*, atuando apenas no segundo passe, quando a frase pode ser revista pelo processador temático. No caso das relações não primárias, como a aposição de uma oração relativa a um SN, a decisão estrutural do processador não é tão automática e estritamente sintática quanto no caso das relações primárias, postulando-se que a oração ambígua seja associada (e não diretamente aposta) ao marcador frasal em construção através do sistema de *Construal*, permitindo que fatores semânticos e pragmáticos influenciem a interpretação da estrutura, contribuindo para a identificação pelo *parser* da análise preferencial.

Em um estudo preparatório à proposta de *Construal*, Gilboy et al. (1995) desenvolveram uma pesquisa baseada em questionários em que estabeleceram as preferências de associação da oração relativa a diferentes tipos de SNs complexos em espanhol e em inglês, propondo a Hipótese do Domínio Temático (*Thematic Domain Hypothesis – TDH*) e o Princípio da Referencialidade (*Referentiality Principle – RP*) para explicar a concatenação de orações relativas, que instanciariam relações sintáticas não primárias e não poderiam ser processadas pelo princípio LC, restrito às relações primárias. A questão fundamental que Gilboy et al. (1995) procuram demonstrar em seu estudo é que a argumentação contrária à universalidade translinguística do princípio *Late Closure*, desenvolvida em Cuetos e Mitchell

(1988), fica enfraquecida quando se verifica que as preferências de aposição alta ou baixa da oração relativa também podem variar dentro de uma mesma língua como função de fatores sintáticos e semânticos, tais como o domínio temático e a referencialidade.

A Hipótese do Domínio Temático (HDT) propõe que a oração relativa seja associada ao domínio de processamento temático corrente, que seria a projeção máxima estendida do último atribuidor temático. Assim, por exemplo, em construções do inglês como *the sketch of the structure that was in the town hall* ou seu equivalente em espanhol *el boceto de la escultura que estaba en el ayuntamiento* (o projeto da escultura que estava na prefeitura), o SN após a preposição *of* (de) é o argumento interno do primeiro SN, dele recebendo seu papel temático interno *tema*, embora receba caso da preposição. N1 e N2 estariam assim dentro do mesmo domínio temático. O domínio temático relevante para a associação da oração relativa seria portanto o Nmax dominando N1, o último atribuidor temático, e tanto N1 como N2, sendo referenciais, estariam disponíveis como hospedeiros da oração relativa. Já em SN complexos em inglês e espanhol que contêm respectivamente as preposições *with* e *con* (com), que são atribuidores de papel temático, o domínio de processamento temático corrente seria o SP dominando a preposição, estando apenas o N2 no âmbito desse domínio e, por conseguinte, seria o único hospedeiro possível para a oração relativa.

O Princípio da Referencialidade interage com a Hipótese de Domínio Temático, determinando em conjunto com ela as condições de associação de modificadores restritivos não primários, como as orações relativas. Gilboy et al. (1995) argumentam que as orações relativas buscam hospedeiros preferencialmente referenciais, ou seja, núcleos nominais de SNs relacionados a entidades discursivas e que, como tal, devem ser introduzidos por determinantes. Assim, se houver dois SNs em um mesmo domínio de processamento temático a que uma oração relativa estiver associada, e um deles não for referencial no sentido pretendido, isto é, não contiver um determinante, esse SN será menos preferido como hospedeiro da oração relativa. Testando a compreensão das estruturas relevantes através de questionários, os autores argumentam em favor do modelo *Construal*, que faria as predições de modo uniforme, segundo os princípios propostos, tanto em inglês quanto em espanhol.

Embora a HDT tenha sido comprovada em diferentes estudos *online* e *offline*,[3] em línguas como o italiano (De Vincenzi e Job, 1995), o alemão (Hemforth et al., 1998) e o grego (Papadopoulou, 2002), objeções têm sido levantadas ao modelo *Construal*. Há, por exemplo, evidências consistentes de que, nos estágios iniciais do processamento *on-line*, os falantes de espanhol fazem aposição alta rápida da relativa, e os falantes de inglês a aposição baixa imediata, sendo que qualquer evidência de preferência inicial rápida é problemática para o modelo, que prevê associação *a posteriori*, sensível a fatores semânticos e pragmáticos, e não aposição estrutural imediata (cf. Fernández, 2003, para uma revisão ampla).

O Processamento Minimalista

Referimo-nos fundamentalmente a teorias sobre o processamento de sentenças, tais como os modelos de Weinberg (1999) e Frampton e Gutmann (1999). A ideia central é a de que a faculdade de linguagem é extremamente bem desenhada, de modo que os mesmos princípios que a governam também contribuem para a teoria de processamento de sentenças. Em outras palavras, como afirmam Frampton e Gutmann (1999), as computações da teoria sintática são psicologicamente reais, ou seja, correspondem às computações mentais. Este passo nos remete à hipótese de transparência entre a gramática e o *parser* da DTC. Há diferentes versões desse modelo unificacionista que propõe que a gramática seja o *parser*.

No processamento minimalista de Weinberg (1999), ao contrário da TGP, as restrições características da memória de curto prazo não são invocadas para explicar as decisões do *parser*. Ao contrário, argumenta-se que o processamento é função da satisfação incrementacional serial rápida das condições gramaticais em jogo na derivação da frase na gramática, tais como, a satisfação do critério temático. Assim, por exemplo, Weinberg (1999) reanalisa a preferência pelo objeto direto em frases com ambiguidade de aposição de um SN como um objeto direto ou como sujeito de oração encaixada objetiva direta, como exemplificado abaixo, não como uma decisão decorrente de pressão da memória de trabalho, mas como função da computação sintática em si, que otimiza a checagem de traços na derivação em termos de condições de economia. A aposição como objeto direto permitiria a checagem de traços *theta* do argumento pelo núcleo verbal, de forma mais imediata e econômica do que a aposição como oração objetiva direta, em que o SN *sua irmã* só poderia ter seus traços *theta* checados após a computação do verbo da encaixada.

Maia (2014) discute em maior detalhe a relação entre as disciplinas Teoria da Gramática e Processamento de Sentenças, com especial atenção para a mais recente disciplina da Sintaxe Experimental p– a proposta de investigação *off-line* e *on-line* da computação da gramática no processamento, abstraindo-a, no entanto, de fatores mnemônicos, atencionais e de incerteza e de profundidade de análise.

Finalmente, em Corrêa e Augusto (2007), o leitor terá um exemplo de modelo em que se propõe não unificar gramática e *parser*, mas incorporar a derivação de base minimalista em modelos de processamento.

A Teoria Interativo-Incrementacional

A Teoria Interativo-Incrementacional de Altmann e Steedman (1988) é uma teoria modular que permite interação mais elaborada entre os módulos sintático e semântico/ referencial. Altmann e Steedman escolheram um subconjunto dos fenômenos explicados pela TGP (construções com modificadores pós-nominais) para explicá-lo em termos de processos referenciais. Nestes exemplos, a modificação do SN é a alternativa não preferida. Altmann e Steedman sugerem que isso ocorre não por causa de fatores estruturais, mas em virtude de fatos referenciais.

A modificação do SN não é licenciada pelo contexto discursivo. É o Princípio de Suporte Referencial. Uma análise de SN que seja referencialmente apoiada é preferível a uma que não o seja. Em *o livro* pressupõe-se a existência de um único livro no modelo de discurso; já em *o livro que eu comprei* pressupõe-se um conjunto de entidades. O Princípio de Suporte Referencial é um caso especial de um princípio mais geral, o Princípio de Parsimônia: uma interpretação com menos pressuposições não apoiadas é favorecido sobre outra que tenha mais. Um SN modificado tem mais pressuposições do que um SN não modificado. Por isso, um SN nu (*bare*) será preferido a um que tenha modificadores como um SP, uma relativa etc.

Comparando a TGP com a TII, notamos que ambas as arquiteturas são modulares, isto é, diferentes fontes de informação são usadas separadamente. Altmann e Steedman (1988) propõem que haja uma avaliação progressiva dos referentes que se tornam gradualmente mais restritos à medida que a análise progride palavra por palavra. Há uma diferença crucial entre a TGP e a TII: A TGP afirma que uma análise única de uma estrutura é construída inicialmente em um processo serial, enquanto a TII propõe que o componente sintático do sistema de processamento ofereça todas as alternativas gramaticais para o componente semântico em paralelo para serem avaliadas. Frazier propõe que haja um processador temático pós-sintático que permita chegar a interpretação mais plausível. Altmann e Steedman oferecem um argumento funcional contra um sistema em que as escolhas são feitas inicialmente pelo processador sintático e posteriormente corrigidas pelo processador temático, levando em conta semântica e contexto. Altmann e Steedman dizem que se informação discursiva e referencial está disponível, só um processador muito estranho não a levaria em conta. Contudo, um partidário da TGP poderia dizer que a informação sintática está sempre disponível, enquanto que a informação semântica e pragmática nem sempre está disponível, podendo ser ultrapassada pela informação sintática, que é o *default*. Um argumento baseado em princípios de *design* e arquitetura eficiente concluiria que seria mais eficaz decidir à base de informação sintática inicial, antes de consultar outros tipos menos certos de informação.

Dá-se, então, um debate interessante na área de Processamento de Sentenças. De um lado, a hipótese TII: processador paralelo, interativo-incremental; de outro, a TGP: processador serial, sintático inicial e semântico em um segundo estágio. Ferreira e Clifton Jr. (1986) apresentam um experimento que mede a fixação ocular durante a leitura de frases como:

(93) The evidence (that was) examined by the lawyer...

(94) The defendant (that was) examined by the lawyer...

Os resultados obtidos revelam que a inconsistência semântica em (93) não bloqueou o *garden path,* que ocorre tanto em (93) quanto em (94). Ferreira e Clifton Jr. (1986) concluem, então, que o significado não bloqueia o efeito labirinto, mas apenas apressa a recuperação dele.

Altmann e Steedman (1988) replicam com outro experimento, com a técnica de leitura automonitorada, em que obtêm resultados diametralmente opostos. Segundo esses autores, o processador resolve ambiguidades de aposição estrutural, comparando as análises sintáticas rivais em termos das propriedades referenciais de suas interpretações com respeito ao contexto discursivo.

Ao contrário de Frazier (1978), que explica, através do Princípio *Minimal Attachment*, a preferência pela análise de estrutura ambígua como (95), como constituindo uma oração substantiva e não uma oração adjetiva, Altmann e Steedman (1988) argumentam que a resolução da ambiguidade em tais construções poderia ser explicada em termos do grau de suporte referencial pelo contexto.

(95) The teacher told the girl that the boy kissed to feed the gerbils.
      O professor disse a garota que o menino beijou para alimentar os hamsters.

Se o contexto suporta uma única garota, a análise do SN *simplex* será a preferida. Por outro lado, se o contexto suporta mais do que uma garota, a análise do SN complexo deverá ser a escolhida. Na ausência de contexto, o Princípio de

Parcimônia favoreceria a análise *simplex*. No modelo de Altmann e Steedman há, portanto, uma influência de processos interpretativos sobre o processamento sintático no sentido de avaliar a adequacidade da análise sintática ao contexto, sendo a análise em si mesma, no entanto, produzida autonomamente em paralelo. A interpretação é incremental, palavra por palavra sendo construída antes que a análise sintática esteja completa. O processador temático posterior da TGP, segundo Altmann e Steedman, seria um mecanismo *ad hoc* proposto tardiamente ao modelo. Evidências como a do experimento reportado por Altmann e Steedman comprovariam que manipulações do contexto referencial poderiam não só prevenir os clássicos efeitos de labirinto como também criar efeitos onde não haveria a princípio nenhum efeito. O problema para o processador serial seria o de que, sendo cego para o contexto referencial, este deveria produzir uma análise depois revista em termos do contexto referencial na fase de reanálise. Ora, como redargue, por exemplo, Ferreira e Clifton Jr. (1986), este processador seria muito estranho, pois teria visão da compatibilidade contextual na reanálise, mas, no entanto, não utilizaria esta informação inicialmente. Por outro lado, o processador temático, segundo Frazier (1978), acessaria a grade temática do predicado via entrada lexical, selecionando a atribuição temática mais plausível. Se esse quadro não é compatível com a primeira passagem do *parser*, então o processador temático alertaria o processador sintático para uma análise potencialmente mais plausível. Segundo Altmann e Steedman, esta proposta surpreendentemente colocaria em risco a própria noção de modularidade, pois poderia se pensar que a atribuição *theta* seria independente da sintaxe, podendo ser interpretada como afetando as prioridades do *parser* e resultando em interação forte. Se não for esse o caso, o processador temático, conforme argumentam Altmann e Steedman, seria, na verdade, idêntico à proposta de interação fraca que advogam. Altmann e Steedman concluem: o processador paralelo interativo incrementacional teria a vantagem da parsimônia. Por que advogar dois mecanismos trabalhando independentemente (um processador sintático à base da Aposição Mínima e um processador temático acessando informação lexical, informação discursiva e conhecimento geral do mundo) quando pareceria possível explicar tudo em termos de um mecanismo único?

Teorias paramétricas

Esta classe de modelos assume que haveria uma prioridade atribuída a certas operações no portfólio de estratégias do *parser*. Como consequência do processo de fixação de parâmetros na aquisição, haveria mudanças não apenas nos princípios gramaticais, mas também nas estratégias de *parsing*.

Em um modelo como o de Mitchell e Cuetos (1991), propriedades paramétricas das línguas específicas determinariam a existência de estratégias locais, que competiriam com princípios universais de *parsing*. Nesse modelo de *competição entre princípios universais e estratégias locais*, Mitchell e Cuetos sugerem que a ambiguidade de aposição de relativas altas/baixas é resolvida em termos altos por línguas com modificadores pós-nominais em que, por exemplo, o adjetivo geralmente se segue ao substantivo. Nesse caso, há uma pressão local para apor o modificador ao primeiro N que compete e vence a estratégia de recência (*late closure*). Seria o que ocorre em espanhol, italiano, francês e português, ao contrário da aposição baixa em inglês, alemão e holandês.

O Modelo de Competição Predicado/Recência de Gibson et al. (1995) constitui uma proposta de competição parametrizada mais elaborada, que propõe que o que estaria em jogo seria uma preferência mais geral em apor modificadores mais altos (proximidade do predicado) ou mais baixos (recência). Haveria variação entre as línguas a esse respeito.

As teorias de *satisfação de condições*

Os modelos desse tipo propõem que não há limites arquiteturais aos tipos de informação que poderiam ser acessados pelo *parser*, sendo que algumas condições podem influenciar o processamento mais cedo do que outras, em função de uma estratégia de competição de pesos. O peso da informação lexical seria um dos fatores preponderantes a atuar na análise sintática, bem como fatores pragmáticos, discursivos e de frequência de ocorrência. Assim, por exemplo, modelos desse tipo poderiam explicar o *garden path* que se obtém na frase abaixo em termos do maior peso dado ao acesso da forma de pretérito imperfeito do verbo *entrar* do que à forma de presente do verbo *entravar*, muito menos frequente:

(96)   Um navio brasileiro entrava na baía um navio japonês.

Além de conceber o mecanismo de processamento como sensível à frequência de ocorrência dos itens lexicais, os proponentes desse modelo têm procurado demonstrar a importância das condições de natureza pragmática na resolução das ambiguidades estruturais. Por exemplo, Thornton, MacDonald e Gil (1997) desenvolveram experimentos de leitura automonitorada que indicaram a influência do fator modificabilidade na aposição de SPs ao SN mais alto ou mais baixo. Segundo esses autores, um SN mais modificado é identificado de maneira mais inequívoca no discurso, sendo menos provável que receba modificação adicional. Assim, para esses autores, a aposição mais alta da relativa seria menos favorecida em (97) do que em (98):

(97) A filha do coronel que sofreu o acidente.

(98) A filha mais velha à direita do coronel que sofreu acidente.

Os modelos conexionistas

Trata-se de modelos totalmente baseados em experiência que radicalizam os modelos de satisfação de condições que ainda pudessem admitir algum nível estrutural. A maquinaria computacional é montada à base de exposição ao *corpus*. (Cf. McClelland e Rumelhart, 1981; Bates e MacWhiney, 1987; Bod, 1998). O Modelo PDP de McClelland, St. John e Taraban, por exemplo, nega de início a necessidade de representação estrutural, propondo que o único requisito necessário seria o de que a representação fornecesse base suficiente para o desempenho adequado de tarefas. Quais são as tarefas ou demandas impostas? Os autores propõem a seguinte concepção da tarefa de compreensão de frases: uma sequência de palavras é apresentada, e o compreendedor deve formar uma representação que lhe permita responder corretamente quando testado de vários modos.

Em geral, os testes podem tomar uma ampla gama de formas, requerendo ações, respostas verbais, como, por exemplo, a de responder perguntas usando a representação. Assim, ao ouvir *O homem mexeu o café*, espera-se que a representação – qualquer que seja – permita responder: *Quem mexeu? O que mexeu? Com quê?* Uma vez que o modelo não estipula exatamente que forma a representação assume, é a *performance* do modelo que determinaria se as representações seriam adequadas. Assim, os autores concebem o processo de compreensão como um processo radicalmente não estrutural de satisfação de condições.

Na compreensão de frases isoladas haveria dois tipos de condições: as impostas pela sequência de palavras e aquelas impostas pelo conhecimento sobre como tais sequências devem ser interpretadas. Ambas são graduais, ou seja, agem como forças que influenciariam a formação da representação, podendo ter diferentes magnitudes, que determinariam o grau de sua influência. A sequência de palavras (*the string*) seria instanciada como uma série de padrões de ativação sobre um conjunto de unidades de processamento. Cada nova palavra seria vista como uma atualização desse padrão de ativação da representação da frase. O conhecimento de como essa atualização seria desempenhada está armazenado nas conexões que permitem que esses *inputs* atualizem a representação.

Texto de apoio 1 – De um lado: serialidade

Acreditar na serialidade significa apostar que haja um algoritmo automático que se organiza em fases, sempre seguindo uma ordem de revelação de aspectos diferentes da linguagem: fonológicos, sintáticos e semânticos. Neste Texto de apoio, vamos explorar as bases desta aposta e os instrumentos que hoje são utilizados para investigar a linguagem *on-line*, em tempo real.

Na situação de recepção da fala (compreensão), o *input* linguístico, natural e inconscientemente coletado do mundo na forma de ondas sonoras, é conduzido ao aparelho auditório e levado para o cérebro, onde, por uma via cognitiva, se transforma em *output* linguístico e precisa ser representado no cérebro simbolicamente para ser manipulado (processado). A natureza das representações cognitivas é necessariamente simbólica.

Evidentemente, o que está no cérebro não é o que está no mundo. O mundo abarca contínuos infinitos de informações de toda sorte. Esses contínuos existem no mundo em forma de sinais analógicos. Isso quer dizer que entre zero e o valor máximo, o sinal analógico passa literalmente por infinitos valores intermediários. Cada organismo animal depende de um sistema nervoso sensorial específico para extrair, representar, guardar e processar algumas dessas informações de forma rápida e confiável. Esse processo de extração de informações transforma sinais analógicos em digitais no cérebro e é conhecido como discretização do estímulo.

Portanto, percebemos a infinitude analógica do mundo de forma discreta, descontínua, digital e finita. E, como já dissemos no capítulo "O que é Linguística" isso combina bem com a finitude de nossa capacidade mnemônica. Daí segmentarmos e filtrarmos os sinais contínuos (analógicos) como sinais digitais, mais econômicos, o que nos leva a representá-los e processá-los no cérebro através de um sistema discreto e serial, em que a ordem dos fatores é fundamental.

Uma representação simbólica da linguagem envolvendo itens lexicais e conteúdos de conhecimento do mundo são retidos na memória declarativa, que ocupa várias regiões do lobo temporal, incluindo o hipocampo, é responsável por novas representações.

As representações são codificadas no cérebro e passam a ser simultaneamente objetos físicos (símbolos) e objetos biológicos (células). Por isso, a linguagem deve ser estudada também pela Neurociência, porque se estabelece como um processo cerebral que mobiliza representações cerebrais. O fluxo dinâmico não poderia ser diferente para uma cognição que relaciona forma sintática e fonológica a um conteúdo semântico, que é relacionado à forma através de uma relação arbitrária. O som da palavra *mesa* nada nos diz sobre o significado de *mesa*.

198 A Línguística no século XXI

A função essencial da Faculdade de Linguagem é estabelecer relação entre representações de fonologia (sons da língua) com outras representações que trazem significado (semântica) e estrutura (sintaxe) de expressões em uma língua. Analisemos a sentença (99):

(99) João ajudou Pedro.

Temos em (99) uma sequência de fonemas que forma um fluxo sonoro linear que chega aos ouvidos do interlocutor. Imediatamente, aqueles fonemas que entram no cérebro são pareados às representações sonoras que guardamos de nossa língua. Mas este processamento fonológico é apenas o primeiro que tem que acontecer em prol do entendimento de (99). Há também processamentos de estrutura (sintaxe) e de conteúdo (semântica) que têm que ocorrer. Por exemplo, o verbo *ajudar* forma eventos que têm dois participantes obrigatórios: alguém ou alguma coisa (agente) promove a ajuda, e alguém ou alguma coisa (experienciador da ajuda) recebe a ajuda.

Nesse caso, existe um isomorfismo entre forma e conteúdo bastante simples e claro. No português, a ordem canônica (ordem mais comum) dos constituintes de uma sentença é sujeito – verbo – objeto (SVO). Então, quanto à (99), podemos dizer que *João* é o sujeito, e *Pedro* é o objeto, e que à posição sintática de sujeito corresponde uma função semântica (papel temático) de agente, enquanto à posição sintática de objeto corresponde uma função semântica (papel temático) de experienciador.

Observemos, porém, que não há disputas em relação ao fato de que entre a fonologia, a sintaxe e a semântica é a fonologia a primeira a ser processada. Se não houver processamento fonológico não se pode distinguir entre língua e ruído. Mas quanto à sintaxe e a semântica? A precedência neste caso não é tão clara assim.

Durante a concepção dos fundamentos da Gramática Gerativa, Noam Chomsky fez uma análise introspectiva das computações que necessariamente estariam envolvidas nas sentenças com verbos transitivos diretos, como *quebrar* nas sentenças (82) e (83):

(100) O menino quebrou o vaso.

(101) O menino quebrou a perna.

Examinando exemplos como *o vaso* e *a perna*, que são objetos diretos (complementos) do verbo *quebrar*, Chomsky percebeu que as funções semânticas desses complementos, que como já vimos são tecnicamente chamadas de papéis temáticos, são definidas pelo verbo. O verbo *quebrar* especifica que seu complemento será interpretado como algo que muda de estado íntegro para quebrado. Os complementos *o vaso* e *a perna* se prestam para satisfazer esta exigência do verbo, pois representam objetos físicos que podem facilmente passar por esta mudança. E ainda que tivéssemos complementos menos apropriados para assumirem esse papel temático, faríamos manobras de ajuste coercitivo para encaixar a semântica do complemento a esta *camisa de força* de significado imposta por cada acepção do verbo.[4] Vejamos a sentença seguinte:

(102) João quebrou o meu dia.

Assim, em (102) se encontra alguma interpretação semântica compatível com as necessidades eventivas do verbo *quebrar*, do tipo *João* fez com que o meu dia, que seria inteiramente dedicado a certa atividade A, fosse dividido entre a atividade A, que provavelmente seria mais importante, e a atividade B, que não me agrada tanto.

Mas agora, ao se fazer uma introspecção, se pode ver se essa imposição do verbo em relação ao complemento também se estende a *o menino*, sujeito das frases (100) e (101).

Em (100), *o menino* executa a ação de quebrar, e por isso o verbo lhe atribui o papel temático de agente. Contrastivamente, em (101), *o menino* ganha o papel temático de paciente.

Assim, a análise se aprofunda: se (100) e (101) são exatamente iguais até a chegada do objeto direto, podemos supor que o que define o papel temático do sujeito *o menino* é a informação semântica que está no complexo verbo-objeto.

As consequências espetaculares dessas simples observações de Chomsky são que:

- O papel temático do sujeito depende do complexo verbo-objeto.

- Em uma língua cuja ordem básica dos constituintes é SVO (português), se o sujeito for integrado imediatamente ao verbo teríamos que estipular o uso constante de uma estratégia como o *garden path* para reprocessar sentenças do tipo (100), que teriam que ser reparadas em sua interpretação inicial. Essa não parece ser uma solução econômica. Além disso, há línguas com outras ordens básicas de constituintes, por exemplo, VSO em árabe, VOS em malagasi, OSV em xavante etc. Se o processamento das palavras na ordem superficial fosse a regra, haveria muita disparidade computacional entre as línguas, o que também não se pode afirmar que haja. Embora essas sejam questões em aberto, uma possibilidade aventada pelos formalistas é a de que haja um processador central autônomo que seja imune às diferentes ordens básicas de constituintes, em prol de uma ordem subjacente. Se for esse o caso, a operação que concatena o verbo com o objeto viria em primeiro lugar. Por hipótese, nas línguas em que a ordem linear é SVO, como o português, ao recebermos o primeiro DP teríamos que computá-lo para juntá-lo completamente só lá adiante, depois de o composto verbo-objeto ter sido processado. Isso poderia ser feito de forma serial ou até mesmo de forma paralela, evitando as reanálises. Todas essas hipóteses vêm sendo testadas pela sintaxe experimental e pela psicolinguística, mas a complexidade das questões envolvidas ainda garante um programa de pesquisa instigante, que está longe das soluções finais.

Para darmos conta das pressões de tempo implícitas à comunicação oral, utilizamos um complexo de estratégias de ativação e supressão de conteúdos mentais, tentando antecipar a fala do interlocutor, para que a interação linguística possa ocorrer ininterruptamente. Observe o diálogo e suas dimensões simultâneas:

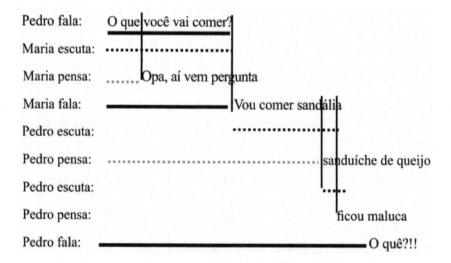

O susto que Pedro levou decorreu da sua previsão quanto à resposta de Maria. Primeiro, a partir do momento em que ouviu *comer*, Pedro tinha o objetivo de juntar este verbo ao seu complemento o mais rápido possível, para completar o sentido da proposição de Maria. Então, antes mesmo de ouvir o complemento, ele se preparou para reconhecê-lo, já sabendo que o complemento do verbo teria de ser comestível. Isso já diminuiu na mente de Pedro o número de candidatos a complemento, pois houve uma pré-ativação de palavras que se referem a comestíveis e uma supressão das outras, entre elas *sandália*. Depois, à medida que Pedro efetivamente recebe os primeiros sons (fonemas) do complemento, ele vai pareando esses sons com aqueles das palavras pré-ativadas na sua mente. No ponto *sand* /sãd/, Pedro encontra em sua mente um perfeito candidato para complemento: *sanduíche*. Mesmo antes de ouvir os fonemas finais, ele já ativa maximamente a representação deste complemento. Nesse ponto, ele até se adianta sobre o recheio: *Sanduíche de queijo?* – pensa.

Mas Maria queria brincar com Pedro. Apesar de ter que lidar com a pressão do tempo da comunicação, ela conseguiu, na sequência do diálogo, encaixar um complemento incongruente, *sandália*, que causou esse *susto semântico* em Pedro. O susto foi especialmente grande porque Pedro tinha acabado de suprimir *sandália* de sua mente, junto com as outras representações de coisas não comestíveis. Esse é o caso já relatado no capítulo "Métodos de investigação linguística", mais especificamente no Texto de apoio 1: Rastreamento ocular e eletroencefalografia.

Já se sabe que a exposição a uma incongruência semântica na concatenação verbo-complemento (*comer-sandália*) causa um aumento na atividade elétrica no cérebro, que pode ser percebido no córtex 400 ms (milissegundos) após o estímulo auditivo ou visual.

Assim, se Maria estivesse sendo monitorada por um eletroencefalógrafo (EEG), seu susto poderia ser visualizado em um N400 robusto. Por outro lado, se fôssemos monitorar a atividade elétrica de alguém que ouve *Vou comer sanduíche*, também veríamos uma onda, mas de amplitude (altura do pico) bem menor. Então, é possível reconhecermos a onda da incongruência por sua grande amplitude, aproximadamente aos 400 ms. Na verdade, a fama do N400 é devida ao fato de que ele é uma medida *online* da computação serial de linguagem, em que a concatenação paulatina vai formando o evento, ou vai formando um objeto mental que será recusado como a incongruência provocada por um simples *comer sandália*.

Texto de apoio 2 – De outro lado: redes

O avanço das Ciências Cognitivas tem lançado nova luz sobre a distinção rígida entre conhecimento inato e conhecimento adquirido. Mais recentemente, tanto as Neurociências que enfocam o estudo de redes neurais no cérebro quanto os modelos conexionistas aplicados a sistemas computacionais propõem um afastamento dessa distinção, privilegiando a investigação do modo pelo qual os dois tipos de conhecimento interagem. Assim, tanto uma visão empirista radical, que atribua todo conhecimento à experiência, quanto uma visão inatista extrema, que pretenda associar um conjunto de genes a comportamentos específicos, são descartadas. Até porque essas polarizações concebem tanto o organismo quanto o ambiente como estruturas pré-existentes, não abrindo espaço para o surgimento de estruturas emergentes que se organizem com base em interações entre organismo e ambiente, nos moldes já apontados por construtivistas como Piaget e Vigotsky, por exemplo.

Experiência, representações mentais e conexionismo

A busca do *caminho do meio*, vislumbrada pelo construtivismo, tem sido realizada atualmente a partir da importante contribuição dos modelos conexionistas. Embora esses modelos já tenham sido apontados como uma espécie de behaviorismo em *roupagem* moderna, por envolverem *inputs* (estímulos) e *outputs* (respostas), essa caracterização não é aceita por seus proponentes. Enquanto o behaviorismo é claramente antimentalista, ignorando qualquer agente de mediação entre estímulo e resposta, o Conexionismo enfoca precisamente os mecanismos internos associados ao comportamento observável. Os modelos conexionistas formam representações abstratas não diretamente inferíveis a partir de *inputs* e *outputs*, e permitem conexões recorrentes que enriquecem o sistema. As atividades geradas não são induzidas pelo ambiente externo, mas constituem atividades endógenas, que são componentes essenciais do pensamento. Então se pode concluir que, embora levem em conta estímulos e respostas, os modelos conexionistas são mentalistas e, portanto, *antibehavioristas*.

Por outro lado, não se trata de um mentalismo que atribua *status* representacional inato a competências específicas (ex.: percepção de sons da fala, de diferentes formas geométricas etc.). Com o objetivo de desenvolver modelos biologicamente coerentes que expliquem as predisposições inatas, o conexionismo adota uma perspectiva desenvolvimentista. A hipótese é que as predisposições inatas canalizam a atenção dos recém-nascidos para certos aspectos do ambiente em detrimento de outros e desempenham diferentes papéis em diferentes níveis. Por exemplo, no nível subcortical, predisposições representacionais distintas poderiam ser especificadas sob a forma de um mecanismo capaz de atrair a atenção do bebê, assegurando que o organismo reúna experiência maciça com relação a certos *inputs* antes da aprendizagem subsequente. Já no nível cortical, as predisposições não seriam pré-especificadas; no nível psicológico, as representações emergiriam de interações complexas entre o cérebro e o ambiente, e entre sistemas cerebrais entre si.

A questão da modularidade, que costuma acompanhar a proposta inatista da abordagem gerativa (embora não necessariamente ligada ao inatismo), do ponto de vista lógico, ganha também novos contornos na visão conexionista. Ao contrário do que muitas vezes se apregoa, não há nada contra a modularidade nos modelos conexionistas, mas a questão que se coloca é: até que ponto a estrutura modular é preexistente e não emergente? O desafio é saber se o cérebro já é modular desde o início ou se torna modular ao longo do desenvolvimento.[5]

Tradicionalmente, admite-se que o desenvolvimento está associado a mudanças estruturais, enquanto a aprendizagem seria um processo gradual e cumulativo de adição de habilidades e conhecimentos. A partir de descobertas recentes nas Neurociências, entretanto, essa dicotomia vem sendo repensada, já que tanto a aprendizagem quanto a memória permanente nos animais se desenvolvem através do fortalecimento de conexões neurais (sinapses). Assim, não há como sustentar uma divisão entre as noções de desenvolvimento (herança genética, *nature*) e aprendizagem (experiência, *nurture*); ambos os processos são cumulativos e realizados com base em mudanças estruturais. Por exemplo, sistemas (tais como pessoas) têm alguma estrutura; à medida que a experiência vai se acumulando, ocorre uma adaptação que gera uma estrutura modificada, e assim por diante. Trata-se de um ciclo de estrutura-experiência-adaptação, que pode ser representado como na Figura 14.[6]

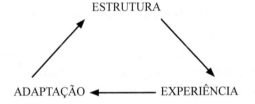

Figura 14 – Ciclo de estrutura-experiência-adaptação

No que se refere à linguagem, o ciclo acima pode ser ilustrado da seguinte maneira. Suponhamos que um determinado indivíduo viaje para outro país, sem ter conhecimento da língua falada no local. Inicialmente, esse indivíduo perderá muitas informações disponíveis linguisticamente no ambiente. Com o passar do tempo, começará a acumular várias experiências, autoiniciadas ou não, que poderão acarretar em mudanças estruturais no que se refere ao conhecimento da nova língua. Esse indivíduo poderá observar uma melhora na compreensão do que se conversa ao seu redor, como também passar a produzir sentenças na língua anteriormente desconhecida. Essas habilidades, por sua vez, possibilitarão novas experiências, desencadeando novas mudanças estruturais, e assim sucessivamente.

Considerando-se que a linguagem é um conjunto de ferramentas com o qual o falante tenta guiar outra mente a evocar uma representação mental que se aproxime da sua, um dos problemas fundamentais é explicar como atividades neurais paralelas podem ser comunicadas em termos de uma cadeia serial (falada ou escrita). Para tratar dessa questão, destacamos um paradigma recente que busca propor gramáticas plausíveis do ponto de vista neural, denominado gramática corporificada de construções (GCC),[7] proposto por Jerome Feldman, no livro *From molecule to metaphor: a neural theory of language.*[8]

Retomando um conceito fillmoriano cada vez mais central em Linguística Cognitiva,[9] a GCC assume, como unidade básica, a *construção*, definida como pareamento de *forma linguística* e *significado*. O termo *corporificada* (*embodied*) reflete o fato de que a parte semântica da construção é composta por vários tipos de esquemas conceptuais de base corporal (esquemas imagéticos, dinâmica de forças e esquemas de ação). Ilustraremos, mais adiante, cada um deles, a partir da análise simplificada de uma sentença. Antes disso, porém, é preciso explicitar algumas suposições básicas do modelo, a saber:

(i) O significado é representado, em última análise, sob a forma de mecanismos mentais no cérebro de cada indivíduo, embora se saiba que as sociedades humanas desenvolveram estruturas intermediárias, como a cultura.

(ii) O cérebro é inerentemente um computador que busca a melhor vinculação entre formas linguísticas e estados mentais correntes (*best match computer*).

(iii) As formas simbólicas de expressão do significado corporificado são os esquemas conceptuais de base corporal.

(iv) Os significados são combinados através da ligação de esquemas; portanto, a explicação do fenômeno deve ser feita em termos de regras de combinação dos esquemas.

(v) As representações simbólicas são formas abreviadas de indicar operações neurais que ligam as atividades dos circuitos simbolizadas por esquemas.

Para ilustrar a combinação de esquemas, iniciemos pelas preposições *dentro* e *para*.[10] A primeira é definida em relação a um *esquema de contêiner*, que representa uma região delimitada no espaço, ou seja, a preposição *dentro* localiza um objeto no interior de um contêiner. Já a preposição *para* evoca um *esquema de origem-trajetória-destino* e localiza uma entidade em uma trajetória com destino. Se, entretanto, considerarmos a locução prepositiva *para dentro*, haverá a combinação dos dois esquemas, de modo que o destino estará dentro do contêiner, e a origem do lado de fora (ex.:: *O jogador cabeceou a bola para dentro do gol*). A relação conceptual entre os esquemas pode ser assim representada:

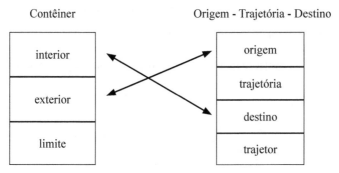

Figura 15 – Relações entre esquemas ativados pela locução *para dentro*

As setas duplas na representação acima indicam as ligações conceptuais entre os esquemas. No caso de *para dentro*, o exterior do contêiner é a origem, e o interior é o destino.

Vale notar que, para transmitir as relações semânticas, as línguas disponibilizam basicamente três mecanismos distintos: palavras que indicam significados, ordem vocabular e mudanças morfológicas nas palavras (por exemplo, sufixo de pretérito nos verbos). É o conhecimento sobre a ordem vocabular do português que nos permite, por exemplo, entender que um *limão verde* é um limão de cor verde (ou um limão ainda não maduro), e *verde limão* é o nome de uma cor particular. Com relação ao *verde limão*, sabemos que se trata de um tom específico de verde, distinto, por exemplo, daquele referido em *piscina verde* ou *azeitona verde*. Isso porque basta a ativação de duas palavras juntas para que mecanismos neurais que buscam *a melhor vinculação* estabeleçam o padrão global mais coerente. Essa combinação não é composicional; mesmo nos casos mais simples, o significado é construído por integração conceptual ou mesclagem, envolvendo também informações contextuais (ex.:: intenções do falante, tipo de ato de fala etc.).

A mesclagem conceptual permite que se explique, por exemplo, por que um leão de pedra não é um leão, mas uma ponte de pedra ainda é uma ponte. No caso de *leão de pedra*, o termo *leão* ativa o domínio zoológico, indicando um animal que costuma viver na selva. Já *pedra* está associada ao domínio mineral e pode ser um dos materiais usados para se fazer esculturas. Por força de projeções analógicas entre os dois domínios (zoológico e escultura), a forma do leão é projetada no formato da escultura; do mesmo modo, os componentes da estrutura física do leão são projetados na substância mineral *pedra*. Assim, os elementos conceptuais nomeados na forma sintática integrada *leão de pedra* são projetados e fundidos, criando o sentido de *escultura de pedra em forma de leão* que existe apenas na mescla.[11] A representação a seguir ilustra a correspondência analógica que possibilita essa mesclagem.

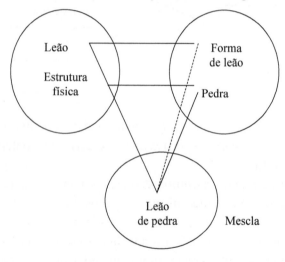

Figura 16 – Representação simplificada do processo de mesclagem em *leão de pedra*

Voltando à questão das combinações neurais ativadas por esquemas, pode-se concluir que a função da gramática é especificar os esquemas semânticos que estão sendo evocados e como esses esquemas devem ser combinados na especificação semântica (SpecSem). Para ilustrar o processo, consideremos a sentença *José andou até o Pontal*.[12] O sintagma preposicional *até o Pontal* evoca a combinação entre os esquemas *trajetória-marco* e *origem-trajetória-destino*. O verbo *andar* combina um esquema de autodeslocamento (agente do deslocamento, ação, direção) e um esquema de *andar* (agente, velocidade, tempo, aspecto). O nome próprio *José*, por sua vez, evoca um esquema de *referente*, cujos componentes são categoria, gênero, número, especificidade, entre outros. Vejamos:

Figura 17 - Especificação da simulação para *José andou até o Pontal*

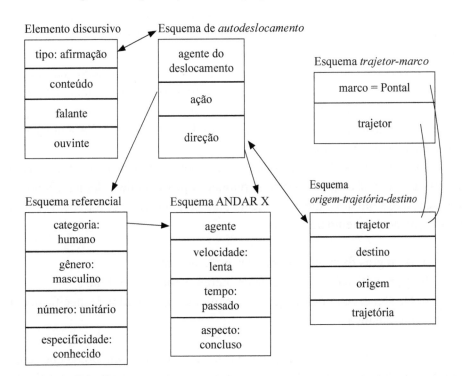

Esquema referencial

A Figura 17 busca captar todos os esquemas semânticos e relações necessárias para expressar o significado da sentença-exemplo. O esquema *referencial* codifica o que é expresso sobre o significado de sintagmas nominais. No exemplo, o nome próprio *José* apresenta os parâmetros *humano*, *masculino*, *unitário* e *conhecido* (assumindo-se que o ouvinte conhece o indivíduo mencionado).[13]

A construção do verbo (*andou*) é um pouco mais complexa. Trata-se de uma ação cujo significado está ancorado em um esquema básico de *execução* – no caso, o esquema de *andar*,[14] que pode ser assim representado:

208 A Línguística no século XXI

Figura 18 – Programa motor de *andar*

início → mover perna esquerda → pé esquerdo estável → mover perna direita → pé direito estável

Com base no programa motor acima, o esquema de execução para *andar* apresenta vários parâmetros, incluindo velocidade, tempo gramatical indicando quando a ação ocorreu, aspecto gramatical indicando se a ação deve ser simulada como completa, em curso, e assim por diante.

O esquema semântico central da sentença, o de *autodeslocamento*, capta três papéis: agente do deslocamento, ação e direção; é esse esquema que une o agente (*José*), a ação (*andou*) e a direção (*Pontal*). Por fim, o esquema (Figura 17, elemento discursivo) descreve as propriedades discursivas da sentença (no caso, trata-se de uma afirmação).

Com base nessa breve ilustração do funcionamento de uma gramática corporificada de construções, podemos retomar a proposta de Feldman (2006) no que se refere a um novo direcionamento para perguntas que se tornaram centrais na Linguística contemporânea:

a. As regras formais da gramática estão no cérebro?
b. A gramática é independente de outras estruturas cerebrais?
c. Há alguma codificação genética particular para codificar especificamente a gramática?

Na perspectiva da GCC, as perguntas (b) e (c) perdem sentido, já que se trabalha com a hipótese básica de que a gramática promove, inerentemente, a ligação entre forma e significado. Se a gramática inclui o significado, está obrigatoriamente relacionada a outros conhecimentos. Assim, obviamente, não pode apresentar total independência com relação a outras estruturas cerebrais, o que também descarta uma codificação genética particular para a gramática. Já a pergunta (a) tende a ser respondida de forma positiva, embora a resposta apresente uma importante diferença com relação à visão tradicional. Os proponentes da GCC reconhecem que a gramática não é apenas um produto da aprendizagem universal, mas também apresentam evidências fortes de que o que é geneticamente codificado não seria um conjunto de regras simbólicas, mas sim esquemas universais. Esses esquemas, ilustrados na Figura 17, derivam da herança genética dos seres humanos e experiências compartilhadas de desenvolvimento. Considerando-se que toda criança aprende a perceber e compreender como funcionam seu corpo e o meio ambiente antes de aprender uma língua, é possível concluir que há um conjunto expressivo de esquemas universais disponíveis no momento da aquisição. Assim, a proposta de uma teoria neural da linguagem, nos moldes da GCC, pode embasar programas de pesquisa que lancem nova luz sobre a compreensão das relações entre linguagem e pensamento.

Projetos de pesquisa

- No jornal *O Globo* saiu a manchete: "Filha suspeita de morte da mãe".

Qual foi a sua primeira interpretação dessa manchete? Você consegue apontar uma segunda interpretação para ela? Redija um texto analisando e discutindo o fenômeno, com base no Texto principal do presente capítulo.

- Na Figura 19, a seguir, vemos mapas de calor que resultaram da leitura monitorada por rastreador de leitura. A tonalidade mais escura corresponde a pontos de fixação mais intensos. Analise os mapas de calor, indicativos do rastreamento ocular na leitura de duas frases, e procure explicar por que a segunda frase requereu maior custo de processamento.

Figura 19 – Mapas de calor

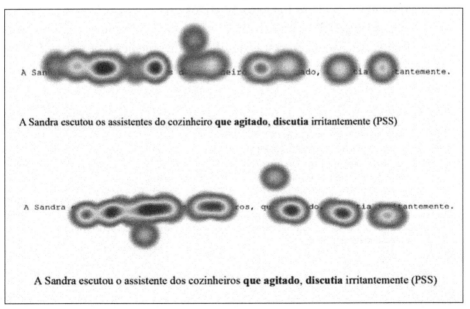

- Vimos o que acontece com sentenças como *comer a sandália, picou a cadeira, beijou o mosquito* etc. Crie vinte eventos incongruentes com o número de sílabas semelhantes aos do exemplo, isto é, verbos com duas sílabas e complementos com três. Agora pense, como seria possível salvar essas sentenças, sem criar outra sentença suplementar, ficando ainda no âmbito do sujeito, verbo e objeto? Em qual situação *comer sandália* seria um bom evento? Qual seria o sujeito adequado? Essas sentenças, depois de regeneradas semanticamente, continuariam a provocar uma reação cerebral como o N400? Explique isso em função das informações do capítulo e das tensões entre processamento serial e em rede.

- A visão tradicional da gramática determina que todo sintagma deve ter apenas um *núcleo*, ao qual normalmente se relacionam modificadores. Entretanto, no caso de um sintagma nominal de medida (*measure phrase*) tal como *garrafa de vinho*, não é fácil identificar se o núcleo é o contêiner (*garrafa*) ou a substância *medida* (*vinho*).
A gramática de construções corporificada (GCC), entretanto, admite que o sintagma nominal de medida apresente dois núcleos, de modo que eventuais modificadores possam estar conectados a um dos núcleos ou a outro. Levando em consideração a abordagem da GCC, analise a sentença *Ele abriu e bebeu uma bela garrafa de vinho australiano*, indicando:
(i) o núcleo a que se ligam os adjetivos *bela* e *australiano*, e os verbos *abrir* e *beber*; (ii) as especificações dos esquemas semânticos e relações necessárias para expressar o significado da sentença nos termos da GCC, de modo análogo à representação proposta na Figura 17.

NOTAS

[1] Ideias originalmente apresentadas por Marcus Maia, no II Congresso Internacional da ABRALIN (Maia, 2001).

[2] É relevante observar que fatos semelhantes foram demonstrados em português por Ribeiro (2004, 2005).

[3] O termo inglês *off-line* é geralmente empregado em Processamento como oposto a *on-line*, indicando, respectivamente, os processos interpretativos de natureza reflexiva posteriores aos processos reflexos, que ocorrem na produção e na compreensão de frases. Um estudo como o apresentado neste artigo, baseado nas respostas a questionários, é um estudo *off-line*, pois permite apenas que se obtenha o resultado final do processamento; já um estudo *on-line* (leitura automonitorada, *priming*, decisão lexical etc.) deve permitir que se capturem os processos no momento mesmo em que estes estão ocorrendo, geralmente mensurável em unidade de milésimo de segundo (ms).

[4] Note que no caso de um verbo transitivo ter mais de uma acepção, como em *(a) Ela assinou o Globo*, e *(b) Ela assinou a carta*, cada leitura do verbo impõe seu próprio papel temático. Assinar na acepção de *obter a assinatura de um periódico* impõe ao argumento interno, *o periódico*, o papel temático de *lugar de onde*, isto é, a partir de onde a assinatura inscrita autoriza a entrega do periódico a quem depositou a assinatura, enquanto assinar na acepção de *escrever o próprio nome em* impõe o papel temático de *lugar onde*, ou seja, *lugar onde a assinatura foi inscrita*.

[5] Para maiores detalhes sobre esse questionamento, ver Elman et al. (1996: 100-101).

[6] Adaptado de Feldman, 2006: 73.

[7] *Embodied Construction Grammar* – ECG (Bergen e Chang, 2005; Feldman, 2006)

[8] Feldman, J. *From molecule to metaphor*: a neural theory of language, Cambridge & London: The MIT Press, 2006.

[9] Charles Fillmore explicitou o conceito de *construção* como pareamento de forma e significado, por volta de 1965.

[10] A discussão é uma adaptação da proposta de Feldman (2006: 144) para a preposição *into* do inglês.

[11] Para um aprofundamento da noção de mesclagem conceptual, ver a discussão sobre *vírus de computador*, em Fauconnier (1997: 18-25) e a discussão sobre sintagmas nominais como *dolphin-safe, sugar-free*, entre outros, em Fauconnier e Turner (2002: 353-5).

[12] Versão adaptada a partir da discussão do exemplo *Harry strolled into Berkeley* (Feldman, 2006: 291).

[13] O esquema referencial para *Pontal* foi suprimido da representação por questões de simplificação. Entretanto, o processo seria o mesmo, sendo que a categoria seria *local* e a especificidade *conhecido* (no sentido de que o local é inferível a partir do conhecimento disponível sobre as praias do Rio de Janeiro).

[14] Esquemas de execução refletem ações como *andar, correr, pegar* etc. e representam rotinas simples para controlar o movimento e simular como esses movimentos funcionam. Esses esquemas, associados à ideia de que a linguagem é ancorada na experiência corporal (*embodied language*), derivam de evidências crescentes de que há um circuito neural comum para ações e palavras que designam ações. Assim, os chamados *neurônios-espelho* (Buccino et al., 2001) apresentam a mesma atividade quando o indivíduo vê uma ação e quando realiza a ação.

Bibliografia

AKMAJIAN, A.; DEMERS, R.; HARNISH, R. *Linguistics*: An introduction to language and communication. Cambridge, MA: MIT Press, 1984.

ALMEIDA, S.; FERRARI, L. *Subjectivity, Intersubjectivity and Epistemic Complementation Constructions.* Online Proceedings of UK-CLA Meetings, v. 1, 2012, pp. 110-27. Disponível em: <http://uk-cla.org.uk/proceedings>. Acesso em: 11 fev. 2012.

ALTMANN, G. T. M.; STEEDMAN, M. Interaction with context during human sentence processing. *Cognition*, v. 30, 1988, pp. 191-238.

ANDERSEN, B. B.; KORBO, L.; PAKKENBERG, B. A Quantitative Study of The Human Cerebellum with Unbiased Stereological Techniques. *Journal of Comparative Neurology*, v. 326, n. 4, 1992, pp. 549-60.

BAKER, M. On the Structural Position of Themes and Goals. In: ROORYCK J.; ZARING, L. (eds.). *Phrase Structure and the Lexicon*. Dordrecht, Kluwer:1996, pp. 7-34.

BARILE, W.; MAIA, M. A. R. Aspectos prosódicos do QU in-situ no português brasileiro. *ReVEL - Revista Virtual de Estudos da Linguagem*, v. 6, 2008, pp. 1-21.

BATES, E., MACWHINEY, B. Competition, variation and language learning. In: MACWHINEY, B. (ed.). *Mechanisms of language acquisition*. Hillsdale, NJ: Erlbaum, 1987, pp. 157-94.

BERGEN, B.; CHANG, N. Embodied Construction Grammar in Simulation-Based Language Understanding. In: OSTMAN, Jan-Ola; FRIED, Myriam (eds.). *Construction Grammars*: Cognitive grounding and theoretical extensions. Oxford, UK: Oxford University Press, 2005, 489 p.

BEVER, T. G.; FODOR, J. A.; GARRETT, M. F.; MEHLER, J. *Transformational operations and stimulus complexity.* Unpublished paper, MIT, 1966.

BICKERTON, D. Language evolution: A brief guide for linguists. *Lingua*, v. 117, 2007, pp. 510-26.

BLOOMFIELD, L. *Language*. New York: Holt, Rinehart & Winston, 1933.

BOD, R. *Beyond Grammar*: An Experience-Based Theory of Language. Stanford, CSLI Publications, CA: 1998.

BORTONI-RICARDO, S. M. *The urbanization of rural dialect speakers*: a sociolinguistic study in Brazil. Cambridge: Cambridge University Press, 1985.

BRAGA, M. L. *A concordância de número no sintagma nominal*. Rio de Janeiro, 1977. Dissertação (Mestrado) – Pontifícia Universidade Católica.

BRIDGEMAN, B. Conscious vs unconscious processes: The case of vision. *Theory and Psychology*, v. 2, n. 1, 1992, pp. 73-88.

BUCCINO, G. et al. Action observation activates premotor and parietal areas in a somatotopic manner: an fMRI study. *Eur. J. Neurosci*, v. 13, pp.400-4, 2001.

BUSWELL, G. T. *How People look at pictures*. Chicago: University of Chicago Press, 1935.

CAGY, M. et al. Statistical Analysis of Event-Related Potential Elicited by Verb-Complement Merge in Brazilian Portuguese. *Brazilian Journal of Medical and Biological Research*. Ribeirão Preto/São Paulo, v. 39, n. 10, 2006, pp. 1001-8.

CARNIE, A.; HARLEY, H. Formalizing Functionalism. In: CARNIE, A.; HARLEY, H.; WILLIE, M. (eds). *Formal Approaches to Function*. Philadelphia: John Benjamins, 2003, pp. 1-10.

CARPENTER, M.; AKHTAR, N.; TOMASELLO, M. Sixteen-month-old infants differentially imitate intentional and accidental actions. *Infant Behavior and Development*, v. 21, 1998, pp. 315-30.

CHAFE, W. *Discourse, consciousness, and time*: The flow and displacement of conscious experience in speaking and writing. Chicago: University of Chicago Press, 1994.

CHOMSKY, N. *Syntactic structures*. The Hague: Mouton, 1957, v. 4, 231p. (Janua Linguarum Series Minor).

_____. A review of B. F. Skinner's Verbal Behavior. *Language*, v. 35, n. 1, 1959, pp. 26-58.

_____. *The Logical Basis for Linguistic Theory*. Proc. 9th Int. Cong. Linguists Cambridge/MA 1962.

_____. *Aspects of the Theory of Syntax*. Cambridge, Mass.: MIT Press, 1965.

_____. *Aspectos da teoria da sintaxe*. 2.ed. Tradução de José António Meireles e Eduardo Paiva Raposo. Coimbra: Arménio Amado, 1979/1965.

_____. *Language and Mind*. Harcourt Brace Jovanovich, Inc. 194 p., 1970.

_____. Remarks on Nominalization. In:_____. *Studies on Semantics in Generative Grammar*, The Hague: Mouton, 1972, pp. 11-61.

_____. *Lectures on Government and Binding*. Dordrecht: Foris, 1981.

_____. *Language and problems of knowledge*: The Managua lectures. Cambridge, MA: MIT Press, 1988.

_____. *The Minimalist Program*. Cambridge: The MIT Press, 1995.

_____. New Horizons in the Study of Language. *DELTA*, v. 13, n. especial, 1996.

_____. *Minimalist Inquiries*: the Framework. MIT: manuscript, 1998.

_____. Beyond explanatory adequacy. In: BELLETTI, A. (ed.). *Structures and beyond*. Oxford: Oxford University Press, 2004, pp. 104-31.

COMRIE, B. *Language universals and linguistic typology*. Chicago: The University of Chicago Press, 1981.

CORRÊA, L. M. S.; AUGUSTO, M. R. A. Computação linguística no processamento on-line: soluções formais para a incorporação de uma derivação minimalista em modelos de processamento. *Cadernos de Estudos Linguísticos* (Unicamp), v. 49, 2007, pp. 167-83.

COUTINHO, I. L. *Pontos de gramática histórica*. 6. ed. Rio de Janeiro: Livraria Acadêmica, 1969.

CROFT, W. *Typology and universals*. Cambridge: Cambridge University Press, 1993.

_____. Autonomy and functionalist linguistics. *Language*, v. 71, 1995, pp. 490-532.

CUETOS, F.; MITCHELL, D. C. Cross-linguistic differences in parsing: Restrictions on the use of the Late Closure strategy in Spanish. *Cognition*, v. 30, 1988, pp. 73-105.

CURTISS, S. et al. The linguistic development of Genie. *Language*, v. 50, n. 3, 1974, pp. 528-54.

_____. *Genie*: A Psycholinguistic Study of a Modern-Day "Wild Child", Perspectives in Neurolinguistics and Psycholinguistics. Boston, MA: Academic Press. 1977, 135 p.

DARWIN, C. J.; TURVEY, M. T.; CROWDER, R. G. An auditory analogue of the Sperling partial report procedure: Evidence for brief auditory storage. *Cognitive Psychology*, v. 3, 1972, pp. 255-67.

DE VINCENZI, M.; JOB, R. An investigation of Late Closure: the role of syntax, thematic structure and pragmatics in initial and final interpretation. *Journal of Experimental Psychology*: learning, memory and cognition, v. 21, 1995, pp.1303-21.

ELMAN, J. et al. *Rethinking innateness*: a connectionist perspective on development. Cambridge, Mass: MIT Press, 1996.

ERTESCHIK-SHIR, N. *Information structure*: the syntax-discourse interface. Oxford: Oxford University Press, 2007.

EVERETT, D. Cultural Constraints on Grammar and Cognition in Pirahã Another Look at the Design Features of Human Language. *Current Anthropology*, v. 46, n. 4, 2005, pp. 178-90.

FAUCONNIER, G. *Mappings in thought and language*. New York: Cambridge University Press, 1997.

_____; TURNER, M. *The way we think*: the mind's hidden complexities. New York: Basic Books, 2002.

FELDMAN, J. *From molecule to metaphor*: the neural theory of language. MA: Bradford MIT Books, 2006.

FERNÁNDEZ, E. M. *Bilingual Sentence Processing*: Relative Clause Attachment in English and Spanish. Amsterdam: John Benjamins Publishers, 2003.

FERRARI, L. *Variação linguística e redes sociais no Morro dos Caboclos, RJ*. Rio de Janeiro, 1994. Tese (Doutorado) – Programa de Pós-graduação em Linguística, UFRJ.

_____. A gramaticalização de formas não finitas como evidência da motivação conceptual do léxico. *Veredas: Revista de Estudos Linguísticos*, v. 1, n. 2, Juiz de Fora: EDUFJF, 1998, pp. 103-15.

_____. *Introdução à Linguística Cognitiva*. São Paulo: Contexto, 2011.

_____.; SWEETSER, E. Subjectivity and upwards projection in mental space structure. In: DANCYGIER e SWEETSER, E. (eds.). *Viewpoint in Language*: a multimodal perspective. Cambridge: Cambridge University Press, 2012, pp. 47-68.

FERREIRA, F.; Clifton Jr., C. The independence of syntactic processing. *Journal of Memory and Language*, 25, 1986, pp. 348-68.

FILLMORE, C. *Frame semantics, in Linguistic Society of Korea*: Linguistics in the morning calm. Seoul: Hanshin Pubishing, 1982, pp. 111-37.

FISHER, S. E. et al. Localisation of a gene implicated in a severe speech and language disorder. *Nat. Genet.*, 18, 1998, pp. 168-70.

Bibliografia **215**

FISHER, S. E.; SCHARFF, C. FOXP2 as a molecular window into speech and language. *Trends Genet*, 25(4), Apr 2009, pp. 166-77. (Epub 21 Mar 2009/Review)

FITCH, W. T. The evolution of speech: a comparative review. *Trends in Cognitive Sciences*, v. 4, n. 7, 2000, pp. 258-67.

FODOR, J. A.; BEVER, T.; Garrett, M. *The Psychology of Language*. New York: McGraw-Hill, 1974.

FRAMPTON, J.; GUTMANN, S. *Cyclic Computation*: a Computationally Efficient Minimalist Syntax. Syntax 2, pp. 1-27, 1999.

FRANÇA, A. I. *Concatenações linguísticas*: estudo de diferentes módulos cognitivos na aquisição e no córtex. Rio de Janeiro, 2002. Tese (Doutorado em Linguística) – Programa de Pós-Graduação em Linguística, Universidade Federal do Rio de Janeiro.

FRANÇA, A. I. et al. Conexões Conceptuais: um estudo de ERPs sobre a inescapável sintaxe na semântica. *Revista Letras*. Paraná, v. 69, 2006.

_____; et al. Discriminating among different types of verb-complement merge in Brazilian Portuguese: an ERP study of morpho-syntactic sub-processes. *Journal of Neurolinguistics*, v. 17, n. 6, 2004, pp. 425-37.

FRAZIER, L. *On comprehending sentences*: Syntactic parsing strategies. Doctoral dissertation, University of Connecticut. Distributed by Indiana Linguistics Club, 1978.

FRAZIER, L. On comprehending sentences: syntactic parsing strategies. Ph.D. thesis, University of Connecticut. Available via Indiana University Linguistic Club, 1979.

_____; CLIFTON Jr., C. *Construal*. Cambridge: MIT Press, 1996.

_____; FODOR, J. D. The sausage machine: A new two-stage parsing model. *Cognition*, v. 6, 1978, pp. 291-325.

_____; RAYNER, K. Making and correcting errors during sentence comprehension: eye movements in the analysis of structurally ambiguous sentences. *Cognitive Psychology*, v. 14, 1982.

FREGE, G. Logic and Mathematics. In: HERMES, H.; KAMBARTEL, F.; KAULBACH, F. (eds.). *Gottlob Frege*: Posthumous Writings. Tradução de P. Long e R. White. Chicago: University Chicago Press, 1914, p. 72.

GEERAERTS, D.; KRISTIANSEN, G.; PEIRSMAN, Yves (eds.). *Advances in Cognitive Sociolinguistics*. Berlin/New York: Mouton de Gruyter, 2010.

GILBOY, E., SOPENA, J., CLIFTON, C., JR., FRAZIER, L. Argument structure and association preferences in Spanish and English complex noun phrases. *Cognition*, v. 54, 1995, pp. 131-67.

GLEASON, J. B. (ed.). The Development of Language. 3. ed. New York: Macmillan, 1993, p. 376.

_____; BERKO; RATNER, N.; BERNSTEIN (eds.). *Psycholinguistics*. Harcourt, Brace, 1993.

GLEITMAN, L.; WANNER, E. Language Acquisition: The State Of The Art. In: _____; _____. (eds.), *Language Acquisition*: The State Of The Art. Cambridge, UK: Cambridge University Press, 1982, pp. 3-48.

GOLDBERG, A. E. *Constructions*. Chicago: University of Chicago Press, 1995.

_____. *Constructions at work:* the nature of generalization in language. Oxford: Oxford University Press, 2006.

GOPNIK, A. Developing the idea of intentionality: Children's theory of mind. The Canadian Journal of Philosophy, 20, 1, 89-114, 1990.

GOPNIK, A.; MELTZOFF, A. N.; KUHL, P. K. *The scientist in the crib*: Minds, brains, and how children learn. New York: Morrow, 1999.

GOULD, S. J. Exaptation: A crucial tool for evolutionary psychology. *Journal of Social Issues*, v. 47, 1991, pp. 43-65.

_____; LEWONTIN, R. C. The spandrels of San Marco and the Panglossian paradigm: a critique of the adaptationist programme. *Proceedings of the Royal Society of London B*, 1979, pp. 581-98.

GREENBERG, J. H. A quantitative approach to the morphological typology of language. In: SPENCER, R. F. *Method and perspective in anthropology*. [s/l.: s/e.], 1954.

_____. Some universals of grammar with particular reference to the order of meaningful elements. In: GREENBERG, J. H. (ed.). *Universals of language*. 2. ed. Cambridge, Mass.: MIT Press, 1966a.

_____. *Universals of language*. 2. ed. Cambridge: MIT Press, 1966b.

_____. *Language typology:* a historical and analytic overview. The Hague: Mouton, 1974.

GRICE, P. H. Logic and conversation. In: COLE, P.; MORGAN, J. L. (eds.). *Syntax and Semantics*. Speech Acts. New York: Academic Press, 1975, v. 3.

GUY, G. *Linguistic variation in Brazilian Portuguese:* aspects of the phonology, syntax, and language history. PhD dissertation, University of Pennsylvania, 1981.

HALE, K. Warlpiri and the Grammar of Non-Configurational Languages. *Natural Language and Linguistic Theory*, v. 1, 1983, pp. 5-47.

HARRIS, R. A. *The linguistics wars*. New York: Oxford University Press, 1993.

HARRIS, C.; BATES, E. Clausal background and pronominal reference: a functionalist approach to c-command. *Language and Cognitive Processes*, v. 17, n. 3, 2002, pp. 237-69.

216 A Línguística no século XXI

HAUSER, M. D., CHOMSKY, N., FITCH, W. T. The Language Faculty: what is it, who has it, and how did it evolve? *Science*, v. 298, 2002, ed. 1569-1579.

_____. WEISS, D. J.; MARCUS, G. Rule learning by cotton-top tamarins. *Cognition*, v. 86, B15-B22, 2002.

HAWKINS, J. A. *A performance theory of order and constituency*. Cambridge: Cambridge University Press, 1994.

HAYES, K. J.; NISSEN C. H. Higher mental functions of a home-raised chimpanzee. In: SCHRIER, A.M.; STOLLNITZ, F. (eds). *Behaviour of Non-human Primates*. New York, Academic Press, 1971, v. 4, pp. 50-115.

HEMFORTH, B.; KONIECZNY, L.; SCHEEPERS, C.; STRUBE, G. Syntactic ambiguity resolution in German. In: D. HILLERT (ed.), *Syntax and Semantics*: A cross-linguistic perspective. San Diego: Academic Press, 1998, pp. 293-312.

HENSCH, T. K. Critical period regulation. *Annu Rev Neurosci*, v. 27, 2004, pp. 549-79.

HOCKETT, C. *The State of the Art*. The Haag: Mouton, 1967, 342 p.

HONDA, M.; O'NEIL, W. Triggering science-forming capacity through linguistic inquiry. In: Hale, Kenneth; Keyser, Samuel J. (eds.). *The View from Building 20*. Cambridge, MA: MIT Press, 1993, pp. 229-255.

HOPPER, P. Aspect and foregrounding in discourse. In: GIVON, T. (ed.). *Discourse and syntax*. New York Academic Press, 1979, pp. 213-41.

HUNTLEY, H. Multicultural camps for IEP students: Learning language and culture. *Three Rivers TESOL Newsletter*, v. 8, n. 2, 1997, p. 6.

HYMAN, L. Fieldwork as a state of mind. In: NEWMAN, P.; RATLIFF, M. (orgs). *Liguistic Fieldwork*. Cambridge: Cambridge University Press, 2001, p. 28.

JACKENDOFF, R. *Foundations of language*. Oxford: Oxford University Press, 2001.

JELINEK, E. Empty Categories, Case, and Configurationality. *Natural Language & Linguistic Theory*, 1984, 2, pp. 39-76.

JUST, M.; CARPENTER, P. A. Eye fixations and cognitive processes. *Cognitive Psychology*, v. 8, 1976, pp. 441-80.

_____. A theory of reading: From eye fixations to comprehension. *Psychological Review*, v. 87, 1980, pp. 329-54.

_____. *The psychology of reading and language comprehension*. Newton, MA: Allyn & Bacon, p.167, 1987.

KAMINSKI, J; CALL, J.; FISCHER, J. Word learning in a domestic dog: evidence for "fast mapping". *Science*. Vol. 304, Issue 5677, 11 Jun 2004, pp. 1682-1683.

KATO, M. Recontando a história das relativas em uma perspectiva paramétrica. In: _____.; ROBERTS, Ian. *Português brasileiro*: uma viagem diacrônica. Campinas: Editora da Unicamp, 1993.

KIPARSKY, P. Structural case in Finnish. In: HOOP, H. et al. (eds.). The effects of morphological case. *Lingua*, Special issue, 2000.

KONOPKA, G. et al. Human-specific transcriptional regulation of CNS development genes by FOXP2. *Nature*, n. 462, pp. 213-17, 2009.

KRISTIANSEN, G.; DIRVEN, R. (eds.). *Cognitive Sociolinguistics*: Language Variation, Cultural Models, Social Systems. Berlin/New York: Mouton de Gruyter, 2008.

KUTAS, M., HILLYARD, S. A. Reading senseless sentences: Brain potentials reflect semantic incongruity. *Science*, v. 207, n. 4427, 1980, pp. 203-5.

LABOV, W. *The social stratification of English in New York City*. Washington, D.C.: Center for applied linguistics, 1966.

_____. *Sociolinguistics Patterns*. Philadelphia: University of Pennsylvania Press, 1972.

LAI, C.; FISHER, S.; HURST, J.; VARGHA-KHADEM, F.; MONACO, A. A forkhead-domain gene is mutated in a severe speech and language disorder. *Nature*, v. 413, 2001, pp. 519-23.

LAMBRECHT, K. *Information structure and sentence form*: Topic, focus, and the mental representation of discourse referents. Cambridge: Cambridge University Press, 1994. (Cambridge Studies in Linguistics, 71).

LEHMANN, W. P. *Historical linguistics*: an introduction. New York: Holt, Rinehart &Winston, 1962.

_____. *A reader in nineteenth-century historical Indo-European linguistics*. Bloomington and London: Indiana University Press, 1967.

LENNEBERG, E.H. *Biological Foundations of Language*. New York: Wiley, 1967.

LÉVI-STRAUSS, C. *O Pensamento selvagem*. São Paulo: Ed. Nacional, 1970.

LORENZ, K. *King Solomon's ring*: new light on animal ways. New York: Crowell, 1949, 123 p.

MACDONALD, M. C.; PEARLMUTTER, N. J.; SEIDENBERG, M. S. The lexical nature of syntactic ambiguity resolution. *Psychological Review*, v. 101, 1994, pp. 676-703.

MAIA, M. A. R. *Poetica Oral Karajá*: Los Ibruhuky. Actas de las III Jornadas de Linguistica Aborigen. Buenos Aires: UBA, 1997, pp. 435-42.

_____. *Gramática e Parser*. II Congresso Internacional da ABRALIN, 2001, Fortaleza, CE. Anais do II Congresso Internacional da ABRALIN, Boletim 26. Fortaleza: Imprensa Universitária UFC, v. I, 2001, pp. 188-92.

_____. Processos bottom-up e top-down no rastreamento ocular de imagens. *Revista Veredas*, UFJF, v. 8, 2008, pp. 8-23.

Bibliografia 217

_____. Teoria gramatical, sintaxe experimental e processamento de frases: explorando efeitos do antecedente e da lacuna ativos. *Revista da ABRALIN*, v. 13, 2014, pp. 95-120.

_____. Sintaxe Experimental. In: OTHERO, Gabriel; KENEDY, Eduardo (orgs.). *Sintaxe, sintaxes*. São Paulo: Contexto, 2015, pp. 51-72.

_____; FINGER, I. (orgs.). *Processamento da linguagem*. Pelotas: Educat, 2005, p. 535.

_____; LEMLE, Miriam; FRANÇA, Aniela I. Efeito stroop e rastreamento ocular no processamento de palavras. *Ciências & Cognição* (UFRJ), v. 12, 2007, pp. 2-17.

_____; GARCIA, D. C.; OLIVEIRA, C. The Processing of Conceptual Anaphors and Fully Specified Pronouns in Intra-Sentential Contexts in Brazilian Portuguese. *Revista Virtual de Estudos da Linguagem*, v. 6, 2012, pp. 200-19.

_____ et al. O Processamento de concatenações sintáticas em três tipos de estruturas frasais ambíguas em português. *Fórum Linguístico*, v. 4, n. 1, 2003, pp. 13-53.

MALINOWSKI, B. *Argonauts of the western Pacific*: an account of native enterprise and adventure in the archipelagoes of Melanesian New Guinea. London: Routledge, 1932. [1. ed. 1922].

MARCUS, G. F. et al. Rule learning by seven-month-old infants. *Science*, v. 283, 1999, pp. 77-80.

MARCUSCHI, L. A. *Análise da conversação*. São Paulo: Ática, 1986, 94 p.

MARQUES, F. B. *Eletrofisiologia da idiomaticidade em indivíduos com Síndrome de Asperger*: um estudo de ERP, 2011. Dissertação (Mestrado em Linguística) – Faculdade de Letras, Universidade Federal do Rio de Janeiro. Disponível em: <http://www.poslinguistica.letras.ufrj.br/wp-content/uploads/2013/03/fernanda-botinhao.pdf>. Acesso em: 14 abr. 2016.

MARR, D. *Vision*: A Computational Investigation into the Human Representation and Processing of Visual Information. San Francisco, CA: W. H. Freeman, 393 p., 1982.

MARSLEN-WILSON W.; WELSH, A. Processing interactions and lexical access during word recognition in continuous speech. *Cognitive Psychology*, v. 10, 1978, pp. 29-63.

MATTHIESSEN, C.; THOMPSON, S. A. The structure of discourse and "subordination". In: HAIMAN, J.; THOMPSON, S. A. (eds.). *Clause combining in grammar and discourse*. Amsterdam: John Benjamins, 1988, p. 275-329.

MAYA, H.; O'NEIL, W. Triggering science-forming capacity through linguistic inquiry. In: HALE, K.; KEYSER, S. (eds.). *The view from Building 20*. Cambridge, MA: MIT Press, 1993, pp. 229-55.

McCLELLAND, J. L.; RUMELHART, D. E. An interactive activation model of context effects in letter perception: Part 1. An account of basic findings. *Psychological Review*, v. 88, 1981, pp. 375-407.

McMAHON, L. E. Grammatical analysis as part of understanding a sentence. Harvard University, 1963, 321p. (Unpublished Doctoral Dissertation)

MEILLET, A. *Linguistique Historique et Linguistique Générale*. Paris: Librairie Ancienne Honoré Champion, 1948.

MELTZOFF, A. Understanding the intentions of others: re-enactment of intended acts by 18-month-old children. *Developmental Psychology*, v. 31, 1995, pp. 838-50.

MILLER, G. The Magical Number Seven Plus or Minus Two. *Psychological Review*, v. 63, 1956, pp. 81-96.

_____. A psychological method to investigate verbal concepts. *Journal of Mathematical Psychology*, v. 6, n. 2, pp. 169-191, 1969.

MILROY, J.; MILROY, L. Linguistic change, social network and speaker innovation. *Journal of Linguistics*, v. 21, 1985, pp. 339-84.

MILROY, L. *Language and social networks*. Oxford: Basil Blackwell, 1980.

MITCHELL, D. C.; CUETOS, F. The origin of parsing strategies. In: SMITH, C. *Current issues in natural language processing*. Austin: University of Texas, Center for Cognitive Science, 1991, pp. 1-12.

MOLLICA, M. C. *Estudo da cópia nas construções relativas em português*. Rio de Janeiro, 1977. Dissertação (Mestrado) – Pontifícia Universidade Católica do Rio de Janeiro.

MÜLLER, A. Variação semântica: individuação e número na língua karitiana. *Revista Estudos Linguísticos* - GEL, v. 38, n. 1, 2009, pp. 295-308.

NARO, A.; LEMLE, M. Syntactic diffusion. *Ciência e Cultura*, v. 29, n. 3, 1977, pp. 259-68.

NEVINS, A.; PESETSKY, D.; RODRIGUES, C. Pirahã exceptionality: A reassessment. *Language*, v. 85, pp. 355-404, 2009a.

_____; _____. Evidence and argumentation: A reply to Everett. *Language*, v. 85, 2009b, pp. 671-81.

NEWMAN, P.; RATLIFF, M. (eds.): *Linguistic fieldwork*. Cambridge: Cambridge University Press, 2001.

NEWMEYER, F. *Language Form and Language Function*. Cambridge, MA: MIT Press, 1998.

OCHS, E. Transcription as theory. In: OCHS, E.; SCHIEFFELIN, B. (eds.), *Developmental Pragmatics*. New York, NY: Academic Press, 1979, pp. 43-72.

OSTHOFF, H.; BRUGMANN, K. *Morphologische Untersuchungen auf dem Gebiete der indogermanischen Sprachen* I. Leipzig: S. Hirzel, 1878.

PAPADOPOULOU, D. *Cross-linguistic Variation in Sentence Processing*: Evidence from Relative Clause Attachment Preferences in Greek. 2002. Ph.D. dissertation – University of Essex, 378 p.

PENHUNE, V.B.; CISMARU, R., DORSAINT-PIERRE, R.; PETITO, L. A.; ZATORRE, R.J. The morphometry of auditory cortex in the congenitally deaf measured using MRI. *Neuroimage*, v. 20, pp. 1215-25, 2003.

PEREIRA, Fernando. *Formal grammar and information theory*: together again? (PDF). Philosophical Transactions of the Royal Society 358 (1769): 1239–1253. doi: 10.1098/rsta.2000.0583, 2000.

PETITTO, L. A.; KOVELMAN, I. The bilingual paradox: How signing-speaking bilingual children help us to resolve it and teach us about the brain's mechanisms underlying all language acquisition. *Learning Languages*, 2003, pp. 5-19.

PIAGET, J. *A linguagem e o pensamento na criança*. Trad. Manuel Campos. Rio de Janeiro: Fundo de Cultura, 1959.

PIATTELLI-PALMARINI, M. *A Ilusão de saber*. Lisboa: Círculo de Leitores, 1997.

PIERCE, L. et al. Mapping the unconscious maintenance of a lost first language. Proc Natl Acad Sci (PNAS-USA), v. 48, 111, 2014, pp. 17314–17319.

PIKE, K. *Language in relation to a unified theory of the structure of human behavior*. 2. ed. The Hague: Mouton, 1954.

PINKER, S. Language Learnability and Language Development. Cambridge, MA: Harvard University Press, 1984, 326 p.

_____. Language Acquisition. In: GLEITMAN, L. R.; LIEBERMAN, M. (eds.). *Language*: an invitation to cognitive science. 2. ed. Cambridge, MA: MIT Press, 1995, v. 1, pp. 135-82.

PRETI, D. (org.). *O discurso oral culto*. São Paulo: Humanitas FFLCH/USP, 1999.

RAYNER, K. Eye Movements in Reading and Information Processing: 20 Years of Research. *Psychological Bull*, v. 124, n. 3, 1998, pp. 372-422.

RADFORD, A. *Transformational Grammar*. Cambridge: Cambridge University Press, 1988, pp. 621.

RIBEIRO, A. J. C. *Late closure em parsing no português do Brasil*. Rio de Janeiro, 2004. Tese (Doutorado) – Universidade Federal do Rio de Janeiro.

_____. Late closure em parsing no português do Brasil. In: MAIA, M.; FINGER, I. (orgs.). *Processamento de Linguagem*. Pelotas, 2005, pp. 51-69.

ROSCH, E. On the internal structure of perceptual and semantic categories. In: MOORE, T. (ed.). *Cognitive Development and the Acquisition of Language*. New York: Academic Press, 1973, pp. 111-44.

ROSS, J. *Constraints on variables in syntax*. PhD dissertation, Massachusetts Institute of Technology. 1967.

_____. *Infinite syntax*. Norwood, NJ: ABLEX, 1986.

SACKS, H.; SCHEGLOFF, E.; JEFFERSON, G. A simplest systematics for the organization of turn taking for conversation. In: SCHENKEIN, J. (ed.). *Studies in the organization of conversational interaction*. New York: Academic, 1978.

SAFFRAN, A.; NEWPORT, E. Statistical learning of tone sequences by human infant and adults. *Cognition*, v. 70, n. 1, 1996, pp. 27-52.

SAFFRAN, J. R.; ASLIN, R. N.; NEWPORT, E. L. Statistical learning by 8-month-olds. *Science*, 274, 1996, pp. 1926-8.

SAGAN, C. *O mundo assombrado pelos demônios*. São Paulo: Cia. das Letras, 1996.

SANFORD, A. J.; STURT, P. Depth of processing in language comprehension: Not noticing the evidence. *Trends in Cognitive Science*, v. 6, 2002, pp. 382-6.

SAUSSURE, F. *Curso de linguística geral*. São Paulo: Cultrix, 2006.

SCHERRE, M. Sobre a influência de três variáveis relacionadas na concordância nominal em português. In: OLIVEIRA E SILVA; SCHERRE (orgs.). *Padrões sociolinguísticos*; análise de fenômenos variáveis do português falado na cidade do Rio de Janeiro. 1996a, pp. 85-117.

_____. Sobre a influência das variáveis sociais na concordância nominal. In: OLIVEIRA E SILVA; SCHERRE (orgs.). *Padrões sociolinguísticos;* análise de fenômenos variáveis do português falado na cidade do Rio de Janeiro, 1996b, pp. 239-64.

SCHÜTZE, C. T. *The Empirical Base of Linguistics*: Grammaticality Judgments and Linguistic Methodology. University of Chicago Press, Chicago, 1996.

SCOLLON, R.; SCOLLON, S. Athabaskan-English interethnic communication. In: _____; _____. (eds.). *Narrative, literacy and face in interethnic communication*. Norwood, NJ: Ablex, 1983.

SEIDENBERG, M. S.; PETITTO, L. A. Communication, symbolic communication, and language: Comment on Savage-Rumbaugh, McDonald, Sevcik, Hopkins, and Rupert (1986), *Journal of Experimental Psychology*: General, v. 116, 279-287, 1987.

SELFRIDGE, O. G. *Pandemonium*: A paradigm for learning. The Mechanisation of Thought Processes. London: H.M. Stationery Office, 2 vols., 1960; reprinted in Pattern Recognition; Theory, Experiment, Computer Simulations, and Dynamic Models of Form Perception and Discovery, Uhr, L., ed., New York: Wiley, 1966.

SILVA, A. S. Sistema e variação: quão sistemático pode ser o sistema linguístico num modelo baseado no uso? *Revista Linguística*, v. 8, n. 1, Rio de Janeiro: Programa de Pós Graduação em Linguística UFRJ, 2012.

SIMPSON, J.. Resultatives. In: LEVIN, L; RAPPAPORT, M.; ZAENEN, A. (eds.). *Papers in Lexical-functional Grammar*. Bloomington: Indiana University Linguistics Club, 1983, pp. 143-57.

SINGLETON, J; NEWPORT, E. When learners surpass their models: The acquisition of American Sign Language from inconsistent input. *Cognitive Psychology*, v. 49, 2004, pp. 370-407.

SNYDER, W. An experimental investigation of syntactic satiation effects. *Linguistic Inquiry*, v. 31, 2000, pp. 575-82.

SPROUSE, J., ALMEIDA, D. Assessing the reliability of textbook data in syntax: Adger's Core Syntax. *Journal of Linguistics*, v. 48, 2012, pp. 609-52.

SWEETSER, E. Introduction: viewpoint and perspective in language and gesture, from the Ground down. In: DANCYGIER, B.; SWEETSER, E. (eds.). *Viewpoint in language*: a multimodal perspective. Cambridge: Cambridge University Press, 2012, pp. 1-22.

TARALLO, F. *Relativization Strategies in Brazilian Portuguese*. Ph.D. dissertation. University of Pennsylvania, 1983.

_____. The filling of the gap: pro-drop rules in Brazilian Portuguese. In: KING, L. D.; MAKLEY, C. A. (eds.). *Selected papers from the XIIIth Linguistic Symposium on Romance Languages*. Amsterdam/Philadelphia, John Benjamins, 1985.

_____. *Tempos linguísticos:* itinerário histórico da língua portuguesa. São Paulo: Ática, 1990.

TAYLOR, J. *Linguistic Categorization*. Oxford: Oxford University Press, 1995.

TERRACE, H. S.; PETITTO, L. A.; SANDERS, R.; BEVER T. G. Can an Ape Create a Sentence? *Science*, New Series, v. 206, n. 4421, 1979, pp. 891-902.

TOKUDA, K.; ZEN, H.; BLACK, A. W. An HMM-Based Speech Synthesis Applied to English. *Proceeding of IEEE Workshop on Speech Synthesis*, 2002, pp. 227-30.

TOMASELLO, M. *The cultural origins of human cognition*. Cambridge, MA: Harvard University Press, 1999.

_____. Do young children have adult syntactic competence? *Cognition*, v. 74, 2000, pp. 209-53.

_____. *Constructing a language*: a usage-based theory of language acquisition. Cambridge: Harvard University Press, 2003.

_____.; CALL, J.; GLUCKMAN, A. The comprehension of novel communicative signs by apes and human children. *Child Development*, v. 68, 1997.

THORNTON, R; MACDONALD, M. C.; GIL, M. Pragmatic constraint on the interpretation of complex noun phrases in Spanish and English. *Journal of Experimental Psychology*: Learning, Memory, & Cognition, v. 25, pp. 1347-65, 1997.

TRAUGOTT, E. From propositional to textual and expressive meanings: some semantic-pragmatic aspects of grammaticalization. In: LEHMANN, W. P.; MALKIEL, Y. (eds.). *Perspectives on historical linguistics*. Amsterdam: John Benjamins, 1982, pp. 245-71.

_____. On the rise of epistemic meanings in English: an example of subjectification in semantic change. *Language*, 57, pp. 33-65, 1989.

TRUDGILL, P. On the role of dialect contact and interdialect in linguistic change. In: FISIAK, J. (ed.). *Historical dialectology*. Berlin: Mouton de Gruyter, 1988, pp. 547-63.

TRUESWELL, J. C.; TANENHAUS, M. K.; GARNSEY, S. *Journal of Memory and Language*, v. 33, 1994, pp. 285-318.

_____; _____; KELLO, C. Verb-specific constraints in sentence processing: Separating effects of lexical preference from garden-paths. *Journal of Experimental Psychology*: Learning, Memory and Cognition, v. 19, n. 3, 1993, pp. 528-53.

VAN VALIN, R. D. The acquisition of WH-questions and the mechanisms of language acquisition. In: TOMASELLO, M. (Ed.). *The new psychology of language*: Cognitive and functional approaches to language structure. Mahwah, New Jersey: Erlbaum, 1998, pp. 221-49.

_____; LA POLLA, R. J. *Syntax:* Structure, Meaning, and Function. Cambridge: Cambridge University Press, 1997.

VYGOTSKY, L. *Pensamento e linguagem*. 3. ed. Trad. Jéferson Luis Camargo. São Paulo: Martins Fontes, 2005.

WATSON, J. B. Psychology as the behaviorist views it. *Psychological Bulletin*, v. 20, 1913, pp. 158-77.

WEINBERG, A. A Minimalist theory of human sentence processing. In: EPSTEIN, S.; HORNSTEIN, N. (eds.). *Working minimalism*. Cambridge, MA: MIT Press, 1999, pp. 282-315.

WEINREICH, U.; LABOV, W.; HERZOG, M. Empirical foundations for a theory of language change. In: LEHMANN, W.; MALKIEL, Y. (eds.). *Directions for historical linguistics*. Austin: University of Texas Press, 1968.

WEINREICH, U.; LABOV, W.; HERZOG, M. *Fundamentos empíricos para uma teoria da mudança linguística*. São Paulo: Parábola, 2006 [1968], 213p.

WHITNEY, W. D. *Language and the study of language*. Twelve questions on the principles of linguistic science. Cambridge: Cambridge University Press, 2013 [1867].

WHORF, B. *Language, thought and reality:* Selected readings of Benjamin Lee Whorf. Ed. J. B. Carroll. Cambridge, MA: MIT Press, 1956.

YANG, C. Universal grammar, statistics, or both. *Trends in Cognitive Sciences*, v. 8, 2004, pp. 451-6.

_____. *The infinite gift*: how children learn and unlearn the languages of the world. New York: Scribner, 2006.

YARBUS, A. L. *Eye movements and Vision*. New York: Plenum Press, 1967.

Os autores

Aniela Improta França concluiu o doutorado em Linguística pela Universidade Federal do Rio de Janeiro, tendo estagiado no Cognitive Neuroscience of Language Lab da Universidade de Maryland, sob a supervisão de David Poeppel. É Professora Associada II do Departamento de Linguística da UFRJ, Coordenadora da Pós-Graduação em Linguística e membro efetivo do Programa Avançado de Neurociência (PAN-UFRJ). Coordena o Laboratório de Acesso Sintático – ACESIN, formando os primeiros alunos de iniciação científica, mestrado e doutorado do Brasil em Neurociência da Linguagem, especialmente com a utilização da metodologia de eletroencefalografia para a extração de potenciais relacionados a evento (EEG/ERP). Mantém trabalhos em conjunto com diversos centros de linguística experimental brasileiros e estrangeiros. É bolsista de Produtividade em Pesquisa do CNPq e Representante da ABRALIN na CIPL-UNESCO (*Comité International Permanent des Linguistes*).

Lilian Ferrari é graduada em Psicologia, mestre e doutora em Linguística pela Universidade Federal do Rio de Janeiro, com período-sanduíche na University of Southern California, Los Angeles. Desenvolveu pesquisa de pós-doutorado na University of California, Berkeley, sob supervisão de Eve Sweetser. Atualmente, é Professora Associada, nível IV, do Departamento de Linguística e Filologia (UFRJ) e membro permanente do Programa de Pós-graduação em Linguística (UFRJ).

Fundou e coordena o Laboratório de Pesquisas em Linguística Cognitiva (LINC-UFRJ), a partir do qual são estabelecidas cooperações com grupos de pesquisa nacionais e internacionais no âmbito da Linguística Cognitiva. É pesquisadora CNPq, com bolsa de Produtividade em Pesquisa, nível 1D. É autora do livro *Introdução à Linguística Cognitiva* (Editora Contexto, 2011), além de ter publicado diversos capítulos de livros e artigos, no Brasil e no exterior.

Marcus Maia é PhD em Linguística pela University of Southern California, com tese em Processamento Sintático/Sintaxe Experimental. Professor Associado IV do Departamento de Linguística e do Programa de Pós-Graduação em Linguística da UFRJ, e fundador do LAPEX (Laboratório de Psicolinguística Experimental). Bolsista de Produtividade em Pesquisa (CNPq), desde 1997. Cientista do Nosso Estado (FAPERJ). Pesquisador visitante na City University of New York e professor visitante na University of Massachusetts, Amherst. Pesquisa e orienta nas áreas de Psicolinguística, Teoria e Análise Linguística e Línguas Indígenas Brasileiras.